中法语言政策研究

（第二辑）

Etudes sur les politiques linguistiques
en France et en Chine

(le deuxième volume)

李宇明 主编
白乐桑（法） 曹志耘 副主编

2016年·北京

图书在版编目(CIP)数据

中法语言政策研究.第2辑/李宇明主编. —北京：商务印书馆，2016
ISBN 978-7-100-12652-6

Ⅰ.①中… Ⅱ.①李… Ⅲ.①语言政策—对比研究—中国、法国 Ⅳ.①H002

中国版本图书馆CIP数据核字(2016)第241996号

所有权利保留。
未经许可，不得以任何方式使用。

中法语言政策研究（第二辑）
李宇明　主编

商　务　印　书　馆　出　版
(北京王府井大街36号　邮政编码100710)
商　务　印　书　馆　发　行
北京新华印刷有限公司印刷
ISBN 978-7-100-12652-6

2016年10月第1版　　开本880×1230 1/32
2016年10月北京第1次印刷　印张10⅛
定价：65.00元

主　　　编　李宇明

副　主　编　白乐桑（法）　曹志耘

编　　　者　陈丽霞　田　鑫　黄潇潇

法文审校　王秀丽　刘和平

中文审校　黄潇潇　田　鑫

回顾与展望

——序《中法语言政策研究》(第二辑)

展现在诸位面前还带着幽幽墨香的这部著作,是2014年在法国巴黎举办的第二届"中法语言政策与规划国际研讨会"的论文结集。会议地点竟然选在举世闻名的艺术殿堂卢浮宫,这足以显示法国朋友对会议的重视,当然也显示带有罗曼蒂克色彩的办会雅趣。置身满壁名画中,伴着音乐般的法语和汉语,一边聆听高论,一边品赏美图,耳目双悦,前所未历,久而难忘。

又是金秋时节,翻阅着书稿,酝酿着序言。最自然的就是"瞻前顾后":回顾前事,历历如昨;展望未来,秋风送爽……

一、回顾

(一)"中法语言年"

2010年11月,胡锦涛主席[①]访问法国,与萨科齐总统一

[①] 本书提及人物的职务为时任职务。

同宣布,中法两国将互办语言年。两个文明古国,在2003年至2005年已经成功举办了"中法文化年";由文化年到语言年,这无疑为中法关系史又增添浓墨重彩的一笔。

"中法语言年"是双向互办,包括在中国举办"法语语言年"和在法国举办"汉语语言年"。2011年7月4日,人们期待的"汉语语言年"在巴黎启动,贺国强和法国前总统德斯坦为"中法语言年"揭牌。"汉语语言年"历时18个月,活动300多项,涉及全法60座城市、700余所大中小学和孔子学院。2011年9月13日,在"汉语语言年"启动两个月、正在热潮涌动之时,中国的"法语语言年"在北京语言大学启动,时任国务委员刘延东与法国国务部长兼外交和欧洲事务部部长阿兰·朱佩共同出席启动仪式。此后,中法双方在北京、上海、广州、长春、武汉等地举办了丰富多彩的活动。

(二)首届"中法语言政策与规划国际研讨会"

首届"中法语言政策与规划国际研讨会",是"中法语言年"的系列活动之一,于2012年9月3日—4日在拥有"小联合国"美誉的北京语言大学召开。研讨会由中国教育部、国家语言文字工作委员会、法国外交部、法国文化部、法国对外文化教育局、法国驻华使馆联合主办,两国的官员与学者170人出席会议,讨论两国感兴趣的语言政策、语言规划方面的话题,目的在于互通情况,交换观点,促进合作,提升本国的语言规划水平。

中国教育部副部长、国家语委主任李卫红和法国驻华大使、北京语言大学校友白林共同出席研讨会开幕式并热情致辞。会议话题涉及两国的语言政策和语言规划、语言文字规范标准、少数民族语言政策、语言保护等。作为会议的重要成果之一,《中法语言政策研究》由商务印书馆出版。

这次会议具有开创性,中法两国政学两界首次坐在一起,全面介绍各自的语言政策与语言生活状况,用心倾听双方的观点。中法两国虽然相距遥远,有着不同的文化背景和国情,然而双方却有许多相似的语言国情,面临许多相似的需要解决的语言问题,对国际语言生活具有非常相似的看法。这诸多"相似"引发了继续交流的愿望,中法双方一致决定研讨会要持续召开,轮流举办。虽然今天已经进入了信息社会,"秀才不出门,可知天下事",但坐在一起,面对面口耳交流,效果就更奇异,情感和友谊就更易增进。

(三)第二届"中法语言政策与规划国际研讨会"

首届研讨会两年之后的2014年9月16日,第二届"中法语言政策与规划国际研讨会"如期在巴黎举行。会议由法国外交部、法国文化部、中国教育部、国家语言文字工作委员会、中国驻法大使馆共同主办。这届研讨会还是中法建交50周年的系列纪念活动之一,也是中法高级别人文交流机制的重要内容之一。

会议主题都是当下语言规划的重要论题:服务于公民的语言政策,语言的规范与演变,著作与知识的传播,语言的国际传播。

16日上午9时,会议在巴黎卢浮宫开幕。法国文化与传媒部法语及法国境内语言总司总司长格萨维耶·诺尔特致欢迎辞,并做《语言政策的目标与重要性》的学术报告。中国教育部语言文字信息管理司司长张浩明致答辞,并做《加强交流,促进中法语言文化共同发展》的学术报告。

接着依次报告者为:

法兰西学术院院士、法兰西学院院长加伯里埃勒·德·伯豪格利:《保持法语生命力》

北京语言大学校务委员会主任、教授李宇明:《语言生活与语言生活研究》

法国教育部文科总督学法布里斯·波利:《依靠学校传播法语》

武汉大学教授赵世举:《语言教育规划面临的新问题》

新疆维吾尔自治区民族语言文字工作委员会党组书记、副主任逯新华:《构建新疆和谐的语言文字环境》

法国教育部地区语言与文化总督学让·萨勒-卢斯托:《教育系统中的方言》

16日下午依次报告者为:

中国传媒大学教授侯敏:《中国的语言监测研究》

塞尔吉-蓬图瓦兹大学教授让·普吕沃:《法语,演变中的语言》

商务印书馆总编辑周洪波:《词典是进行规范化的最重要

工具》

法国文化与传媒部法语及法国境内语言总司法语发展处处长贝妮蒂特·马蒂尼埃:《法语丰富过程中政府的作用》

法国最高视听委员会委员、法语和法语区特派团主席帕特里斯·杰里内:《法国语言在媒体领域的规范与发展》

法国文化中心(巴黎)法语、图书和知识部主任克里斯多夫·米西特里:《法国文化中心在中法语言文化交流中的作用》

《孔子学院》院刊编辑部总编辑樊钉:《中法在语言交流方面的合作》

17日上午依次报告者为:

法国外交与国际发展部文化、高校合作和研究司司长安娜·格里洛:《法语国际推广与法国文化外交》

上海外国语大学校长曹德明:《语言的意义:全球化背景下的中国外语教育》

法国教育部汉语总督学、法国东方语言文化学院教授白乐桑:《法国语言教学的革新:汉语教学》

北京外国语大学教授文秋芳:《建设语言人才资源库,提升国家语言能力》

法语国家组织法语和语言多样性处处长伊马·托尔·福斯:《法语:分享的语言》

北京语言大学汉语进修学院院长邢红兵:《汉语国际教育标准建设与规范化研究》

巴黎索邦第四大学教授安德烈·蒂博:《全球法语的多样性》

山东大学教授黄少安:《交易成本节约与民族语言多样化需求的矛盾及其化解》

午餐是快餐式的。没有纸盘子、刀叉与筷子,用手垫着餐巾纸抓食。虽然不怎么习惯,但觉得有趣、浪漫,着实赞赏这种会议用餐方式。下午1点,会议闭幕式。中法高级别人文交流机制法方协调人、法国外交部全球化总司总司长安娜-玛丽·德斯科特致辞。中法高级别人文交流机制中方协调人、中国教育部副部长郝平致辞。简短的会议闭幕式之后,与会的中方人员赶赴索邦大学礼堂,聆听刘延东副总理在索邦大学的演讲。这也是第二届研讨会的最后一个环节。

第二届研讨会,特别关注日益加剧的全球化、信息化的挑战,关注国际语言生活问题,关注多元文化环境下的语言教育、语言服务及语言传播问题。会议推动了中法两国语言战略领域高层官员及高端学者的对话,搭建了中法语言规划领域更为宽广的学术交流之桥,也承担了中法两国文化外交的诸多使命,为中法全面战略伙伴关系的深化做出了贡献。

大家约定,2016年10月再聚北京,召开第三届"中法语言政策与规划国际研讨会"。

二、展望

"中法语言政策与规划国际研讨会"已经召开两届,即将召开第三届。"互惠"是会议能够持续的基础,"出新"是会议充满吸引力、影响力及价值的根本。研讨会如何扩大"互惠"功能,并在互惠的基础上不断孕生新意,是我们需要考虑的问题。

(一)法语国家与华语圈

法语和汉语都是超越本土的语言。法语是联合国等许多国际组织的工作语言,更是世界法语区的通用语言。法语国家组织由75个国家和政府组成,其中有57个成员国和19个观察员国。同时,法语也作为外语为众多的人群使用着、学习着。1883年创建的法语联盟有1100多个机构在130个国家和地区进行着语言文化的传播工作。

汉语也是许多国际组织的官方语言。汉语在海外也称"华语",随着老移民的脚步,汉语走入了东南亚、北美和拉美等地,是东南亚许多国家的重要语言;汉语又伴着新移民的脚步走向世界各地,形成了遍及世界的"华语圈"。134个国家(地区)的500所孔子学院和1000个孔子课堂也在传播着汉语和中国文化。

法国的语言政策不能没有海外语言政策的内容。讨论法国的语言政策,不能不讨论法国的海外语言政策。而中国的语言政策过去很少考虑海外问题,近些年来,随着汉语国际教育事业和华语教育事业的发展,随着《全球华语词典》《全球华语大词典》的编写,海外语言问题开始引起中国学者和政府的关注。

"中法语言政策与规划国际研讨会"以后可以适当邀请法

语国家、华语圈和相关国际组织的人士参加。相关人士直接参与会议讨论,可以更好地讨论两国的海外语言政策,也可以让法语国家、华语圈和相关国际组织的人士直接受惠于会议。

(二)聚焦话题

上两届研讨会,主要是各方介绍基本情况和最新动态,报告各自关注的语言生活热点,阐发一些新的语言规划理念。这种交流还属于基础性交流,基础性交流当然十分必要,它加深了双方的相互了解和理解,取得了互信和诸多共识。在此基础上,可以考虑聚焦一些话题作更为深入的交流与探讨。窃以为,可从三个方面来聚焦话题:

第一,现实空间的语言生活。

互联网为人类构造了一个虚拟空间,此前人类只有一个现实空间,而今拥有了现实和虚拟两个空间,因此也有了两个空间的语言生活。现实空间的语言生活,主要讨论怎样处理国内语言生活,以及汉语、法语的海外传播问题。

处理国内语言生活,主要是处理好语言关系,处理好国家通用语言与各地方言、各民族语言的关系,处理好本土语言与外语的关系。在公共交际领域,要保证国家通用语言的主导性地位,在文化、家庭、地区等领域,要发挥各种语言的作用。摒弃"单语主义",提倡"多语主义",保护语言多样性。在多语中坚持"主导性与多样性"的辩证统一,有利于构建和谐的语言生活。

处理国内语言生活,要特别重视领域语言生活的研究,做好领域语言规划。行政、教育、新闻出版、商贸、社会服务等领域以及家庭的语言规划最为重要。不同领域有不同的语言生活,有不同的语言问题,因而需要有针对性的语言政策和语言规划。

语言学习是提高公民语言能力和国家语言能力的重要环节。要提倡对公民进行"三语教育":掌握母语以利于文化传承;掌握一门本地区较为重要的语言,以利于在本地区生活和工作;掌握一门世界上较为重要的语言,以利于了解世界,参与国际事务。国家也需要一定的语言能力,国家语言能力是指国家处理国内外各种事务的语言能力。公民语言能力高,并不意味着国家的语言能力一定就高。比如,一些较少人使用的语种,公民未必主动去学,但是也许国家的外交、安全就需要这些语种。公民语言学习主要遵从市场规律,国家语言能力的提升还需要采取特殊措施。

至于海外语言传播,其意义是多方面的:其一,保证移居或旅居海外人民的母语维持的权利;其二,让那些习惯了使用该语言的社团的习惯不要丢失;其三,满足愿意学习该语言者的语言愿望;其四,维护世界语言的多样性。在语言的海外传播中,主要向哪些人群传播、用什么方式传播、如何避免传播所可能引发的语言冲突等,都有许多值得聚焦的话题。

第二,虚拟空间的语言生活。

互联网商业化和语言信息处理的进展,催生了虚拟空间的语言生活,带来了人类交际方式由"人—人"交际向"人—

机—人"交际发展。当前,虚拟空间的语言生活越来越丰富,与现实空间的语言生活关系越来越密切,且大有引领现实空间语言生活发展的趋势。

过去的语言政策,很少能够适应虚拟空间的语言生活。如何看待互联网上新出现的语言现象,如何过好虚拟空间的语言生活,如何防止公民和国家被信息边缘化,如何利用互联网来发展语言教育、开展语言服务等,特别是如何尽快促进语言智能的发展,都需要新的语言规划理念。

第三,世界语言治理。

世界语言治理是世界治理的一个方面。中法都是世界上的重要国家,应当在世界语言治理上发挥重要作用。当前世界语言生活中存在不少亟待解决的问题,例如:

1. 维护语言多样性。

语言不仅是交际工具,还是思维工具;语言与文化的关系亦十分密切,语言既是文化最为重要的组成部分,也是文化最为重要的载行者和阐释者,并常常具有社团"图腾"的作用。应当认识到,维护语言的多样性才能维护文化的多样性。全球化就是一台推土机,它要把世界铲平,森严的国界和文化的藩篱被铲得豁口四现。大文化借着全球化和互联网之力,以"丛林规则"威胁着弱小文化及其语言。语言濒危的趋势更加明显,语言保护的难度加大、成本加大,时间也更为紧迫,因而语言矛盾更加激化,语言冲突更加频繁。如何维护语言的多样性、保护濒危语言(比如,合力把人类语言调查一遍,留下所有语言的语料库），如何减缓语言矛盾、实现语言平衡，是需要人类智慧的。

2. 维护语言权利。

语言权利是人权的重要方面，也是二十世纪六十年代以来语言规划学界不断讨论、国际社会不断呼吁的热点问题。维护语言权利，首先是维护弱势族群的语言权利，如少数民族、难民、盲聋等残障人群等。当前，随着经济一体化进程加快，人口流动规模大、速度快，移民（包括短期旅居者和观光客）的语言权利与语言服务问题，也应当成为世界语言规划的重要内容。

3. 外语学习问题。

在全球化和文化多元化时代，外语学习已经不是增多一门语言能力的问题，而是培养能与不同文化对话、能够在不同文化间穿行的世界公民的问题。如何建立通用的外语评价标准、提供外语学习条件、培养合格的外语教师，特别是利用现代教育技术来推进外语学习、通过虚拟空间进行外语学习，应当引起高度重视。当然，随着人工智能的发展，简单的翻译工作可能要交与机器，人类学习外语的辛苦可能会有所减轻甚至大大减轻，但是，语言理解、文化理解的教育仍然是不可或缺的。

从以上三个方面来聚焦话题，每次会议，可选取一些成熟的或急切的话题进行讨论。若有可能，这些讨论的结果可以采取备忘录的方式保存下来以"自惠"，完善两国的语言政策和语言规划；也可以公布出去以"惠人"，为国际社会做出贡献。

最后需要提及的是，中国近来提出了"一带一路"倡议，这是借用"丝绸之路"这一历史资源，与沿线各国发展经济合作伙伴关系，共同打造利益共同体、责任共同体和命运共同体。"一带一路"，一头连接着历史，一头连接着现在和未来；一头连接着中国和东方，一头连接着西方和世界。"一带一路"大约有65个国家，涉及的国语或国家通用语有近50种，再算上这一区域民族或部族语言，重要者不下200种。各种不同的文化区域，其关键其根本在于民心相通。语言乃思想之舟舆，"一带一路"首先需要语言铺路。

法国的第二大城市里昂，曾经是古代丝绸之路在西方的终点。作为欧洲的语言、商业、文化的中心之一，法国在古代丝绸之路上扮演着重要角色。今天，中法两国如何通过"一带一路"更好地用语言为中、欧乃至世界联通，也可以成为今后"中法语言政策与规划国际研讨会"的话题。

衷心希望"中法语言政策与规划国际研讨会"能够持续下去，能够在互惠的基础上守成出新，能够成为中法两国语言政策和语言规划的重要的系列会议，进而成为华语圈和法语国家的语言政策和语言规划的重要会议。

李宇明
2016年金秋时节
序于北京

Rétrospective et perspective
Préface d'« Études sur les politiques linguistiques en France et en Chine » (Volume II)

L'œuvre qui se présente devant vous, aux doux effluves d'encre, est une collection de recherches issue du second séminaire franco-chinois portant sur les politiques linguistiques qui s'est tenu à Paris en 2014. Le séminaire a eu lieu au Louvre, le musée mondialement reconnu pour les richesses de sa collection. Le choix du site montre l'attention portée à l'organisation de ce séminaire du côté de nos amis français. Les regards attirés par les peintures célèbres ornant les murs et les oreilles attentives à l'harmonie des langues française et chinoise, tous les participants ont pu saisir cette chance inoubliable de pouvoir réjouir d'une fête visuelle et auditive grâce aux commentaires remarquables ayant été apportés au cours de la contemplation de tableaux figurant parmi les plus célèbres.

L'automne d'or revient. Tout en feuilletant les pages d'ouvrage, je prépare cette préface. La rétrospective et la perspective vont naturellement de pair : on se penche sur nos souvenirs comme si c'était hier ; on regarde le futur comme s'il poursuivait le vent d'automne...

I. Rétrospective

1. Année croisée linguistique Chine-France

En novembre 2010, lors de sa visite en France, le Président chinois, HU Jintao, a déclaré en compagnie de Nicolas Sarkozy, alors Président de la France, que leurs pays respectifs organiseraient des années linguistiques consacrées à une analyse contrastive des langues françaises et chinoises.

Le premier volet baptisé « Années croisées Chine-France » a remporté un franc succès sur la période s'étalant d'octobre 2003 à septembre 2005. Le passage de l'année culturelle à l'année linguistique laisse entrevoir une avancée remarquable dans les relations sino-françaises.

« L'année linguistique croisée Chine-France » est organisée simultanément et mutuellement dans les deux pays. Cela comprend « l'année de la langue française » tenue en Chine et « l'année de la langue chinoise » ayant eu lieu en France. Le 4 juillet 2011, « l'année de la langue chinoise » s'est déroulée à Paris, Messieurs HE Guoqiang et Valéry Giscard d'Estaing, ancien Président français,en ont déclaré l'ouverture. Cette « année de la langue chinoise » a duré 18 mois, comprenant 300 activités et couvrant 60 villes dans tout le territoire français et plus de 700 écoles grandes, moyennes et petites, et académies Confucius. Le 13 septembre 2011, deux mois après l'ouverture de « l'année de la langue chinoise », son homologue, « l'année de la langue française », s'est installée à l'Université des Langues et Cultures de Pékin. madame LIU Yandong, conseillère du Conseil des Affaires d'État de l'époque, et monsieur Alain Juppé, ministre d'État et ministre des Affaires Étrangères et Européennes, ont assisté à la cérémonie d'ouverture. Plus tard, les deux parties, chinoise et française, ont organisé diverses activités d'excellente qualité dans plusieurs grandes villes chinoises (Pékin, Shanghai, Canton, Changchun et Wuhan).

2. Le premier séminaire franco-chinois sur les politiques linguistiques

Parmi les activités de « l'année linguistique croisée Chine-France », le premier séminaire franco-chinois sur les politiques linguistiques s'est tenu les 3 et 4 septembre 2012, à l'Université des Langues et Cultures de Pékin qui jouit de la réputation de « petite organisation des Nations Unies ». Le séminaire a été organisé conjointement par le Ministère chinois de l'Éducation, le Comité de travail linguistique nationale de la Chine, le Ministère français des Affaires Étrangères, le Ministère de la Culture, le Bureau français de la culture et de l'éducation à l'étranger et l'Ambassade de France en Chine.En tout, 170 fonctionnaires et universitaires des deux pays ont assisté à ce séminaire pour discuter des thèmes concernant les politiques et les programmes linguistiques, dans l'objectif de communiquer, d'échanger des opinions, de promouvoir la coopération et d'élever le niveau des programmes linguistiques de leurs pays respectifs.

LI Weihong, vice-ministre du Ministère chinois de l'Éducation et président du Comité de travail linguistique national de la Chine, Sylvie-Agnès Bermann, ambassadeur de France en Chine et ancien élève de l'Université des Langues et Cultures de Pékin, ont assisté à l'ouverture du séminaire et présenté des discours passionnés. Les thèmes du séminaire portaient sur les politiques et les programmes linguistiques des deux pays, la normalisation des langues et de l'écriture, les politiques linguistiques des ethnies minoritaires, la protection des langues, etc. Un des résultats les plus importants du séminaire a été la publication d'« Études sur les politiques linguistiques en France et en Chine » par la Presse Commerciale.

Le séminaire a été novateur. Pour la première fois, des personnes issues des domaines politiques et de la recherche des deux pays se sont rassemblées pour introduire leurs propres politiques linguistiques et en même temps écouter les opinions des deux parties. Même si la Chine et la France sont éloignées géographiquement et disposent de contextes culturels différents, les deux pays rencontrent des problèmes similaires et partagent certaines opinions au niveau de leur présence linguistique à l'international. Ces aspects «similaires» ont conduit au renforcement de la communication interétatique et à la décision d'organiser de nouveau ce séminaire. Bien que nous vivions actuellement dans une société d'information où les chercheurs peuvent tout savoir sans quitter leur centre de recherches, ces résultats restent étonnants. De plus, cet échange d'idées a permis de redynamiser et d'approfondir l'amitié existant entre les deux pays.

3. Le deuxième séminaire franco-chinois sur les politiques linguistiques

Le 16 septembre 2014, deux ans après le premier séminaire, le second volet franco-chinois sur les politiques linguistiques s'est tenu comme prévu à Paris. Cette fois, le séminaire a été organisé conjointement par le Ministère français des Affaires Étrangères, le Ministère français de la Culture, le Ministère chinois de l'Éducation, le Comité de travail linguistique nationale de la Chine et l'Ambassade de France en Chine. Ce deuxième séminaire fut également l'occasion de célébrer la 50ème année de l'établissement de relations sino-françaises ainsi que l'un des échanges les plus importants dans les sciences humaines de haut niveau entre la Chine et la France.

Les thèmes du séminaire ont porté sur les sujets les plus saillants de l'époque au niveau des programmes linguistiques. Soit les politiques linguistiques au service des citoyens, l'évolution des langues, la propagation des œuvres et du savoir et la diffusion internationale des langues.

L'ouverture du séminaire a eu lieu le 16 septembre à 9h au Musée du Louvre. Xavier North, directeur du secteur de la langue française du Ministère français de la Culture l'a inauguré de son discours de bienvenue et un rapport de recherche « Les objectifs, les enjeux et les limites des politiques linguistiques ». ZHANG Haoming, directeur du secteur d'information linguistiques appartenant au Ministère chinois de l'Éducation, a présenté quant à lui des discours de remerciements et un rapport de recherche portant sur « Le renforcement de la protection des ressources des langues ».

Les rapporteurs y figurant sont cités ci-dessous :
Gabriel de Broglie, chancelier de l'Institut de France : « L'entretien de la condition d'utilisation de la langue française »
LI Yuming : « La vie des langues et les programmes linguistiques »
Fabrice Poli, inspecteur éducatif général de la littérature appartenant au

Ministère français de l'Éducation: « Le renforcement de la propagation de la langue française à travers les écoles »

ZHAO Shiju: « Nouveaux problèmes sur les programmes de l'éducation des langues »

LU Xinhua: « Renforcer la construction de la culture des langues, promouvoir le plein développement de la culture »

Jean Salles-Loustau, inspecteur éducatif général de la culture régionale des langues appartenant au Ministère français de l'Éducation: « L'éducation des langues régionales dans le système d'éducation »

Les rapporteurs de l'après-midi du 16 septembre ont participé dans l'ordre qui suit :

HOU Min : « La recherche de la mise aux normes des langues chinoises »

Jean Pruvost, professeur de l'Université de Cergy-Pontoise: « Langue et lexicologie du français, langue en évolution continue »

ZHOU Hongbo : « Dictionnaire est l'outil le plus important de la standardisation »

Bénédicte Madinier, directeur général du secteur de français appartenant au Ministère français de la Culture : « Mouvements publics consacrés à enrichir la langue française »

Patrice Gélinet, membre du Comité supérieur de l'audio-visuel de France : « Français sous la vision de média »

Christophe Musitelli, directeur du Centre Culturel de France: « L'effet du Centre Culturel de France sur la communication culturelle des langues chinoise et française »

FAN Ding: « Coopération entre la Chine et la France dans les aspects de communication des langues »

Les rapporteurs se présentant au matin du 17 sont comme suit:

Anne Grillo, directrice du secteur de coopération culturelle et de recherche de l'université appartenant au Ministère français des Affaires Étrangères: « Propagation du français au monde entier »

CAO Deming : « Valeur de la langue: l'éducation des langues étrangères en Chine dans le contexte de globalisation »

Joël Bellassen, inspecteur général de chinois au ministère français de l'Éducation nationale : « Innovation de l'éducation de la langue française : l'exemple de l'éducation du chinois »

WEN Qiufang : « Construire le dépôt des ressources des talents des langues pour élever le niveau des langues du pays »

Imma Tor Faus, Directrice de la langue française et de la diversité linguistique à l'OIF : « Français, une langue de partage »

XING Hongbing : « La construction des normes et les recherches de normalisation sur l'éducation internationale du chinois »

André Thibault, professeur de l'Université de Paris V : « Diversité du français dans le monde »

HUANG Shao'an : « La contradiction et la solution entre l'économie du coût d'échange et la demande de la diversité des langues ethniques »

Le déjeuner s'est déroulé sous la forme d'un fast-food. Sans assiette, ni fourchettes ou baguettes, les participants ont mangé directement avec les mains. N'étant pas habitué à ce genre de repas de réunion, je l'ai quand même trouvé intéressant, romantique et admirable. Le séminaire s'est clos à 13 heures. Anne-Marie Descôtes, coordinatrice française du dialogue sino-français dans les sciences humaines de haut niveau et directrice générale du secteur de la globalisation du Ministère français des Affaires Étrangères, a pris la parole, suivie par HAO Ping, coordinateur chinois du dialogue sino-français dans les sciences humaines de haut niveau et ministre adjoint chinois de l'Éducation. Après la brève fermeture du séminaire, les participants chinois se sont précipités à la salle des cérémonies de l'Université de la Sorbonne pour assister au discours de LIU Yandong, Premier Ministre Adjoint, qui constituait la dernière étape du deuxième séminaire.

Le deuxième séminaire a accordé une attention particulière aux défis de la globalisation et de l'informatisation qui deviennent de plus en plus prégnants ainsi qu'aux problèmes concernant la vie des langues à l'international, l'apprentissage des langues dans un contexte multiculturel, les services des langues et la diffusion des langues. Le séminaire a promu le dialogue entre les officiers supérieurs et les grands chercheurs dans le domaine des stratégies des langues chinoise et française, et renforcé les passerelles dans le domaine des sciences humaines et plus particulièrement dans le cadre des programmes linguistiques chinois et français dont fait partie la diplomatie culturelle entre la Chine et la France. Le séminaire fut une contribution active dans l'approfondissement du partenariat stratégique et global entre les deux pays.

Nous sommes convenus de nous rassembler à Pékin en octobre 2016 afin d'accueillir le troisième séminaire franco-chinois portant sur les politiques linguistiques.

II.Prospective

Le séminaire franco-chinois sur les politiques linguistiques a eu lieu deux fois, et la troisième session aura lieu prochainement. La France, la Chine et les participants souhaitent que ce séminaire puisse continuer. Le souhait actuel sera une réalité de demain. Les « avantages bilatéraux » font le fondement de la continuation du séminaire, alors que les « nouveaux résultats » le valorisent, le rendant plus attirant et influent. Ce qu'on doit prendre tout particulièrement en compte, c'est la manière dont on peut élargir les avantages bilatéraux et faire naître continuellement de nouvelles idées.

1. La francophonie et le cercle chinois

Le français et le chinois sont des langues présentes bien au-delà de leur pays natal. Le français est la langue de travail des organisations internationales telles que les Nations Unies et la langue courante dans la zone francophone. L'Organisation Internationale de la Francophonie est constituée par 75 pays et gouvernements, dont 56 pays membres et 19 pays observateurs. En tant que langue étrangère, le français est utilisé et appris par beaucoup de monde aux quatre coins du globe. Symbole de ce succès international : l'Alliance Française qui a été établie dès 1883.

Le chinois est également une langue officielle des organisations internationales. Cette langue, nommée aussi « Hua Yu » à l'étranger, est présente en Asie de sud-est, en Amérique du nord et en Amérique Latine grâce aux anciennes diasporas. Elle constitue aussi une langue importante dans les pays asiatiques. Les migrants permettent la diffusion du chinois dans le monde entier, ce qui forme un cercle chinois. 500 Instituts de Confucius et 1000 classes Confucéennes présents dans 134 pays (régions) diffusent la langue et la culture chinoise.

La politique linguistique de la France comprend également les dialectes d'outre-mer. Pourtant, la politique linguistique en Chine mentionne peu le problème causé par cet aspect d'outre-mer alors que pendant ces dernières années, l'enseignement international du chinois s'est beaucoup développé.

À l'avenir, le séminaire sur les politiques linguistiques en France et en Chine pourra inviter les personnes des pays francophones, du cercle de chinois et des organisations internationales concernées. Cela permettra d'améliorer la discussion sur les politiques des deux pays.

2. Sujets majeurs

Dans les derniers séminaires, les parties prenantes ont fait des présentations très riches, des rapports sur les points chauds respectifs, des déclarations sur les idées de planification linguistique. Cet échange fut fondamental pour la compréhension réciproque et pour la confiance bilatérale et les connaissances communes. Sur cette base, on peut se focaliser sur des sujets permettant d'approfondir l'échange et la concertation. A mon avis, on peut le faire sur trois plans :

Premièrement, la vie linguistique dans l'espace réel.

Internet forme un espace virtuel alors qu'avant cela, les humains ne disposaient que d'un espace réel, ils ont maintenant deux genres de vie linguistique. La vie linguistique dans l'espace réel se concentre sur la vie linguistique domestique, ainsi que la diffusion du chinois et du français à l'étranger.

Traiter de la vie linguistique domestique consiste aux relations linguistiques, précisément, la relation entre les langues courantes et les dialectes, les langues nationales, la relation entre la langue locale et la langue étrangère. Dans le domaine de la communication commune, il faut assurer la domination de la langue courante. Pour ce qui est des autres domaines tels que la culture, la famille, la région, il faut employer les différentes langues. Il faut renoncer au « monolinguisme » et promouvoir le « multilinguisme », tout en protégeant la diversité linguistique. L'unité dialectique entre « la langue de dominance » et « la langue de diversité » nous facilite la construction d'une vie linguistique harmonieuse.

On doit mettre l'accent sur l'étude de la vie linguistique dans différents domaines, et élaborer une planification linguistique sectorielle. Les secteurs tels que l'administration, l'enseignement, l'édition, le commerce, le service social ainsi que la planification linguistique familiale sont les plus importants. Les différents domaines ont leurs propres vies linguistiques et leurs propres problèmes de langue. Cela exige ainsi une politique de planification linguistique suffisamment pertinente.

Les études de langues sont un chaînon important dans l'amélioration de la capacité linguistique du public et de l'État. L'enseignement de « trois langues » pour le public est encouragé : maîtriser la langue maternelle pour accéder à la culture ; maîtriser une langue régionale pour vivre et travailler ; maîtriser une langue assez importante dans le monde pour connaître la planète et participer aux affaires internationales. L'État a également l'utilité de capacités linguistiques pour traiter des affaires nationales et internationales. Le fait que le public ait une grande capacité ne signifie pas pour autant que celle de l'État soit similaire. Par exemple, les langues que peu de gens emploient, la population n'est pas forcément encline à les apprendre. En revanche, cela est nécessaire pour les affaires diplomatiques et la sécurité étatique. La population apprend des langues selon la règle de marché, c'est la raison pour laquelle il faut prendre des mesures spéciales pour pouvoir améliorer la capacité linguistique d'un État,

Quant à la diffusion de langue à l'étranger, elle est un secteur significatif : premièrement, elle assure que les immigrants et les voyageurs à l'étranger ont le droit de parler leur langue maternelle ; deuxièmement, elle permet aux associations internationales de ne pas perdre leur habitude linguistique ; troisièmement, elle répond au souhait des personnes motivées à apprendre la langue ; quatrièmement, elle permet de maintenir la diversité des langues. Dans la diffusion de la langue à l'étranger, il y a des sujets sur lesquels il faut se pencher : à qui la diffusion doit se destiner, comment diffuser une langue et comment éviter d'éventuelles tensions linguistiques pendant la diffusion.

Deuxièmement, la vie linguistique dans l'espace virtuelle.

La commercialisation d'Internet et l'avancement du traitement des informations linguistiques ont fait naître une vie linguistique dans l'espace virtuel. Cela s'est accompagné d'un changement dans les manières de communiquer : en effet celles-ci commencent à évoluer d'une communication directe « personne-personne » à une autre plus indirecte « personne-média-personne ». Actuellement, la vie linguistique dans l'espace virtuel est de plus en plus riche et de plus en plus étroite avec celle de l'espace réel. Elle a même tendance à diriger le développement de la vie linguistique dans l'espace réel.

Peu d'anciennes politiques linguistiques s'adaptent à la vie linguistique dans l'espace virtuel. Il existe ainsi un besoin urgent de nouveaux concepts de planification linguistique pour savoir comment traiter les nouveaux phénomènes linguistiques sur Internet, comment bien vivre dans l'espace virtuel, comment éviter la marginalisation informatique du public et de l'état, comment développer l'enseignement et les services linguistiques par Internet, notamment comment accélérer le développement de l'intelligence des langues.

Troisièmement, l'aménagement des langues du monde.

L'aménagement des langues mondiales fait partie de l'administration du monde. La France et la Chine sont des pays culturellement importants sur cette planète, ils doivent jouer leur rôle dans ce domaine. Pour le moment, il existe de nombreux problèmes à résoudre comme par exemple :

1) Maintenir la diversité des langues.

La langue n'est pas qu'un outil servant à communiquer, elle est également un outil à penser ; la relation entre la langue et la culture est très étroite, la langue est la partie la plus importante d'une culture, elle aide à véhiculer et interpréter cette dernière et s'en sert souvent en tant que « totem ». De ce fait, afin de maintenir la diversité des cultures, il faut maintenir celle des langues. La mondialisation est comme un bulldozer, elle veut niveler le monde, les anciennes frontières rigoureuses entre les pays et les cultures s'effacent. Les grandes cultures menacent les plus petites ainsi que leurs langues par la force de mondialisation, de l'Internet par la « loi de la jungle ». Certaines langues ont une tendance évidente à disparaître, cela rend plus difficile, plus coûteux et plus urgent de les protéger. Cela accentue également les contradictions entre les langues, les disputes linguistiques deviennent plus fréquentes. Afin de résoudre le problème de comment maintenir la diversité des langues et protéger les langues en voie de disparition (par exemple, enquêter sur toutes les langues humaines pour laisser leurs corpus), atténuer les contradictions linguistiques et réaliser l'équilibre des langues, il faut obligatoirement la sagesse humaine.

2) Défendre le droit des langues.

Le droit des langues fait partie importante du droit humain, il est aussi un sujet important dont les milieux de planification linguistique discutent souvent. La société internationale le rappelle sans cesse depuis les années 1960. Défendre le droit des langues signifie la défense de la langue des peuples minoritaires, des réfugiés, des handicapés tels que les aveugles et les sourds. Actuellement, au fur et à mesure que l'intégration économique s'est accélérée, le droit des langues et les services linguistiques des immigrants (y compris des voyageurs et des touristes à court terme) forment une partie importante dans la planification linguistique mondiale.

3) Apprentissage de langue étrangère.

L'étude des langues étrangères ne s'arrête pas au problème de la capacité linguistique, mais permet de cultiver des citoyens du monde qui peuvent se communiquer et briser les barrières culturelles. Il faut attacher de l'importance aux sujets tels que comment élaborer des critères d'évaluation, fournir les conditions nécessaires à l'apprentissage des langues étrangères, former des enseignants qualifiés, faire avancer l'étude des langues étrangères grâce aux techniques modernes et apprendre les langues étrangères dans l'espace virtuel. Il est sans doute que grâce au développement de l'intelligence artificielle, le travail de traduction simple finira par être transmis à la machine, les difficultés à apprendre les langues étrangères seront très largement réduites, mais l'enseignement de la compréhension de la langue et de la culture restent toujours indispensables.

Parmi les trois aspects principaux, on peut trouver des thèmes sur lesquels on a déjà réfléchi ou urgents pour faire l'objet de séminaires. Si la situation le permet, mieux vaut garder les résultats des discussions afin de pouvoir d'une part, « en profiter » à l'avenir afin d'améliorer les politiques et les programmes linguistiques des deux pays, ou d'autre part en faire « profiter à autrui » dans le but de contribuer à la communauté internationale.

Un dernier point méritant une remarque est la proposition intitulée « nouvelles routes de la Soie terrestre et maritime » que la Chine a mise en place récemment. Cette proposition, en empruntant des ressources historiques sur « la route de la Soie », vise à développer le partenariat économique avec les pays situés le long de la route et à construire conjointement une communauté d'intérêt, de responsabilité et de destin. Ces « nouvelles routes de la Soie terrestre et maritime » relient d'un côté l'histoire et de l'autre côté le présent et le futur ; d'un côté la Chine, l'Orient et de l'autre côté, l'Occident et le monde. Elles couvrent plus de 65 pays, ce qui représente environ 50 langues officielles et universelles ainsi que plus de 200 langues importantes régionales ou ethniques. Le principe-clé réside dans la compréhension entre les différentes ethnies. La langue est le bateau et le véhicule de la pensée, il est nécessaire que la langue fraye son chemin à l'image des « nouvelles routes de la Soie terrestre et maritime ».

Lyon, la deuxième plus grande ville française, était le terminus de la route de la soie en Occident dans l'Antiquité. En tant qu'un des centres linguistiques, des commerces et de la culture en Europe, la France a joué un rôle important dans la route de la Soie dans l'Antiquité. Aujourd'hui, il faut réfléchir sur les manières dont on peut utiliser les langues afin de pouvoir relier plus aisément la Chine, la France, l'Europe et le monde. La proposition des « nouvelles routes de la soie terrestre et maritime » fera l'objet du futur séminaire franco-chinois sur les politiques linguistiques.

Je souhaite sincèrement que l'organisation du séminaire franco-chinois sur les politiques linguistiques puisse continuer, et que, grâce à l'innovation sur la base de bénéfices mutuels, le séminaire pourra devenir une réunion importante entre la Chine et la France sur le plan des politiques et des programmes linguistiques chinois et français. En espérant que ces séminaires puissent devenir à l'avenir un évènement majeur dans le cercle de la langue chinoise et des pays francophones dans le domaine concerné.

LI Yuming
En automne 2016
À Pékin

(Traduit par XU Shiwen, relu par Wang Xiuli)

促进中法语言政策交流，为中法全面战略伙伴关系奠定人文基础[①]

郝 平

中法高级别人文交流机制中方协调人、中国教育部副部长

在中法两国共同隆重纪念建交五十周年和中法高级别人文交流机制正式启动之际，第二届"中法语言政策与规划国际研讨会"在巴黎召开，这对于落实两国元首关于"携手开创紧密持久的中法全面战略伙伴关系新时代"的共识有着重要意义。

中法两国当前正在携手开创紧密持久的中法全面战略伙伴关系新时代。人文交流是中法双边关系的民意基础，也是两国关系持续深入发展的重要动力。2014年3月，中国国家主席习近平先生访问法国期间，中法领导人就进一步加强两国人文交流达成一致意见，宣布建立中法高级别人文交流机制，打造中法双边关系中继战略对话机制和高级别经济财金机制之后的第三大支柱性交流机制，从而使中法双边交流和

---

① 本文为第二届"中法语言政策与规划国际研讨会"闭幕式中方致辞。

战略合作全面覆盖政治、经济、人文各个领域。

2014年9月18日,中国国务院副总理刘延东女士和法国外交部部长法比尤斯先生在巴黎共同启动中法高级别人文交流机制,这是中法两国在新的历史起点上加强全方位交流合作的一项重要成果。

中法高级别人文交流机制涉及教育、科技、文化、卫生、体育、传媒、旅游和地方合作等多个领域,而加强中法语言及语言政策交流是其中的重要内容。语言是人类最重要的交际工具和思维工具,是文化的重要组成部分。在国际关系处理中,语言则是打开沟通理解之门的钥匙,是促进不同文明交流互鉴的纽带。近年来,中法两国以互办"语言年"为平台,语言及语言政策的双边交流与合作持续深入,取得了丰硕成果。两国特色鲜明的语言文化深深吸引着对方人民。正是由于这种互相吸引,两国间的语言文化交流正在不断扩大。2014年中国有10万人在大学、中学和各类培训机构学习法语,在法留学生达4万多人。法语联盟已在中国建立了15个分支机构,有2.7万学生。在法国,汉语热也持续升温,已成为法国第五大外语,大巴黎地区的中小学普遍开设汉语课程,目前,全法在正规学校学习汉语的人数已达5.8万人。中法双方高校合作建立了16所孔子学院,3所孔子课堂,累计接收学员近万人。到中国留学的法国学生逐年增多,2013年全年在华学习的法国学生总数达9649名。

这其中,中法双方围绕语言政策和规划研究方面的交流合作取得了重要进展,形成了定期召开"中法语言政策与规划国际研讨会"的交流研讨机制。2012年,双方在北京召开了第一届会议,两国专家、学者及语言和教育主管部门的人士在语言规划、语言政策、语言保护、语言传播、语言教育等各个领域进行了深入的交流与研讨,达成了广泛共识,取得了良好的成效,双方与会人员都希望将这一交流机制化。在双方的共同努力下,第二届研讨会成功地在美丽的巴黎召开了。我刚才很高兴地听到德斯科特女士提到,本次研讨会的研讨主题有了进一步的拓展,与会专家学者通过研讨增进了双方之间的了解,加深了友谊,强化了双方在很多理念上的共通点,为双方在语言文化领域的深入合作打下了坚实的基础,我相信这将会对两国语言事业的持续深入发展、对两国更广泛的人文交流发挥重要的促进作用。

当前,国际关系民主化、世界多极化、文化多元化的趋势愈发明显,全球化、信息化的挑战日益加剧,各国需要应对的语言问题日益增多。中国将进一步拓宽视野,加强语言政策和语言规划的研究工作,也希望中法两国携手合作,在中法高级别人文交流机制框架下,不断强化语言交流和学术合作,共同研讨各自国家和人类共同面临的语言问题,大力发展各自的语言文化,为中法全面战略伙伴关系奠定牢固的人文基础,也使中法两国在新的历史时期继续为人类文明的发展发挥更大作用。

Promouvoir les rapports humains sino-français à travers la coopération linguistique
discours de clôture du représentant chinois

HAO Ping
Secrétaire général du « dialogue de haut niveau sur les échanges humains » entre la France et la Chine, Vice-ministre de l'Éducation de Chine

Je suis très heureux de participer à ce colloque à l'occasion de la commémoration du cinquantenaire de l'établissement des relations diplomatiques entre nos deux pays, et à la veille de l'inauguration du Dialogue franco-chinois de haut niveau sur les échanges humains.

Les participants à ce colloque jouent un rôle important dans les champs linguistiques de nos deux pays. Il est la concrétisation du souhait de nos dirigeants de renforcer notre partenariat stratégique global. Je suis très heureux d'être venu à Paris dans ce but. En l'espace d'une semaine, Paris est devenu « chez moi » : j'assume la Présidence de la Conférence générale de l'UNESCO, et suis donc amené à me rendre souvent dans votre capitale. Chaque séjour à Paris me donne un nouveau sentiment, et je peux témoigner de l'hospitalité du peuple parisien, qui m'assure de nombreuses facilités dans mes fonctions. Notre importante délégation est en provenance de Lyon, où chacun a pu également témoigner de l'hospitalité du peuple français, et de la grandeur de la culture française. L'histoire et la culture sont omniprésentes, partout où nous nous rendons.

Demain, nous assisterons avec Madame Descôtes à la première réunion du Dialogue bilatéral de haut niveau sur les échanges humains, et la qualité de nos relations a permis d'apporter un soutien sans faille à cette démarche.

Demain, Monsieur Fabius et Madame Liu Yandong lanceront au ministère des Affaires étrangères le mécanisme de ce dialogue de haut niveau, ce qui marquera un nouveau départ dans nos relations bilatérales. La Chine a en effet lancé une initiative similaire avec les États-Unis, le Royaume-Uni, l'Union européenne et la Russie. Jusqu'ici manquait à cette liste la France, membre permanent du Conseil de Sécurité des Nations Unies, puissance économique, culturelle et politique de premier plan. La Chine appelait donc de ses vœux la création d'un tel mécanisme.

Les échanges dans le domaine linguistique constituent une composante importante de ce dialogue. Nous recensons plus de 100 000 apprenants du français en Chine, et comptons bien voir ce nombre croître dans les années à venir. Les étudiants chinois en France sont au nombre de 40 000. L'Alliance française a déjà créé 15 établissements en Chine, accueillant un total de 27 000 étudiants. En France, l'engouement pour le chinois n'est pas démenti, et son enseignement se généralise. Ce sont 58 000 Français qui apprennent aujourd'hui le chinois. Ensemble, nous avons créé 16 Instituts Confucius. En 2013, nous recensions environ 10 000 étudiants français sur le territoire chinois.

Lors de notre séminaire, les deux parties ont échangé autour des politiques et des pratiques linguistiques. Madame Descôtes a exprimé la satisfaction de la partie française, aussi nous paraît-il important d'entretenir régulièrement des échanges de cette nature afin de mieux nous connaître les uns les autres, et parvenir à des vues communes sur un plus grand nombre de sujets. C'est ainsi que nous poserons les bases d'une bonne coopération future. Il nous faut parvenir, en Chine, à diversifier les compétences linguistiques, qui sont trop concentrées sur l'anglais à ce jour.

La troisième édition de ce séminaire aura vraisemblablement lieu en Chine ;

d'ores et déjà, chers amis, tenez-vous prêts à vous y rendre. Notre monde est marqué par la démocratisation et le pluralisme. Les défis posés par la mondialisation sont considérables. La Chine souhaite élargir sa vision et s'enrichir des pratiques et apprendre auprès de la France en matière de politique linguistique. J'espère que nos deux pays joindront leurs efforts dans le cadre du Dialogue de haut niveau qui s'engage afin de renforcer la position de nos cultures et de nos langues respectives, afin de construire les fondements de notre relation bilatérale.

目　录
Table des matières

Objectifs et enjeux d'une politique des langues ········ Xavier NORTH 1
语言政策的目标与重要性 ································· 格萨维耶·诺尔特 7

加强交流，促进中法语言文化共同发展 ····················· 张浩明 9
La protection des ressources linguistiques chinoises ······ ZHANG Haoming 14

Maintenir le français en état d'exercice ··············· Gabriel de BROGLIE 19
保持法语生命力 ································· 加伯里埃勒·德·伯豪格利 25

语言生活与语言生活研究 ··································· 李宇明 31
Vie de la langue et planification linguistique ················ LI Yuming 56

语言教育规划面临的新问题 ································· 赵世举 61
Les nouveaux enjeux pour la planification de l'enseignement
　　de la langue chinoise ································ ZHAO Shiju 76

Transmettre la langue française par l'école ··········· Fabrice POLI 83
依靠学校传播法语 ····································· 法布里斯·波利 90

Les langues régionales dans le système
　　éducatif ································ Jean SALLES-LOUSTAU 97
教育系统中的方言 ································ 让·萨勒-卢斯托 104

1

构建新疆和谐的语言文字环境 ······················· 逯新华 111
Langue et culture: renforcer la construction de la langue,
　　promouvoir le développement culturel ··················· LU Xinhua 119

中国的语言监测研究 ······························· 侯敏 125
Recherches sur l'observation des langues en Chine ··············· HOU Min 141

Le français, une langue qui évolue en permanence ········ Jean PRUVOST 145
法语，演变中的语言 ··························· 让·普吕沃 154

L'action publique d'enrichissement de la langue
　　française ·· Bénédicte MADINIER 161
法语丰富过程中政府的作用 ················ 贝妮蒂特·马蒂尼埃 169

Évolution et prescription au prisme des médias ············· Patrice GELINET 175
法国语言在媒体领域的规范与发展 ················ 帕特里斯·杰立内 181

Le rôle de l'Institut français dans les échanges culturels et linguistiques
　　entre la France et la Chine ······················· Christophe MUSITELLI 187
法国文化中心在中法语言文化交流中的作用 ··········· 克里斯多夫·米西特里 193

Introduction : la promotion du français à l'international et de la diplomatie
　　culturelle française ································ Anne GRILLO 199
法语国际推广与法国文化外交 ··························· 安娜·格里洛 204

语言的意义：全球化背景下的中国外语教育 ······················· 曹德明 208
La valeur des langues : l'enseignement des langues étrangères en
　　Chine dans le contexte de la mondialisation ··············· CAO Deming 217

La rénovation de l'enseignement des langues en France :
   le cas du chinois ··· Joël BELLASSEN 222
法国语言教学的革新：汉语教学 ··· 白乐桑 228

建设语言人才资源库，提升国家语言能力 ································· 文秋芳 233
Construire une base de ressources humaines dans le domaine
   des langues pour améliorer la capacité nationale en langue
   étrangère ·· WEN Qiufang 241

Le français, une langue en partage ·································· Imma TOR FAUS 244
法语：分享的语言 ··· 伊马·托尔·福斯 250

Les variétés du français dans le monde ···················· André THIBAULT 256
全球法语的多样性 ··· 安德烈·蒂博 259

交易成本节约与民族语言多样化需求的矛盾及其化解 ···················· 黄少安 262
Résoudre la contradiction entre la demande pour une diversité des
   langues nationales et la demande pour une économie des
   coûts de transaction ·· HUANG Shao'an 274

Que notre rêve commun devienne réalité, discours de clôture
   du représentant français ································· Anne-Marie DESCÔTES 276
让共同的梦想成为现实——闭幕式法方致辞 ············· 安娜-玛丽·德斯科特 281

Objectifs et enjeux d'une politique des langues

Xavier NORTH
Délégué général à la langue française et aux langues de France, ministère de la Culture et de la Communication de France

Monsieur le Directeur général, Mesdames et Messieurs, permettez-moi de vous souhaiter, au nom de mes collègues, la plus chaleureuse des bienvenues à Paris. Je suis très heureux de vous retrouver aujourd'hui et de rencontrer l'importante délégation qui vous accompagne. Nous nous trouvons dans le salon des Boiseries du musée des Arts décoratifs, une aile du musée du Louvre. Nous sommes à proximité du palais des Tuileries, détruit sous la Commune. C'est donc un lieu de mémoire et d'histoire, histoire à laquelle nous pouvons nous adosser pour aborder les défis du XXIe siècle.

Nous sommes très heureux d'avoir l'occasion de dialoguer avec vous. Ceux d'entre nous qui ont eu la chance de se rendre à Pékin à l'occasion du premier séminaire consacré aux politiques linguistiques entre la France et la Chine en 2012 en conservent un souvenir très heureux. Ils gardent notamment le souvenir de l'accueil des plus chaleureux que leur avaient réservé les autorités chinoises, particulièrement les équipes de l'université des Langues et cultures de Pékin. Celles-ci se trouvaient placées sous la conduite de Monsieur LI Yuming, président du conseil d'administration de l'université, que j'ai un plaisir particulier à accueillir aujourd'hui.

Bilan de la première édition et programme de la seconde édition

Ainsi, le succès de ce premier séminaire nous a incités à en organiser un second, dans un cadre plus institutionnel, afin d'approfondir quelques-uns des thèmes que nous n'avions pu, faute de temps, qu'effleurer à Pékin. Les échanges que nous avions eus alors avaient révélé combien nous avions à apprendre les uns des autres et de nos différences d'approches en raison des univers culturels distincts auxquels nous appartenons. Ces échanges avaient également montré que nous pouvions apprendre beaucoup des similitudes que nous découvrions en portant notre regard sur la situation linguistique de nos pays respectifs. Nous découvrions ainsi que cette amicale confrontation avec l'autre nous permettrait de mieux nous connaître et de mieux nous comprendre nous-mêmes.

Notre dialogue avait aussi fait apparaître des préoccupations communes. Nous partagions en effet le souci de promouvoir nos langues nationales respectives, d'en préserver l'usage, d'en favoriser la maîtrise et d'en garantir la transmission. Pour autant, nous n'avions pas éludé la délicate question de leur articulation avec les langues régionales ou minoritaires. Avaient enfin surgi deux séries d'interrogations. Les unes portaient sur la notion de norme, ou plus exactement sur les rapports qu'entretiennent nos langues respectives avec les normes. Les autres concernaient les relations – et parfois les rapports de force – que peuvent nouer nos langues (le français et le chinois) avec les langues étrangères sur leurs territoires respectifs.

Faut-il harmoniser l'utilisation d'une même langue dans le monde ? Quelle place faut-il réserver à l'apprentissage et à l'utilisation des langues étrangères dans le système éducatif ? Comment soutenir l'enseignement du chinois en France et celui du français en Chine ? Telles sont quelques-unes des questions que nous avions soulevées.

Pour ce second séminaire, la première matinée sera centrée sur la maîtrise et la transmission de la langue. Nous consacrerons ensuite une après-midi aux évolutions du français et du chinois et au rôle que jouent nos langues dans la circulation de l'information, des savoirs ou des œuvres. Nous consacrerons en outre la matinée de demain à la diffusion internationale des langues. Pour ce faire, nous aborderons d'une part la diffusion du français en Chine et du chinois en France. D'autre part, et plus généralement, nous évoquerons la promotion de nos langues respectives à l'étranger, étant entendu que les autorités françaises et chinoises ne sont pas seules responsables de cette promotion.

Pourquoi mener une politique des langues ?

Ce rapide survol de notre séminaire m'incite à soulever une question fondamentale : pourquoi mener une politique des langues ? Je souhaiterais tenter d'y répondre du point de vue français à partir de l'expérience historique qui est la nôtre. Une politique des langues ne saurait se justifier uniquement par la fidélité à une tradition ou à un modèle culturel qui confère à notre langue un rôle central dans la construction politique de la nation. En France en effet, la langue a toujours été l'affaire de l'État.

« Aucune langue n'est sans le concert des autres », affirmait l'écrivain martiniquais Édouard Glissant. La plupart des langues se trouvent être plus que jamais en rapport avec d'autres langues. Toutes sont prises dans des rapports de force. Par conséquent, nous n'avons d'autre choix que d'organiser leur coexistence, sauf à admettre que les plus fortes écrasent les plus faibles... C'est pourquoi, aujourd'hui, une politique linguistique ne peut être qu'une politique des relations entre les langues. Le rôle des pouvoirs publics n'est pas simplement de garantir leur transmission ou de favoriser leur diffusion. Leur rôle est de veiller, s'il y a lieu, sur leur statut. Cela implique de définir leurs conditions d'emploi et de contribuer à leur enrichissement pour qu'elles continuent à exprimer le monde contemporain. Il y va à la fois de la cohésion sociale et de la maîtrise des échanges, maîtrise rendue indispensable par leur mondialisation.

La longue histoire du français est marquée par le culte d'une langue unique. La France s'est en effet pensée et posée dès l'origine comme monolingue, contre l'évidence d'un plurilinguisme de fait. Depuis une cinquantaine d'années, ce modèle s'est trouvé ébranlé par le profond changement de statut qu'a connu la langue française. Après avoir été une langue à prétention universelle, celle-ci n'est plus qu'une langue d'influence mondiale. Face à cette nouvelle donne, la politique en faveur de la langue française a dû évoluer afin de répondre à de nouveaux défis.

Elle s'est d'abord proposé de garantir un droit au français à l'ensemble de ses concitoyens à travers la loi du 4 août 1994. Celle-ci garantit à tous les citoyens la possibilité de s'exprimer et de recevoir une information en français. Le second objectif de cette politique consiste à veiller à ce que notre langue reste en phase avec les évolutions des réalités contemporaines, notamment dans les domaines sociaux, économiques, technologiques et scientifiques. Il s'agit également de veiller à ce que notre langue réponde à des besoins d'expression que ne satisfait pas toujours son état actuel : tel est le rôle dévolu à des commissions de terminologies. Plus généralement, il s'agit de veiller à la bonne marche du dispositif d'enrichissement de la langue française et d'œuvrer à la diffusion de ressources terminologiques.

Cette politique n'est pas toujours bien comprise. L'action des pouvoirs publics en matière de politique linguistique, parce qu'elle est encadrée par le droit, heurte parfois la sensibilité de l'opinion publique. Toutefois, il ne s'agit pas d'un combat d'arrière-garde. Face aux enjeux identitaires que comporte toute intervention étatique dans ce domaine, il est considéré en France que la charge de favoriser la vitalité du patrimoine constitué par la langue française revient à l'État.

Les enjeux d'une politique des langues sont donc multiples. Ceux-ci sont certes politiques et culturels. Il y va en effet du développement d'identités qui peuvent se trouver menacées par l'uniformisation des manières d'être ou de s'exprimer, conséquence de la mondialisation des échanges. Or les langues ne sont pas interchangeables. Chacune d'elles construit le sens à sa manière et nous offre une façon différente de nous orienter dans l'opacité du réel. En 2012 à Pékin, nous avions partagé le même constat qu'une politique linguistique ne pouvait, en dernière instance, avoir d'autre objectif que de préserver la diversité des regards sur le monde.

Les enjeux d'une politique linguistique sont également la cohésion sociale mais aussi le développement économique. En effet, une langue constitue le premier des liens sociaux et la maîtrise d'une langue partagée détermine l'accès à la culture, au savoir, et in fine à l'exercice de la citoyenneté et à la vie professionnelle. Enfin, une telle politique comporte des enjeux géopolitiques. La pratique des langues étrangères constitue en effet un outil indispensable d'ouverture au monde dans nos sociétés, étant entendu que le monde ne s'ouvre pas de la même manière dans une langue et dans une autre.

Nous sommes impatients, Monsieur le Directeur général, de découvrir les objectifs de politique linguistique que les autorités chinoises s'assignent aujourd'hui. Nous vous remercions infiniment d'avoir fait ce long déplacement pour venir nous rejoindre à Paris. Nous nous réjouissons de passer en votre compagnie ces deux journées qui s'inscrivent dans le cadre du « Dialogue de haut niveau sur les échanges humains ». Celui-ci commencera à proprement parler jeudi 18 septembre au ministère des Affaires étrangères. C'est un moment marquant dans les célébrations du cinquantième anniversaire des relations diplomatiques entre la France et la Chine.

Nous étions très heureux en 2012 d'amorcer ce dialogue, sans avoir prévu qu'il se développerait dans de telles proportions. Il est inutile de vous dire combien nous nous réjouissons de ce prolongement et combien, encore une fois, nous sommes heureux de vous accueillir à Paris.

语言政策的目标与重要性

格萨维耶·诺尔特
法国文化与传媒部法语及法国境内语言总司总司长

一种合理的语言政策只有忠于传统、忠于文化模式,才能发挥语言在国家政治建设上的重要作用。语言在法国自古以来就是"国之大事"。

马提尼克作家爱德华·格里桑说,"一种语言只有与其他语言共存才有意义"。目前大部分语言相互"交锋",要么放任强势语言消灭弱势语言,要么寻求共存之道,因此语言政策必须着眼于当下语言间的关系。政府的作用不仅仅是确保语言传承和推动语言传播,还应维护语言的地位。要维护语言的地位,一方面需要规范语言的使用条件,另一方面则要充实语言,使语言满足当代社会的表达需要。充实语言则需要加强社会凝聚力和国际交流,在全球化背景下,加强国际交流显得尤为重要。

法国历史上一直崇尚单语制,法国还一度自封单语国家,虽然事实并非如此;近五十年来法语地位的深刻变化对单语制是个冲击。法语一直被视为世界通用语,是在世界范围内颇具影响力的语言;面对新形势,适当调整法语语言政策成为必然。

法国于1994年8月4日颁布相关的语言法律,保障公民的法语权利。相关法律的出台,一方面保障公民享有使用法语交流的权利,另一方面保证法语紧跟社会发展节奏,满足表达需要。特别是在经济及科学技术等领域内,语言往往滞后于表达的需要,术语委员会应运而生,其宗旨是充实法语,确保术语资源顺畅传播。

语言政策是用法律形式管理语言,实质上属于政府行为,所以有时也会被人误解,甚至受到舆论抨击。但这并不是一场"语言保卫战"。语言问题关乎公民身份,法国民众普遍认同政府介入,认为国家对维持法语生命力负有主要责任。

语言政策的重要性体现在多个领域,尤其是政治和文化领域。全球化背景下世界通用语极大威胁着语言社团的多样性。然而,语言具有不可替代性,每一种语言都以独特的形式存在,为我们探索世界提供不同的视角。语言政策的最终目标是维护认识世界的多样性。

此外,语言政策还关乎社会凝聚力与经济发展。语言是社会网络的第一枢纽,掌握一门语言才能融入一种文化,拥有共同的思维,进而行使公民权,从而开启职业生涯。

语言政策还关系到地缘政治。不同的语言能解读出不同的世界,因此学习与使用外语是对外开放的前提。

(陈海钊译 都艾睿校)

加强交流,促进中法语言文化共同发展

张浩明
中国教育部语言文字信息管理司司长

摘　要： 加强中法语言及语言政策交流是中法高级别人文交流机制框架内的一项重要内容。中国语言文字工作的基本理念是,把推广普及国家通用语言文字作为长期重要任务,把"构建和谐语言生活"作为工作目标,把增进语言文化交流、促进跨文化理解作为语言政策重要目标。近年来,中法两国以互办"语言年"为平台,语言及语言政策的双边交流与合作持续深入,取得丰硕成果。

关键词： 中法人文交流;跨文化理解;语言政策;语言年

2014年3月,中国国家主席习近平先生访问法国期间,与法国领导人共同宣布建立中法高级别人文交流机制,把两国现有的人文交流项目和活动推上更高的水平并纳入统一的规划与平台,为丰富交往渠道、拓宽交流领域、深化合作内涵提供有力的支持和保障,为发展稳定、可持续的中法关系进而促进中欧关系健康深入发展做出更大的贡献。这其中,加强中法语言及语言政策交流是中法高级别人文交流机制框架内的一项十分重要的内容。

我们知道,语言是人类最重要的交际工具和思维工具,是文化的重要组成部分,是人类从愚昧走向文明的标志,也是人类文明世代传承的载体,是推动历史发展和社会进步的重要力量。中国政府一直高度重视语言文字工作。二十世纪五十年代,中国政府根据当时的经济和社会发展需要,确立了简化汉字、推广普通话、制定和推行《汉语拼音方案》三大任务,奠定了语言文字事业发展的基础。改革开放以来,语言文字工作不断适应新情况、新任务,语言文字事业取得了长足的发展。当前,我们的语言政策秉承务实有效、科学发展、以人为本的精神,将努力保障语言及语言文字事业在促进中国的经济和社会发展中发挥其应有的作用。同时,也致力于语言文字的纽带桥梁作用,促进世界文明包容、和谐共生。作为一个多民族、多语言、多文种、多方言的国家,中国在推进语言文字事业发展的实践中,逐步明确了语言文字工作的理念。

一是坚持把推广普及国家通用语言文字作为长期的重要任务。针对中国幅员辽阔、人口众多、民族复杂、拥有100多种语言和30多种文字的多民族、多语言、多文种、多方言的语言国情,推广和普及国家通用语言文字将有利于不同民族、不同地区之间的顺畅交流与交往,有利于经济社会的发展,关系到中华民族的文化认同和国家统一,是我们长期的、重要的任务。

二是明确了"构建和谐语言生活"的工作目标。不同的语言和方言文化共同构成了中华语言文化,使得她色彩斑斓、丰富多彩,我们始终将它们视作不可再生的国家资源而倍加珍惜。我们认为多样性和包容性相伴相生,中华语言文化因此而保持着强大的生命力和美好的发展前景。中国哲学家朱熹说"和而不同,执两用中",我们的语言政策吸收了中国传统文化中"和谐辩证"的哲学思想,遵循语言文字发展规律,把握语言的主体性与多样性的关系,把依法和妥善处理好国家通用语言文字与少数民族语言文字、国家通用语与外语、普通话和方言、简化字和繁体字的关系,以及各种语言的学习和使用等问题作为语言规划的重要内容。

三是把增进语言文化交流、促进跨文化理解作为语言政策的重要目标。中华文明历来强调沟通和交融,主张"以和为贵",崇尚"兼收并蓄""有容乃大"。我们鼓励发挥语言文字的桥梁和纽带作用,不断加强语言文化交流。作为其中一项重要举措,2014年6月,中国政府和联合国教科文组织在苏州联合召开以"语言能力与人类文明和社会进步"为主题的世界语言大会,100多个国家和地区的约400位代表出席,大会发布的《苏州共识》倡议世界各国重视和加强语言文化教育、积极推进语言文字的国际合作,产生了广泛影响。我们鼓励国民学习外语,并通过外语学习人类一切优秀文明成果和先进的科学技术,目前在中国有3亿多国民学习外语,涉及65个语种;我们将完善外语服务、提升语言服务能力纳入政策内容,并将为此培养和储备不同语种的语言人才。这其中,法语将是对中国具有现实意义的重要语种。我们也热诚地欢迎包括法国人民在内的各国人民学习中国的语言。

2014年初春,中国国家主席习近平先生在访欧期间曾指出,"一个国家文化的魅力、一个民族的凝聚力主要通过语言表达和传递。掌握一种语言就是掌握了通往一国文化的钥匙。学会不同语言,才能了解不同文化的差异性,进而客观理性看待世界,包容友善相处"。如今,我们生活的这个地球村,有200多个国家和地区,2500多个民族,6000多种语言。不同语言的异彩纷呈,折射出人类文明既有多样性、也有共通性,构成国家之间、民族之间、人与人之间沟通的重要桥梁。在当今全球化背景下,在不同民族、不同国家之间搭起语言之桥比历史上任何时候都重要而紧迫,更需要加强语言交流,从而促进不同文明之间的交流互鉴,推动理解,消弭冲突。

近年来,中法两国以互办"语言年"为平台,语言及语言政策的双边交流与合作持续深入,取得了丰硕成果。中国和法国都是有着独特文明的国度,两国文明都曾对世界文明产生过重要影响,两国语言都被认为是世界上最丰富、最优美和最具生命力的语言之一。两国国民都对本国语言抱有深厚的感情,"少小离家老大回,乡音无改鬓毛衰""逢人渐觉乡音异,却恨莺声似故山"等诗句在中国千古传唱,都德的小说《最后一课》在法国尽人皆知。两国特色鲜明的语言文化也深深吸引着对方人民,两国间的语言文化交流正在不断扩大。中法两国专家学者和政府部门在语言政策方面的交流是其中的亮点之一,取得了良好的成效。比如,在2012年北京召开的第一届"中法语言政策与规划国际研讨会"上,中法双方在语言规划、语言政策、语言保护、语言传播、语言教育等各个领域进行了深入探讨与交流,增进了了解,加深了友谊,强化了共识,为进一步促进双方在语言文字领域的合作打下了良好的基础。

2014年,第二届"中法语言政策与规划国际研讨会"再次隆重召开。在尊重各自语言文字特色和优势的前提下,中法学者可以在更多方面交流探讨、加深认识、寻求共识,一同促进两国语言文字工作相互借鉴、取长补短,共享人类语言文化的成果。

总之,中法两国语言政策在很多方面都有着共同的观点,有广泛的合作前景。通过不断强化语言交流和学术合作、研讨各自国家和人类共同面临的语言问题、大力发展各自的语言文化,一定能够在两国语言文字专家学者之间、管理部门之间乃至两国民众之间建立语言沟通之桥,更好地加强相互理解,为促进中法人文交流做出重要贡献。

La protection des ressources linguistiques chinoises

ZHANG Haoming
Directeur général du département de la gestion de l'information des langues du ministère de l'Éducation de Chine

Je suis très heureux de me retrouver aujourd'hui avec vous dans cette ville ô combien romantique. Je tiens à remercier nos amis français pour l'organisation de cet événement dans cette pièce éminemment emprunte d'histoire et de culture. Je souhaite également remercier toutes les personnes organisatrices de ce colloque international, qui constitue en outre l'un des événements majeurs du cinquantenaire de l'établissement des relations entre nos deux pays. J'aimerais enfin, en tant que représentant des instances linguistiques chinoises, adresser mes remerciements à toutes les personnes ici présentes.

Au mois de mars de cette année, le Président Monsieur XI Jinping s'est rendu en France. C'est à cette occasion qu'a été décidée la tenue du « Dialogue de haut niveau sur les échanges humains entre la France et la Chine ». Celui-ci doit non seulement permettre de disposer de plates-formes dédiées à des échanges nettement plus riches dans ce domaine, mais également d'approfondir les différentes discussions qui ont déjà pu être entamées. Ceci permettra de développer encore plus avant les relations entre les deux pays. La coopération entre la France et la Chine en matière de politique linguistique s'en trouvera ainsi approfondie.

La langue est un outil d'échange et d'expression de la pensée qui constitue l'une des pierres angulaires de la culture d'un pays. La langue est ce qui permet de quitter l'ignorance pour rejoindre la civilisation. C'est également un vecteur de transmission et de développement. Le gouvernement chinois attache une grande importance au travail de la langue et de l'écriture. Depuis les années 1950, il a initié un certain nombre de politiques au service de la société et de l'économie chinoises. Parmi celles-ci figurent notamment une entreprise de simplification de l'écriture et de diffusion du chinois standard, ainsi qu'un plan d'action en faveur du Pinyin.

La langue doit évidemment s'adapter aux nouvelles réalités de la société et continuer à se développer. Notre politique est aujourd'hui couronnée de succès. Elle se veut de plus en plus précise, centrée sur l'homme, et vise à préserver cette ressource linguistique au service du développement économique et social de la Chine.

La langue constitue également un marchepied vers la tolérance et l'harmonie entre les différents pays et civilisations. Comme chacun sait, la Chine est un pays qui regroupe de nombreuses ethnies, langues et cultures, rendant ce travail d'autant plus important.

La Chine est un pays extrêmement vaste et peuplé. Plus de cent langues sont parlées dans le pays, qui compte en outre trente systèmes d'écriture différents ainsi que de nombreux dialectes. Une politique de généralisation de la langue d'usage sert d'abord toutes ces ethnies et minorités en permettant un développement plus harmonieux et une généralisation de la pratique de la langue à travers la Chine. C'est un aspect majeur du travail du gouvernement.

Concernant l'environnement linguistique, les différentes langues du monde chinois sont à la fois très variées et très riches. Elles constituent une ressource non renouvelable, une richesse qu'il nous faut protéger comme un bien très précieux.

La langue est également un vecteur de tolérance et de diversité. Le philosophe chinois Sun Tzu soulignait en son temps que « la différence dans l'harmonie est la ligne médiane qui ne se sépare jamais de ses deux extrémités ». Pour cette raison, il importe de préserver à la fois subjectivité et diversité de la langue. Il convient de résoudre la question de la diffusion de la langue standard par la voie législative tout en préservant la pratique des dialectes et en simplifiant l'écriture chinoise au travers de caractères simplifiés.

Il convient en outre d'accroître les échanges linguistiques. Cet accroissement constitue l'un des principaux objectifs de la politique de la Chine dans ce domaine. Il faut continuer à favoriser les échanges culturels car la langue est avant tout un pont entre les différentes cultures. Au mois de juin de cette année, la Chine et l'UNESCO ont organisé un colloque international sur la langue, la civilisation et les sociétés en développement. Cet événement réunissait plus de cent pays et 400 participants. À l'occasion de ce colloque a été signé un consensus invitant les pays du monde à renforcer leur politique linguistique ainsi que leur enseignement des langues et de la culture.

Grâce à une politique linguistique forte, 300 millions de personnes étudient actuellement les 65 langues étrangères enseignées en Chine. L'offre linguistique est donc en nette progression et le gouvernement a prouvé sa capacité d'action à cet égard. Ces différentes langues étrangères nous sont évidemment très utiles. J'encourage par ailleurs tous les Français à étudier le chinois.

Lors de sa visite en Europe, le Président XI Jinping a affirmé que la beauté de la culture et la cohésion d'une ethnie relevaient d'abord de la langue en tant que vecteur d'expression et de transmission. Il faut comprendre les différentes cultures et les différentes langues afin de pouvoir appréhender le monde de façon objective et assurer la coexistence pacifique de ces différences. La culture et la civilisation humaines ont plusieurs visages. Le monde actuel en est l'illustration puisqu'il est peuplé de 2 500 ethnies parlant plus de 6 000 langues différentes. Par conséquent, il faut créer des ponts linguistiques entre les différents pays et renforcer les échanges linguistiques pour accroître la compréhension mutuelle entre les peuples.

Ces dernières années, la Chine et la France ont renforcé leur coopération dans le domaine linguistique à travers l'organisation de « l'année linguistique croisée sino-française ». Cette initiative a été couronnée de succès. Les civilisations française et chinoise sont des civilisations singulières qui se sont distinguées dans l'histoire de l'humanité. Le français et le chinois sont des langues parmi les plus riches, les plus belles et les plus vivantes au monde. Aussi, nos deux peuples sont très attachés à leurs langues nationales respectives. Cet attachement au pays et à sa culture a d'ailleurs souvent été loué dans les poèmes antiques chinois ; « Jeune, j'ai quitté la maison et suis revenu à un âge avancé ; mon accent n'avait pas changé, mais mes tempes grisonnaient. » (*Retour au pays*, He Zhizhang, poète de la dynastie Tang). En outre, la nouvelle d'Alphonse Daudet *La dernière classe* demeure très présente dans l'esprit des Français.

Les échanges linguistiques entre les deux pays ne cessent de s'intensifier. Les différentes institutions linguistiques et le monde scientifique constituent un pilier de cette coopération. Un certain nombre d'entre vous étaient présents en 2012 à l'occasion de la première édition de ce colloque. Vous aviez alors pu prendre connaissance de notre planification, de notre politique, de la protection, de la diffusion et de l'éducation linguistiques. Des échanges ont été engagés, permettant à la fois de sceller notre amitié et de mettre au jour des points communs dans nos conceptions respectives. Ce fut enfin l'occasion de définir de solides bases pour notre coopération à venir.

Cette deuxième session s'ouvre ici solennellement. Je suis pour ma part persuadé que nos échanges nous permettront d'approfondir notre connaissance mutuelle et de parvenir à un certain nombre de constats communs. Dans le domaine linguistique, ces échanges permettront à nos deux pays de bénéficier de nos expériences mutuelles. La tenue d'un tel séminaire offre aux experts de chaque pays l'occasion d'exposer leurs problèmes, d'échanger sur les politiques linguistiques et de créer entre les deux pays un pont de communication sur ces problématiques linguistiques. Cela constitue également une excellente contribution aux échanges culturels entre la France et la Chine. Je souhaite à ce colloque un grand succès.

Maintenir le français en état d'exercice

Gabriel de BROGLIE
De l'Académie française, membre de l'Académie des sciences morales et politiques, historien et essayiste. Chancelier de l'Institut de France

Ma communication a pour titre « Maintenir le français en état d'exercice ». Il s'agit d'un enjeu considérable reconnu en France par la constitution, de même que le reconnaissent de nombreux pays dans le monde.

Dans le domaine de la langue, la France et la Chine partagent un certain nombre de caractères communs dont une reconnaissance officielle, sous l'autorité de l'État, de la situation de la langue. Elles ont également en commun un enseignement généralisé et de qualité permettant non seulement l'accès à l'activité professionnelle, mais également à la culture, ce qui implique une exigence de qualité.

La nécessité d'un statut officiel

La première action pour maintenir une langue en état d'exercice est évidemment l'enseignement. Une communication spécifique étant programmée sur ce sujet, je ne m'y attarderai pas. La deuxième condition pour mener à bien un tel projet réside en ce que la langue jouisse d'un statut officiel. De ce point de vue, la France a la chance de vivre dans un état d'unité linguistique à peu près complète. Les langues régionales apportent leur richesse culturelle complémentaire sans entrer en compétition avec l'enjeu mondial représenté par l'exercice et la qualité de la langue française. La France a ainsi une langue officielle à laquelle est attaché un statut, c'est-à-dire un cadre constitutionnel, législatif et réglementaire s'imposant aux autorités publiques, aux administrations, aux entreprises et aux citoyens.

Par ailleurs, la loi de 1994 relative à l'emploi de la langue française définit des objectifs relativement ambitieux. Elle affirme, de façon symbolique, que le français est la langue de la République, tout en précisant qu'il s'agit d'un « élément fondamental de la personnalité et du patrimoine de la France ». En outre, la loi fixe également des objectifs en précisant que le français est la langue du travail, des échanges, des services commerciaux (notamment de la publicité), de la justice et des services publics. Certes cette loi ne bénéficie pas d'une application générale et complète, notamment dans les domaines commerciaux et publicitaires, mais elle a le mérite d'exister. Une administration de l'État est chargée de veiller à son application et des sanctions sont prévues en cas de non application. L'appui de l'opinion publique est également un élément précieux et indispensable. Celle-ci émet de fréquentes désapprobations publiques face à l'abus d'emplois de termes étrangers, en particulier dans le monde des médias et de la communication.

Depuis le XVIIe siècle, l'Académie française a reçu la mission d'établir le dictionnaire de la langue française, mais aussi et peut-être surtout de veiller au bon usage du français. Elle s'y emploie en matière de vocabulaire, d'orthographe et de construction syntaxique. Elle publie des avis et des mises en garde ainsi qu'un ensemble de conseils – disponible sur internet – que nous appelons « Dire, ne pas dire ».

D'autre part, le statut officiel de la langue a prévu de constituer sous forme de base de données un « trésor de la langue française ». Il s'agit d'un dictionnaire historique complet des usages de la langue française depuis des siècles. C'est une entreprise considérable qui a d'abord pris la forme de seize volumes papier. L'ouvrage est désormais entièrement numérisé et accessible à tous. Il constitue une base de données très importante dans laquelle se trouvent 430 000 exemples d'emplois de mots dans la littérature française. Celle-ci peut être révisée en permanence.

Terminologie, sécurité langagière et traduction

La terminologie constitue un autre volet de notre mission. Pour maintenir la langue en état d'exercice, il faut définir le sens des mots et surtout offrir à la langue française les mots nouveaux qui lui font défaut dans les formulations classiques. Ceux-ci doivent lui permettre de demeurer une langue universelle capable d'exprimer toutes les notions au fur et à mesure qu'elles apparaissent. De nouvelles notions apparaissent en effet continuellement, souvent dans des langues étrangères, notamment en américain. Il existe par conséquent un dispositif que nous appelons « dispositif d'enrichissement de la langue française », relativement développé. Le Québec a lui aussi créé un tel dispositif, dont l'objectif est de conserver le caractère d'universalité de la langue française et de pouvoir ainsi désigner toutes les notions.

Par ailleurs, l'un des critères du bon exercice de la langue française est constitué par la sécurité langagière. La langue française est une langue précise qui rend un immense service à ses locuteurs en leur assurant une grande sécurité langagière. Dans le domaine de la codification des textes des administrations publiques par exemple, la France est particulièrement bien outillée. Elle donne une définition précise et sûre de tous les termes employés dans tous les textes réglementaires. La situation n'est pas la même partout. L'Europe par exemple, qui produit pourtant des réglementations considérables et très nombreuses, ne dispose pas de système de codification systématique. Or la codification est une condition de la sécurité juridique et langagière, que le français assure en France de manière satisfaisante.

La sécurité langagière suppose une certitude quant aux significations dans les différents champs sémantiques de la langue. Chaque terme peut en effet recouvrir un sens différent selon les domaines de vocabulaire. Les expressions précises sont également essentielles pour la sécurité juridique des textes, des contrats et des instruments diplomatiques. Les administrations, les tribunaux et l'effort considérable de normalisation assurent la sécurité langagière du français.

Un système développé de traduction est également essentiel pour le bon exercice de la langue. Dans ce domaine, le français constitue une langue précieuse en raison de sa précision et de sa richesse. Il n'est pas rare que dans les traductions internationales, le passage entre deux langues relativement éloignées l'une de l'autre s'opère par la langue française.

La nécessité d'un investissement intellectuel et industriel permanent

Un investissement intellectuel et industriel permanent est nécessaire au maintien du bon exercice de la langue dans le domaine des industries du langage. Il s'agit d'adapter la langue française à tous les moyens de communication, de numérisation et de traitement. Les moyens de reproduction et de diffusion de la langue française ne posent pas de problème. L'internet a été un relais universel et extrêmement commode qui préserve les différentes utilisations de toutes les langues. La langue française jouit d'une place considérable sur l'internet, comme il se doit.

Les industries du langage désignent tous les dispositifs de traitement automatique de la parole et de la langue écrite, ainsi que leurs applications. Concrètement, il s'agit des correcteurs automatiques d'orthographe et de syntaxe, des dictionnaires et des traductions automatiques, des logiciels d'aide à la rédaction automatique de documents et des logiciels, plus perfectionnés encore, de résumé de documents ou encore, on a peine à l'imaginer, de développement de certains documents à partir de résumés donnés. Tous ces outils font partie de ce qui se nomme l'industrie de la langue.

Ces industries ont vocation à prendre de plus en plus de place. Le préalable indispensable à ces développements est d'introduire régulièrement dans les logiciels de traitement de la langue des corpus suffisamment importants afin que l'ordinateur dispose des données de base suffisantes pour exécuter ces tâches. Ces corpus sont : tous les dictionnaires de la langue, le trésor de la langue française évoqué tout à l'heure, l'usage courant de la langue, l'usage historique de la langue, et l'ensemble des grands quotidiens de la langue française depuis 1945. La logique est comparable à celle qui s'applique aux logiciels de jeux d'échecs, d'autant plus performants qu'ils ont conservé en mémoire toutes les parties d'échecs qui ont été jouées.

La nécessité d'une coopération internationale

Maintenir le français en état d'exercice passe ensuite par une coopération internationale. La francophonie désigne la communauté des locuteurs du français dans le monde ou, selon une expression que nous apprécions, « des personnes qui ont le français en partage ». La majorité des francophones se trouve encore en Europe aujourd'hui. Cependant, cet équilibre est amené à s'inverser prochainement au bénéfice du reste du monde, notamment de l'Afrique. Le français est aujourd'hui la 4e langue la plus parlée dans le monde avec environ 230 millions de francophones, soit 4% de la population mondiale. Le nombre de ces locuteurs est appelé à s'accroître dans le futur, le rapport Attali prévoyant 770 millions de personnes parlant le français en 2050.

Cette communauté francophone a donné naissance à l'Organisation internationale de la Francophonie, ainsi qu'à une charte de la Francophonie, à un sommet des chefs d'État, et l'exécutif permanent est le secrétaire général de la Francophonie, clé de voûte du dispositif. Il s'agit de Monsieur Abdou Diouf, ancien Président de la République du Sénégal. La coopération multilatérale francophone a donné naissance à quatre opérateurs qui concourent à maintenir le français en état d'exercice. Il s'agit de l'Agence universitaire de la Francophonie, TV5 monde, l'Association internationale des maires francophones et l'université Senghor d'Alexandrie.

En conclusion, le français se maintient en bon état d'exercice s'il est bien enseigné, bien conservé, non dégradé, s'il conserve son vocabulaire étendu (60 000 termes) et est garanti par les autorités publiques. Cela suppose un effort, une volonté collective. Une telle volonté existe dans l'opinion française, qui ne s'applique pas seulement à la langue mais aussi à la culture en général et à une certaine vision du monde. Les échanges entre nations qui partagent la même volonté, comme entre la Chine et la France, constituent donc un encouragement extrêmement précieux pour le maintien en état des langues, en particulier des langues française et chinoise.

保持法语生命力

加伯里埃勒·德·伯豪格利

法兰西学术院院士、法兰西学院院长

在语言领域,中法两国拥有诸多共同之处——两国政府都高度认可语言的地位,都推行高质量的语言普及教育,都将语言看作进入职场、融入文化的前提条件。

一、语言拥有官方地位的必要性

教育是保持一门语言生命力的最重要手段,针对教育的探讨已另有安排,此处不再赘述。保持语言生命力的第二手段就是赋予语言官方地位。法国的优势在于其基本上属于单语国家;虽然方言丰富了法国文化,但其活跃度和通用性却未能在世界范围内与法语形成竞争态势,因此法语顺理成章地成为法国的官方语言。法国宪法以法律的形式规定:国家通用语言文字为法语,国家机关、公共服务行业、企业、公民使用国家通用语言文字。

为了契合国家在语言政策上的远大发展规划,1994年法国国民议会和参议院审议通过了《杜蓬法》①。《杜蓬法》规定:法语既是法兰西共和国的官方语言,也是法兰西民族特征和法国文化遗产中最根本的要素;法语不仅是司法机关和贸易往来的工作语言,也是公共服务行业和商业服务行业(特别是广告)的服务语言。尽管《杜蓬法》在商务和广告领域关于使用法语的规定尚存不足,但其存在价值毋庸置疑。国家专设相关机构监督《杜蓬法》的实施,同时还出台了相关配套处罚细则,对在法语使用中的违法行为和个人给予相应的处罚。此外,舆论对《杜蓬法》的实施同样具有不可或缺的监督作用。当外来语滥用成灾时,当媒体和通信行业不按规定使用语言文字时,舆论的谴责可以起到一定的监督作用。

法兰西学术院自十七世纪以来就肩负着编撰法语词典的重任,其宗旨是规范法语语言的使用。学院从词汇、拼写、句法结构等诸多方面对法语精雕细琢,在规范法语语言的同时还提出关于法语使用的意见与要求,并颁布完整的可供网上查询的语言使用建议,例如:"能说与不能说"(«dire, ne pas dire»)。

赋予法语官方地位的目的还在于以数据库的形式建立《法语宝库》。《法语宝库》实质上是一本全面记录几世纪以来关于法语使用的大词典。这项工程纷繁浩大,首版共计16

---

① 《杜蓬法》又名《法语使用法》,由时任法国文化部长杜蓬起草,并在他的推动下经法国国民议会和参议院审议通过,因此法国人称为《杜蓬法》。

册,现已全面实现数字化,向所有人开放。这一庞大的数据库共收录法国文学中 43 万字词的使用范例,《法语宝库》还将不断完善更新。

二、术语、语言准确性与翻译

术语建设也是我们的重要使命。为保持法语的生命力,我们需要定义字词,从而为法语输入传统表达中不存在的新词汇。新词汇必须与时俱进,并尽可能描述新生概念。随着事物的发展变化,新概念不断涌现,新生概念往往先用英语定义,再从法语中寻求其对应的表达方式,这是现行的相对成熟的"充实法语"的一种机制。魁北克地区也有类似的机制,旨在维护法语的通用性,确保所有概念均可用法语表述。

法语的强大生命力还体现在语言的准确性上。法语是一种严谨的语言,以其高度的安全性服务于世界。以国家法律文书的编撰为例,法语为法律文书的各种术语提供准确可靠的定义,正因如此,法语成为撰写法律文书的必用语言。然而,并非所有地方都有同等准确的语言保障。例如,尽管在欧洲诞生过多部重要的法律,却没有一个系统的法典编纂体系,因为法典编纂需要保障法律的严谨性与语言的准确性,而法语满足了法国在法典编纂方面的需求。

语言的准确性指语言在不同语义场中指代准确。事实上每个术语在不同领域中其词汇所涵盖的意义均有差异。精确的措辞是保障法律文本、合同文件和外交文书等文件法律效力的基本要求。因此,国家机关、司法机关和其他语言规范机构肩负着共同维护法语语言准确性的任务。

法语的强大生命力还在于发展成熟的翻译行业。在翻译领域,法语以其精确性与丰富性成为一种宝贵的语言资源;在国际翻译场合以法语为媒介传译两种区别较大的语言的情形司空见惯。

三、智力投入常态化与产业投入的必要性

智力投入的常态化与产业投入对于保持法语的强大生命力意义重大。智力投入与产业投入旨在使法语适用于当代社会各种通信方式、数字化模式和信息处理手段。目前法语传播途径呈多元化发展趋势,互联网作为极其便利的通用工具为语言应用提供了广阔平台,而法语当仁不让地在互联网中占据重要席位。

语言产业涵盖所有语音与文字自动处理工具及其应用,具体而言,包括拼写和语法自动修正工具、词典工具、自动翻译软件、编辑辅助软件、以文档为基础的综述自动生成软件,以及以综述为基础的文档自动生成软件等。这些功能强大甚至超乎想象的语言工具都属于语言产业。

语言产业发展的前提条件是向上述语言处理软件不间断地输入海量语料,从而为计算机提供足够庞大的数据库,以完成语言处理任务。语料资源包括各类词典、《法语宝库》、法语常用范例、法语传统用法以及自1945年以来所有的主流报刊,其原理与象棋软件类似——象棋软件将所有的经典对弈导入系统,从而使软件成为"象棋大师"。

四、国际合作的必要性

保持法语的强大生命力还需要国际合作。法语共同体是指世界上法语使用者的集合,另一种表达更受推崇——"分享法语的人"的集合。目前法语共同体的大部分地区位于欧洲,而这种情况正在慢慢改变,其比重正朝其他地区倾斜,特别是非洲地区。全世界有2.3亿人使用法语,占全球总人口的4%,法语由此成为世界上第四大语言。这个数字还将持续攀升——根据阿塔利报告预测,到2050年全球使用法语的人口将达到7.7亿。

由法语共同体产生了法语国家组织、法语国家宪章、法语国家首脑会议等次生事物。法语国家组织旨在保障组织的日常运转,设秘书长一职,现任秘书长为塞内加尔前总统——阿卜杜·迪乌夫先生。在法语国家多边合作和共同努力下,四大法语机构应运而生,旨在保持法语生命力,它们分别是:法语国家大学协会、法国电视国际五台、国际法语国家市长协会及亚历山大桑格尔大学。

总而言之,法语强大生命力的保持依赖于以下因素:法语教育的健康发展、法语的丰富词汇(6万条术语)、法国政府的支持、法语使用者的共同努力和集体意志。集体意志存乎民意,它不仅是法语使用者对法语的共同期许,也是维护法国文化和法语世界观的共同愿望。志同道合的国家间开展交流将对语言的发展起到极其重要的激励作用,中法两国间的对话势必推动汉语与法语的健康发展。

(陈海钊译　都艾睿校)

语言生活与语言生活研究①

李宇明

北京语言大学校务委员会主任、教授

摘　要：语言生活是运用、学习和研究语言文字、语言知识、语言技术的各种活动。运用、学习和研究是语言生活的三维度,语言生活中的"语言"包括语言文字、语言知识、语言技术三方面。这三维度和三方面纵横构成了语言生活的九个范畴:语言运用、语言知识的运用、语言技术的运用、语言学习、语言知识的学习、语言技术的学习、语言研究、语言知识的研究、语言技术的研究。中国在语言生活研究方面做了大量的工作,如分领域观察语言生活,利用媒体语言统计语言生活,进行语言舆情分析研判,进行语言国情的调查研究,并建立了学术研究体系。在语言生活研究中,逐渐形成了一个主张"就语言生活为语言生活而研究语言和语言生活"的学术流派,人称"语言生活派"。

关键词：语言生活;语言运用;语言学习;语言研究;语言生活派

导言

人类生活之丰富多彩,可以从修饰"生活"的定语见其一

---

① 本研究得到国家社科基金重大项目"新时期语言文字规范化问题研究"(项目编号:12&ZD173)和国家社科重大委托项目"语言大数据挖掘与文化价值发现"(14@ZH036)的支持。

斑。如"家庭生活""学校生活""工厂生活""机关生活""互联网生活"等,是用空间来框定生活;"学生生活""女兵生活""市民生活"等,是用身份来描述生活;"政治生活""经济生活""文化生活""娱乐生活"等,是用领域来限定生活;当然还可以用其他语义场的词语来摹状生活。"语言生活"像"政治生活""经济生活""文化生活""娱乐生活"等一样,是用领域来限定生活,是一种领域的社会生活。

语言生活,有时又称"语文生活""语言文字生活"等,大约在二十世纪末开始出现在中国的学术文献中,之后逐渐发展为中国语言规划的一个重要学术用语。特别是随着教育部、国家语委自2005年开始每年举办"中国语言生活新闻发布会",随着教育部语言文字信息管理司组编的《中国语言生活状况报告》的十年编纂和英译本、韩译本的出版,"语言生活"已经成为中国语言规划的基础术语,并开始在海外发生影响。如果在百度中搜索"语言生活",可以显示有近两百万个的使用量,虽然这一数据并不十分准确,但也足可说明其影响力。正因"语言生活"这一术语的重要性及其影响力,有必要对其内涵与外延进行深入的研究。

一、"语言生活"中的"语言"

如何理解"语言生活"中的"语言",对认识语言生活十分重要。

(一)"语言生活"中的"语言",也包括"文字"

理论上说,文字是为记录口头语言而产生的,因文字而产生了书面语。口语和书面语都是语言,文字之于书面语,犹如语音之于口语,都是语言的物质载体,故而文字本应是语言的一个有机组成部分。

语言与文字的关系,本来是比较清楚的。但是由于下面的原因,导致出现了文字学不属于语言学的观点:其一,多数汉字表音的性质不显豁,而且许多汉字在结构上具有一定的理据,这些理据,使汉字似乎能够与客观事物和概念发生直接联系,语言与文字的关系貌似疏远;其二,中国古来重视文字、典籍,文字学的研究早于语言学的研究,直到今日文字学仍然具有相对独立性。其实,汉字与汉语的关系,与世界上其他的语言与文字的关系应当是一致的。文字学也应当是语言学的一个分支。故而,语言生活也应包括"文字生活",亦即包括书面语生活。这就是在"语言生活""语文生活""语言文字生活"等术语中,笔者倾向于选用"语言生活"的原因。

(二)"语言生活"中的"语言",也包括语言知识

语言(包括文字)是客观存在的社会现象,人类对语言、语言使用、语言发展演变等的认识,形成了语言学的各种知识,包括有关文字的各种知识。语言知识是人类科学的一部分,是对语言及其相关问题的理智认识。由于语言与人类社会、

与社会成员的关系异常密切,语言知识不只属于专业领域,其中一部分还应当成为"公民常识",进入基础教育,成为科普的内容。语言生活中,专业人士需要运用语言知识,如辞书编纂、外语教学、汉字键盘编码等;一般人的语言生活也或多或少地涉及语言知识,如问张三姓什么 zhang,张三答"不是立早章,是弓长张",便使用了文字的知识。语言知识在语言生活中,应有一定的地位。

(三)"语言生活"中的"语言",也包括语言技术

对语言的产生、传递、接收、存储、加工等各环节发挥作用的技术,可统称为语言技术。文字的创制是较早的、影响巨大的语言技术。口语时代,语言主要使用声波这一媒介物,人类的语言生理器官只是语音的"发音—听觉"器官。文字的产生和应用,使人类进入书面语时代,语言具有了声波、光波两种媒介物,语言生理器官又发展出文字的"书写—识认"器官。特别是印刷术等文字处理技术的发展,人类的语言生活不仅需要两种生理器官的运动,而且还需要书写(印刷)、阅读、存运书籍的各种物理装备,社会于是就有了一定规模的语言产业。当电波也可以成为语言媒介物时,电话、电报、录音机、收音机、广播、电影、电视、计算机网络等一系列语言技术及其产品应运而生,处理声、光两种媒介物的语言生理器官和处理声、光、电三种媒介物的语言物理装备,构成了当代人的"语言标配"。

在网络新媒体产生之前,语言交际主要是"人—人"直接

交际,语言技术主要由专业领域的专业人员所掌握,一般人可以受其益但不必有其术。而今天,"人—机—人"的间接交际模式逐渐成为常态,键盘输入、文档制作、收发电子邮件、制放PPT、使用短信和微信等,成为人们的必备技能。二十一世纪的语言生活中,不管是专业语言生活还是大众语言生活,都不能忽视语言技术。

综上所述,"语言生活"中的"语言"应做广义理解,不仅包括文字,也包括语言知识和语言技术。

二、语言生活范畴

1997年,李宇明对"语言生活"问题产生了浓厚兴趣,曾两度试图定义"语言生活"这一新概念。在《语言保护刍议》中指出:"凡学习、运用和研究语言文字的各种活动,以及对语言文字研究成果的各种应用,都属于语言生活的范畴。"在以眸子为笔名发表的《语言生活与精神文明》中指出:"运用和应用语言文字的各种社会活动和个人活动,可概称为'语言生活'。说话、作文、命名、看书、听广播、做广告、语言教学等,都属于语言生活范畴。"

当时,对"语言生活"的认识还较为笼统,但把学习、运用和研究语言文字的各种活动,包括对语言文字研究成果的各种应用,以及与之相关的个人活动和社会的集体活动,都纳入语言生活的范畴，在将近二十年后的今天看来，还是非常合适的。显然那时已经意识到，"语言运用"虽然是构成语言生活的主要内容，但仅此一个维度是不全面、不完满的；根据时代的发展，"语言学习""语言研究"也应当成为语言生活的两个维度。

"语言学习"的确是越来越重要的语言生活。在中国，不仅有一般的母语学习，还有方言区的普通话学习、少数民族的国家通用语言学习，还有几乎所有人都要面对的外语学习，以及盲、聋、自闭症等特殊人群的特殊语言学习。除了语言技能的学习之外，还有语言知识、语言艺术等的学习。在古代，语言学习主要是母语的自然习得，而今，语言学习是人人的、时时的甚至是终身的，因此语言学习已经是语言生活的重要内容。

"语言研究"是科学领域的少数人的专业行为，但不能因为是少数人的行为，就不被看作语言生活的一部分。而且，语言研究与语言运用、语言学习的关系十分密切，它对语言运用、语言学习具有理论指导的学术责任；同时也需要从语言运用、语言学习的社会行为中发现学术课题，获取学术能量，标示存在价值。随着社会文化水平的提升和学术的社会化，学界与社会的沟通会更加频繁通畅，社会寻求学术指导的意愿将更加自觉，学界也会更加关注社会语言生活，努力解决语言生活中的问题。还应特别指出的是，语言研究已经不是语言学家的专利，语言问题已经成为教育学、社会学、政治学、历史学、人类学、心理学、地理学、逻辑学、符号学、哲学、数学、信息科学等众多学科的关注对象,这些学科与语言学合作产生了许多交叉、边缘学科。严格地说,语言学已经不是一门学科,而是一个以研究语言问题为中心的学科群。研究语言的学科如此之多,影响如此之大,不能不将其纳入语言生活的范畴。

1997年前后,我们并没有清晰地思考"语言生活"中"语言"都包括哪些内容,但那时已经明显感觉到,语言生活所涉及的"语言",不仅包括"语言文字",也包括各种可应用的"语言文字研究成果"。现在较为明确了,正如上节所论,"语言"应包括"语言文字、语言文字知识、语言文字技术"三个方面,简称"语言、语言知识、语言技术"。运用、学习、研究三个维度与语言、语言知识、语言技术三个方面纵横交叉,便会构成语言生活的九个范畴,如下表所示:

	语言	语言知识	语言技术
运用	语言运用	语言知识的运用	语言技术的运用
学习	语言学习	语言知识的学习	语言技术的学习
研究	语言研究	语言知识的研究	语言技术的研究

(一)语言运用

语言运用是最为普遍、最为重要的语言生活,过去人们几乎把语言运用作为语言生活的全部。人类的一切社会活动,几乎都需要语言的参与,亦即离不开语言的运用。人们的语言运用水平来自人的语言能力,包括口语能力和书面语能力、单语能力和多语能力、一般交际能力和专业交际能力等。一般语言能力可以通过习得的方式获得,高级语言能力则必须借助于语言教育。

(二)语言知识的运用

语言知识的"运用"也可以说成语言知识的"应用","运用"与"应用"有其异同,本文使用"运用"主要是便于与"语言运用、语言技术运用"整齐称说,并非故意不辨异同。社会上有一些特殊行业的从业者,需要经常运用语言知识进行工作,如语言学家、术语学家、地名学家、语文课(语言课、语言学课)教师及教材编纂者、辞书编纂者、韵文作家、语言信息处理专家、键盘编码专家、语料库标注员,等等。其实一般人也运用语言知识,但往往是不自觉的,或是在特殊时候、特殊场合使用,比如语文考试、作文修改、诗歌欣赏、字谜游戏等。

(三)语言技术的运用

语言技术问题上文已有论述,这里需要再强调的是,在"人—机—人"间接交际模式渐为常态的当下,语言技术的应用也渐成公民的"语言素养",而一些不能够使用语言技术者,可能像昔日的"文盲"那样失去重要的语言生活。政府、社会、语言技术提供商,都应当像关注"文盲"一样关注这批"机盲"。不掌握语言技术,就失去了获取信息的许多重要途径,就会被信息边缘化,甚至影响到日常生活。"信息不公平"是"互联网+"时代的社会不公平的重要表现。特别是政府,应当出台相应政策,对语言技术提供商、社会教育者提出政策要求,以保证这一人群的"信息权力"。

(四)语言学习

掌握母语、本地区的重要语言、世界的重要语言,形成"三语"能力,已成为当今许多国家对其社会成员的要求,语言学习的意义在提升,内容在加重,时间在延长,成本在加大。如此一来,语言学习在语言生活中的分量也急剧增大,需要社会专门进行语言学习的规划,甚至也需要家庭为子女的语言学习做出规划。也就是说,凡要成家延嗣者都需有语言学习规划的意识。李宇明(2016)指出,教育领域是语言竞争的主要领域,是语言矛盾的集中地带,研究语言学习问题,做好教育领域的语言规划,重要而迫切。

(五)语言知识的学习

有语言学习(包括语文学习),就有语言知识的学习;前述那些经常运用语言知识的从业人员,更需要系统学习语言知识。在语言知识学习的问题上,有些问题尚需注意或研究:第一,语言知识是个较为宽广的概念,不仅是语言文字的结构知识,还应包括语言文字的应用知识、历史知识和语言国情;不仅是本民族的语言知识,还应包括外族、外国的语言知识。第二,哪些语言知识应当成为公民常识,怎样把这些知识真正化为公民常识,比如是通过义务教育阶段的语文教育,还是通过中型辞书、"公民语言常识手册"等。第三,语言知识与语言能力之间究竟是何关系,换言之,语言知识对于语言能力的提升究竟有无帮助,有哪些帮助?

(六)语言技术的学习

语言技术发展迅速,不说日新月异,起码也是年年都有新变化,故而语言技术的学习也将成为常态。语言技术学习的当前状况是:多为业余学习、摸索学习,对语言技术的掌握不系统、不完善,语言设备的功能没能充分发挥。要做好已有语言技术的系统教育,做好新的语言技术的及时推广,特别要关注"边缘人群"的技术推广。

(七)语言研究

语言研究是专业人员的语言生活,随着语言相关的专业逐渐增多,语言研究逐渐成为更多专业领域人员的语言生活。当前的问题是,不同专业的语言研究者怎样相互分享研究旨趣、研究方法与研究成果;语言研究的核心专业要主动了解边缘、新兴、交叉专业的状况,从学科建设、学术交流等方面支持这些专业的发展。同时,为满足社会对于语言研究的兴趣,语言学界要注意与社会发生联系,及时向社会传播语言研究状况,及时与社会分享语言研究成果,语言学会议要具有一定的社会开放性。

(八)语言知识的研究

语言研究者是语言知识的创造者,同时也是语言知识的研究者。不梳理已有研究成果,便无法创造新知。除此之外,还有专门的语言知识研究者,如语言学史家,语言学、语文、外语的教材编纂者,需要对语言知识进行专门的梳理研究;辞书编纂者、术语整理者、地名学家等,在工作中都需要依傍语言知识。

(九)语言技术的研究

语言技术迅猛发展,语言技术产品的广泛应用,使语言技术领域拥有越来越多的研究人员,并形成不同的研究团队和语言工程。语言技术是语言学与信息科学的交叉,它的迅速发展使语言学逐渐分化为语言科学与语言技术学,逐渐形成新的语言产业。语言学,一个传统的人文社会科学具有了工学的品格,与社会生产力发生了更为密切的关系。中国的文理分家的教育制度,已经不能适应语言学的发展,不能适应语言技术学的发展,不能适应社会生产力的发展。

上述语言生活的九个范畴,有大有小,但都不是可有可无的,都有一定人员从事这一生活,甚至还有一定的社会业态。从运用、学习、研究三个维度来观察语言生活是必要的,把语言生活中的"语言"划分为语言、语言知识、语言技术三个方面是必要的。也只有这样,才能更全面、更透彻地了解语言生活,制定更为适合的语言规划。

讨论至此,也可以对"语言生活"下这样的定义:语言生活是运用、学习和研究语言文字、语言知识和语言技术的各种活动。

三、语言生活的研究

传统的语言研究,也关注语言的运用,比如中国的修辞学和文章学。后来兴起的应用语言学、语用学、社会语言学等,已经较多地涉及语言生活的内容。语言政策与语言规划的研究,本来就是研究语言生活的,只是没有明确提出语言生活的概念,或者是没有明确意识到自己的研究对象。当然,有无"语言生活"的概念大不一样。没有此概念,对语言生活的研究就难以达到理性与自觉的层面,对语言生活的观察与研究也难以全面系统。

(一)如何进行语言生活研究

语言生活的概念提出时间不长,语言生活的研究还在探索中。就中国的语言生活研究而言,主要做了如下一些工作:

1. 分领域观察语言生活。

语言生活存在于一定的社会领域中,了解语言生活状况,必须有社会领域的意识。每一社会领域都有自己特殊的社会状况,故而有自己特殊的语言生活,比如教育、行政、出版、广播电视、交通运输、医疗卫生、商贸、旅游、餐饮、文博、工矿、军旅,等等。李宇明(2013)指出,不同领域的语言生活有不同的特点和问题,需要进行适合各领域语言生活的规划。

《中国语言生活状况报告》虽经几次改版,但一直保持着领域篇的内容,有计划地报道各领域的语言生活状况,分析各领域的语言生活问题,并提出相应的语言对策与建议。《江汉大学学报》(人文科学版)2004年开始创办"领域语言研究"专栏,中国社会科学出版社2008年曾出版周建民先生主编的"领域语言研究丛书",一些学者呼吁建立领域语言学。这些研究,也带动了中国的"语言景观"研究。

十余年的《中国语言生活状况报告》的撰写,让人深感语言学界对诸多领域的语言生活还比较陌生,也缺乏合适的研究领域语言生活的专家。研究领域语言生活,需要既懂语言学又懂某专业的学者,而这样的混合型人才十分稀缺。一些领域的决策人员,语言意识还比较薄弱,没有意识到本领域的语言问题,也不善于解决本领域的语言问题,往往使本领域的语言生活失序。这不能不说是语言生活的一大问题。

2.利用媒体语言统计语言生活。

随着新闻媒体的电子文本越来越多、越来越容易获得,随着语言处理技术的发展,利用媒体语言和语料库技术、通过各种数据来分析语言生活,也是一个较为有效的途径。中国语言资源中心集聚北京语言大学、中国传媒大学、华中师范大学、厦门大学、暨南大学、中央民族大学、新疆大学、新疆师范大学、西北民族大学等高校的研究力量,持续对平面媒体、有声媒体、网络媒体及教材语言进行统计分析,得到了汉语和一些民族语言的使用数据。

就汉语而言,汉字使用情况的统计分析比较有效。词语的统计分析也比较可靠,只是对数量词、日期词、短语词、缩略词等的分词、认同还存在一些偏差。对于新词语、字母词、流行语的统计分析,看到了语言与社会的共变关系。对于网络新语体进行了较好的记录观察。但是,语法现象的统计分析还是值得探讨的问题。而民族语言的统计分析,需要民族语言学和信息处理的混合型团队或是混合型人才,这样的人才还较为匮乏。

3.语言舆情的分析研判。

语言舆情是通过媒体反映出来的社会关于语言现象、语言问题、语言政策的舆论状况和公众的行为倾向,是社会语言意识的反映。语言舆情分析主要通过网络来获取数据,发现舆论热点,然后需要专家对这些数据进行分析研判,观察语情的烈度,预测语情的发展趋势,提出应对语情之策。杨江和侯敏(2010)、孙曼均(2011)、李海英(2015)、张挺(2015)等都对语言舆情的问题进行过深入探讨,武汉大学、教育部语言文字应用研究所办有《中国语情》《语言舆情扫描》等内部刊物,对语言舆情进行持续的观察研究。

语言舆情是了解社会语言意识的一扇窗口,也是观察语言现象的社会敏感度的一个窗口,研究语情,及时施策,可以减缓语言矛盾,预警语言冲突。从现有的语言舆情研究状况看,新词语、字母词、简繁文字形体、汉语拼音等是社会敏感度较高的语言现象,方言与普通话的关系、母语水平、外语教育、少数民族语言等,是社会敏感度较高的语言问题,教育、辞书、电视、网络等是社会敏感度较高的语言生活领域,其中以教育和网络中的语言问题最为突出。以上这些语言现象、语言问题、语言生活领域,常常成为语言争论的热点,语言矛盾凸显,甚至形成舆论场外的现实语言冲突。

当前的语言舆情研究,预见能力还比较弱,机器所能提供的帮助还多是在事实数据上,而不是"智能"的分析上,特别是在预测语言事件的发展上,在通过"虚拟手段"来评判对策的效果等"智能决策"上,还有很大的发展空间。

4.语言国情的调查研究。

语言国情是语言生活的重要组成部分,是语言政策制定的重要依据。语言国情主要分为两类:第一,自然语言的生态状况;第二,语言的社会使用状况。关于自然语言的生态状况,中国的方言学界、民族语言学界一直都在进行田野调研,基本弄清了中国语言、方言的情况。2007年,国家语委开始组织进行"中国语言资源有声数据库"建设,原则上一县一点用统一的标准进行录音建库,形成了《中国语言资源调查手册·汉语方言》《江苏语言资源资料汇编》等一批成果。在此基础上,2014年发展为规模更大的国家语言保护工程,力图将中国的民族语言、汉语方言都依照"语言保护"的标准录音、录像,加工建库。关于语言的社会使月情况,国家语委 2009 年做了全国的调研,出版了《中国语言文字使用情况调查资料》。戴庆厦、文秋芳等许多学者也就民族语言、外语的使用情况做了一些调研。

但总的来说,语言国情的掌握还不全面、不深入、不及时,特别是语言的社会使用情况、各类语言人才的储备情况等,还需要花较大的精力去调查。最好是考虑利用全国人口普查或是语言国情专项普查的方式,持续地大范围地获取语言国情数据。

5. 建立学术研究体系。

研究成熟度的衡量和研究水平的提升,关键看学科建设。十几年来,语言规划领域的学术研究获得了较大进展:先后建立了相关的研究单位近 20 个;多所大学设立了博士专业或博士方向;创办了"语言政策与规划研究会",有了专业的学术共同体;自《语言文字应用》之后又创办了《语言战略研究》(商务印书馆)、《中国语言战略》(南京大学)、《语言政策与语言规划》(北京外国语大学)、《语言政策与语言教育》(上海外国语大学)、《语言规划学研究》(北京语言大学)等刊物,有了学术园地。这些情况表明,中国已经逐渐形成了语言规划的学术研究体系。

(二)中国的语言生活派

在语言生活的研究过程中,逐渐形成了一个具有自己学术追求、具有自己学术特色和学术风格的学术群体。这个学术群体被称为"语言生活派"。

　　语言生活派的产生,有其学术基础和社会基础。其学术基础,首先是中国的应用语言学和社会语言学的发展。中国应用语言学的发展有两个标志:一是《语言文字应用》的创刊,二是教育部语言文字应用研究所的建立。社会语言学在国际上是在二十世纪五十年代创立的,它所关心的问题都是围绕着语言与社会的关系展开的。早年的语言规划是社会语言学的重要研究兴趣之一,是宏观社会语言学或者说是语言社会学的主要内容。社会语言学的发展及其引入中国,为语言生活派的建立提供了学术滋养。在某种意义上讲,语言生活派应该是语言社会学的学术流派,但在学术外延上它已经超出语言社会学的范畴。

　　国际语言规划理论及实践研究的引入,对语言生活派的形成发挥了更为直接的作用。周庆生等翻译出版了《国外语言政策与语言规划进程》《国家、民族与语言——语言政策国别研究》。之后,徐大明主持的"语言规划经典译丛""语言资源与语言规划丛书"相继由商务印书馆、外语教学与研究出版社出版。刘润清、文秋芳、王克非、戴曼纯等专门关注国外语言规划的情况,曹德明、赵蓉晖、刘和平等关注国外的语言立法、术语立法等问题。此外,范俊军、蔡永良、王辉、李英姿、张燕等对国际组织和国别语言规划也进行了研究。这些翻译与研究,使得中国的语言规划研究自觉与国际研究同流而前。

　　语言生活派产生的社会基础,是中国的语言规划实践。

47

中国现代语言规划的实践若从切音字运动算起,已有120余年历史。百廿时光,朝改代换,时过境迁,但语言文字规划的总体精神和基本举措却一脉相承。中国语言规划逐渐完善了语言的地位规划,对普通话和一些民族语言进行了能够适应信息化的本体规划。特别是1986年、1997年两次全国语言文字工作会议,推进了语言文字管理的法制化和语言文字的规范化、标准化、信息化。但是,当地位规划基本完成、本体规划做到相当程度之后,语言文字工作还该做什么?怎么做?

经过思考与探索,一批学人逐渐感悟到:语言文字工作不仅要关注语言,进行语言规范和语言管理,更需要关注语言生活。一旦视角从语言转移到语言生活,就发现了一片广袤的社会语言空间。在当代中国的语言生活中,有些问题是历史上一直争论过来的,如语言纯洁观问题、简繁汉字问题、方言和普通话的关系问题、民族语言及民族地区的语言教育问题等;但也有很多问题是新出现的,或过去较少关注、了解不多的,如华语社区和大华语的问题、中国的外语规划问题、虚拟空间的语言生活问题、城镇化与语言保护问题、文言文在今天生活中的作用与地位等。这些问题没有现成答案,也不好照搬国外的理论、拷贝国外的举措。

比如,在处理中国少数民族语言问题时,要尊重民族语言,帮助民族地区发展语言,但也必须考虑国家通用语言和国家认同问题。再如,很多研究都认为,现在英语已经不是一种语言,而是复数的 Englishes,但若以此来看待大华语,认为华语也会变成 Chineses,就未必正确。周清海(2016)指出,"华语的逐渐融合就是不可避免的"。据观察,全世界的华语的确如周清海先生所言,都有向普通话/国语逐渐靠拢的趋势。华语的发展趋势未必与英语相同。中国的语言生活太复杂,世界语言生活太复杂,不能简单照搬现成的理论。中国语言生活派的立场、观点、情趣、方法等,都来自解决问题的冲动,来自解决问题的过程之中。

语言生活派的学术实践,使语言研究和语言规划研究发生了重要转向。

其一,将语言研究转向语言生活的研究。从索绪尔到乔姆斯基,语言学的发展一直是"内向的"。结构语言学关心语言的结构,不大考虑语境和意义。美国描写语言学派更是自觉地在语言分析中剔除意义。到了乔姆斯基时代,"绿色的无色的思想在疯狂地睡觉"都被认为是合乎语法的现象,在这里,意义更没有地位。乔姆斯基的转换生成语言学,进一步使语言朝着"内向"的方向发展,"内向"到大脑中的语言,甚至是语言的生物学属性。语言学的"向内"行走,获得了许多重大学术突破,但是也留下了许多遗憾。社会语言学、功能语言学的兴起,正具有"补此遗憾"的作用。在社会语言学的翼羽中发展起来的语言规划研究,不可能不涉及语言生活,但是并没有理智认识到规划对象就是语言生活,特别是在进行本体规划时,往往忘记了语言生活。语言生活派明确认识到语言规划研究的是语言生活,大力推进语言生活的研究,促进了语言学的"外向"发展。

其二,将研究聚焦在语言的社会功能上。规划语言的目的,是希望语言能够充分发挥有益于社会的功能。语言规划研究其实是在考虑:语言能发挥哪些社会功能?语言发挥这些功能的机理是什么?有哪些调节这些机理的手段?怎样通过调节这些机理来让语言按照社会的愿望发挥好社会功能?传统的语言规划研究,多把语言看作问题。而语言生活派不仅关注语言问题,也关注语言权利,还把语言看作资源,同时还关注语言对家庭、对个人的影响,比如语言对脑开发的作用、双语对老年痴呆是否有预防作用等。李宇明(2015)认为,语言规划学也就是语言功能之学。通过改善语言的社会功能,使语言更好地发挥和谐社会、健康人生的作用。

中国语言生活派的基本学术主张可以表述为:就语言生活为语言生活而研究语言和语言生活。李宇明在《致〈中国语言生活状况报告〉韩语版读者》中,把中国语言生活派的重要学术观点总结为如下七个方面:

1. 关注语言生活,引导语言生活,构建和谐的语言生活。

2. 语言是资源,要珍惜它,爱护它,充分开发利用它,以期获取最大的语言红利。

3. 尊重各社区、各群体的语言权利,主张文化上平等、交际上互有分工的多语主义,使各种语言及其变体各得其所、各安其位、相辅相成。

4. 加强语言教育,努力提升个人语言能力和社会语言能力。

5.推进政府和学界的社会语言服务,关心国际、国家、领域和家庭的语言规划,着力打造学界与社会的智力"旋转门",探索用社会话语表述语言学研究成果。

6.语言学发展的原动力,就是解决社会前进遇到的语言问题。解决这些语言问题,需要多学科共治,需要多种研究方法共用,需要重视实态数据的收集与运用。

7.信息化为语言生活提供了虚拟空间,为语言运用提供了语言技术和新媒体平台,为语言研究和语言规划提供了新手段。要全力促进语言信息化,积极利用语言信息化成果,过好虚拟空间的语言生活。

四、结语

语言生活是运用、学习和研究语言文字、语言知识和语言技术的各种活动。语言生活包括运用、学习和研究三个维度,语言生活中的"语言",包括语言文字、语言知识和语言技术三个方面。三维度与三方面,纵横构成了语言生活的九个范畴:语言运用、语言知识的运用、语言技术的运用、语言学习、语言知识的学习、语言技术的学习、语言研究、语言知识的研究、语言技术的研究。语言生活的这九个范畴,虽然有大有小,但都不是可有可无的,都有一定人员从事这一生活,甚至还有一定的社会业态。

语言生活研究,当然需要对上述九个范畴进行研究,其实也就是对每一社会领域的语言生活逐一进行深入的观察研究。过去的分领域观察语言生活,对语言学习生活观察不全面,对语言研究生活几乎未顾及,对与语言知识、语言技术相关的语言生活也没有自觉关注。有了"九范畴"的理念,对领域语言生活的观察会更全面、更深入。除了领域语言生活之外,中国的语言生活研究还做了许多工作,如利用媒体语言统计语言生活、对语言舆情进行分析研判、对语言国情进行调查研究,以及建立与语言生活相关的学术研究体系。

在语言生活的研究中,逐渐形成了被称为"语言生活派"的学术群体。这一群体的主张是:就语言生活为语言生活而研究语言和语言生活。其实,语言生活派的学术目标,不是为了建造一种理论、创立一个学科、建立一个学术流派,而是要发现问题,解决问题,并把其发现、其理念及时向社会传播。为了解语言生活状况、发现语言问题,语言生活派创发了许多方法手段,形成了一些重大的语言工程,如动态流通语料库建设、有声资源数据库建设、各种实态数据的收集与分析、语言舆情监测等。为解决语言生活问题,也提出和发展了许多新概念、新理念,如构建和谐语言生活、虚拟语言生活、国家语言能力、个人语言能力、多语主义、大华语、领域语言学、语言资源、语言产业、语言红利、语言服务、语言消费、语言福利,等等。语言生活派重视学术的传播,上向政府传播以资政,外向社会传播以惠民,内向语言学界传播以助学。《中国语言生活要况》的编写,新词语、流行语的发布,语言盘点的社会活动等,都是为学术的社会传播而做。这些都表明,语言生活派是根植于中国语言生活沃土、以解决中国语言生活问题为己任、也密切关注世界语言生活的学者群体。

主要参考文献:

[1] 蔡永良　2007　《美国的语言教育与语言政策》,上海三联书店。
[2] 曹志耘主编　2015　《中国方言文化典藏调查手册》,商务印书馆。
[3] 陈新仁、方小兵等　2015　《全球化语境下的语言规划与安全研究》,南京大学出版社。
[4] 陈原　1980　《语言与社会生活》,生活·读书·新知三联书店。
[5] 陈章太　1989　《论语言生活的双语制》,深圳语言研究所编《双语双方言》,中山大学出版社。
[6] 陈章太主编　2015　《语言规划概论》,商务印书馆。
[7] 戴曼纯、刘润清等　2012　《国外语言规划的理论与实践研究》,外语教学与研究出版社。
[8] 戴庆厦　2009　《中国少数民族语言研究 60 年》,中央民族大学出版社。
[9] 戴庆厦　2015　《语言国情调查的理论与方法问题》,《语言政策与语言教育》第 1 期。
[10] 范俊军　2006　《联合国教科文组织关于保护语言与文化多样性文件汇编》,民族出版社。
[11] 郭龙生　2008　《中国当代语言规划的理论与实践》,广东教育出版社。
[12] 郭熙　1998　《当前我国语文生活的几个问题》,《中国语文》第 3 期。
[13] 郭熙等　2006　《当代语言生活》,江苏教育出版社。
[14] 郭熙　2015　《〈中国语言生活状况报告〉十年》,《语言文字应用》第 3 期。

[15] 《江苏语言资源资料汇编》编委会　2016　《江苏语言资源资料汇编》,凤凰出版社。
[16] 教育部语言文字信息管理司、中国语言资源保护研究中心　2015　《中国语言资源调查手册·汉语方言》,商务印书馆。
[17] 李海英　2015　《中国当代语言本体规划研究——从语言规划形成机制的角度》,南京大学博士学位论文。
[18] 李宇明　1997　《语言保护刍议》,深圳语言研究所编《双语双方言(五)》,汉学出版社。
[19] 李宇明　2013　《领域语言规划试论》,《华中师范大学学报》(人文社会科学版)第3期。另载李宇明《中国语言规划三论》,商务印书馆,2015年。
[20] 李宇明　2015　《语言规划学的学科构想》,《世界华文教育》第1期。另载李宇明《中国语言规划三论》,商务印书馆,2015年。
[21] 李宇明　2016　《语言竞争试说》,《外语教学与研究》第2期。
[22] 李宇明、李开拓　2016　《资政惠学,服务社会》,《北华大学学报》(社会科学版)第1期。
[23] Li Wei　2014　*Applied Linguistics*. John Wiley & Sons, Ltd.
[24] 陆俭明　2005　《关于建立"大华语"概念的建议》,《汉语教学学刊》第1辑,北京大学出版社。
[25] 眸子　1997　《语言生活与精神文明》,《语文建设》第1期。另载李宇明《中国语言规划论》,商务印书馆,2010年。
[26] 苏新春、刘锐　2015　《皮书的语言使用与语言特色》,《语言文字应用》第3期。
[27] 孙曼均　2011　《当前语言文字舆情特点与走势分析》,《云南师范大学学报》(哲学社会科学版)第1期。
[28] 王辉　2010　《澳大利亚语言政策研究》,中国社会科学出版社。
[29] 魏晖　2015　《国家语言能力有关问题探讨》,《语言文字应用》第4期。
[30] 文秋芳等　2011　《国家外语能力的理论构建与应用尝试》,《中国外语》第3期。

[31] 徐大明　2008　《语言资源管理规划及语言资源议题》,《郑州大学学报》(哲学社会科学版)第1期。

[32] 杨江、侯敏　2010　《语言文字舆情论略》,中国传媒大学研究生院《中国传媒大学第四届全国新闻学与传播学博士生学术研讨会论文集》,中国传媒大学研究生院。

[33] 国家语言文字政策研究中心编　2016　《中国语言文字政策研究发展报告(2015)》,商务印书馆。

[34] 张挺　2015　《语言教育舆情现状及其特点分析》,《语言文字应用》第4期。

[35] 张燕　2015　《加拿大语言政策研究》,东北师范大学出版社。

[36] 赵蓉晖　2016a　《论语言规划研究的中国学派——评〈语言规划概论〉》,《语言战略研究》第1期。

[37] 赵蓉晖　2016b　《新时期"多元一体"语言政策的变化与发展》,《语言文字应用》第1期。

[38] 赵世举主编　2015　《语言与国家》,商务印书馆。

[39] 中国语言文字使用情况调查领导小组办公室　2006　《中国语言文字使用情况调查资料》,语文出版社。

[40] Zhou Minglang(周明朗)　2010　Sociolinguistic Research in China, Martin J. Ball (ed.) *The Routledge Handbook of Sociolinguistics Around the World*, Routledge Publisher.

[41] 周清海　2016　《"大华语"的研究和发展趋势》,《汉语学报》第1期。

[42] 周庆生主编　2001　《国外语言政策与语言规划进程》,语文出版社。

[43] 中国社科院民族所课题组编　2003　《国家、民族与语言——语言政策国别研究》,语文出版社。

[44] 周庆生　2013　《中国"主体多样"语言政策的发展》,《新疆师范大学学报》(哲学社会科学版)第2期。

[45] 周庆生　2015　《语言生活与语言政策——中国少数民族研究》,社会科学文献出版社。

[46] 邹煜　2015　《家国情怀:语言生活派这十年》,商务印书馆。

Vie de la langue et planification linguistique

LI Yuming
Président du Conseil d'administration de l'université des Langues et cultures de Pékin

Je suis très heureux d'être à Paris par ce temps très agréable. J'ai constaté que les titres en français et en chinois de notre présente rencontre ne se correspondaient pas. En chinois, le titre signifie « deuxième séminaire franco-chinois sur la politique et la planification des langues » tandis qu'en français, il signifie « deuxième séminaire franco-chinois sur la politique et l'aménagement linguistique ». Pour ma part, j'ai intitulé mon intervention « vie de la langue et aménagement linguistique », celui-ci pouvant prendre la forme d'une « planification linguistique ».

Je souhaite évoquer ici la notion de « vie de la langue ». Pour ce faire, je soulèverai les trois questions suivantes : Comment l'utiliser ? Comment l'enseigner ? Comment mener des recherches sur la vie de la langue ? J'ai distingué ces trois questions car l'apprentissage de la langue est devenu une activité majeure de la vie quotidienne. Par le passé, nous avons appris à utiliser les mots de la langue. Or aujourd'hui, nous nous apercevons que, sous l'effet de l'informatisation, nous apprenons la langue non pas seulement pour en utiliser les mots mais également la technique.

La « vie de la langue » constitue l'un des aspects majeurs de la vie sociale. Il est possible de recenser les différents domaines dans lesquels nous l'utilisons. La vie de la langue est constituée de l'apprentissage de ses mots ainsi que de sa technique. Elle concerne tous les aspects et toutes les activités qui constituent la vie sociale. Tout à l'heure, Monsieur North a affirmé que la langue était toujours une affaire d'État. Ce me semble être une très bonne définition étant donné la place prépondérante qu'occupe la langue dans tous les aspects de la vie.

Aussi, la politique linguistique est primordiale, parce que la langue doit à la fois refléter et mener la vie. La politique de la langue et sa planification doivent non seulement suivre le rythme du développement de notre vie contemporaine, mais également nous permettre de nous exprimer. Nous ne voulons pas retenir seulement un aspect de la langue mais également suivre et conduire son développement.

Nous ne désirons pas seulement la pureté linguistique mais également l'harmonie, l'unité de la langue. En effet, la langue ne peut pas être absolument pure. Plus une langue est parlée par un grand nombre de personnes, plus cette langue recouvre d'aspects qui viennent l'enrichir. La langue est autorégulatrice car elle est capable de retenir ce qui est bon et de rejeter ce qui est mauvais pour s'enrichir. En Ukraine par exemple, nous avons pu constater qu'existaient des divisions internes au pays et à la langue, signe que la planification linguistique n'est pas menée correctement.

Pour mener une bonne politique de la langue, il faut d'abord comprendre la vie de la langue en effectuant des recherches. Celles-ci impliquent d'abord de recenser le nombre de citoyens parlant cette langue, et leur niveau de maîtrise de la langue. L'enquête sur la langue est menée dans de nombreux pays, mais de façon relativement limitée. Nous tentons actuellement de mener une enquête approfondie sur la vie de la langue.

Pour comprendre la vie de la langue, le gouvernement chinois a édité, sur une période de près de dix ans, entre 2005 et 2014, des publications sur l'observation de la vie de la langue. Celles-ci doivent permettre la compréhension de l'utilisation de la langue en Chine et l'observation de nouveaux phénomènes linguistiques. La maison d'édition est sino-américaine et nous souhaitons que la version chinoise puisse désormais être éditée en même temps que la version anglaise.

Pour bien observer la langue, nous devons connaître les grands changements qui s'opèrent dans la vie de cette langue. La vie de la langue contemporaine recouvre trois aspects fondamentaux. Le premier d'entre eux est l'intégration internationale. Nous ne pouvons pas agir isolément mais devons regarder ce qui se passe ailleurs. Il faut que les différentes cultures puissent se confronter et s'harmoniser. Le monde n'est pas monotone et uniforme mais varié et divers. Le second aspect est l'informatisation. Par le passé, nous communiquions face à face. Désormais, nous nous rencontrons le plus souvent par l'intermédiaire d'une machine : ordinateur, internet, etc. En outre, le dialogue ne s'effectue pas seulement entre les personnes mais aussi entre les machines. L'informatisation est donc très importante pour le développement de la langue.

La diversité culturelle constitue le troisième aspect de la vie de la langue contemporaine. Nous constatons qu'il existe des cultures fortes et des cultures faibles. Or les premières sont en train de mettre les secondes de plus en plus à l'écart. Sans un effort de résistance contre cette tendance, la disparition d'une partie de notre culture et d'une partie de notre langue est inéluctable. Ces trois aspects constituent les piliers de la politique linguistique de la Chine.

Nous souhaitons aussi être attentifs à l'opinion publique. L'opinion publique pense souvent différemment des chercheurs et pourrait inspirer et aider les décideurs à formuler des politiques. Elle joue par conséquent un rôle très important de ce point de vue.

La vie de la langue est déjà entrée dans une ère de diversité culturelle. L'avion nous permet de relier très rapidement Pékin à Paris. Nous avons quitté Pékin et sommes arrivés à Paris le même jour ! En outre, les télécommunications permettent désormais de communiquer avec le monde tout en restant chez soi. Le réseau mobile revêt aussi une importance considérable. En Chine, le téléphone portable est devenu le 5e grand média. Tous ces éléments constituent un réseau qui relie les gens entre eux et noue les relations sociales.

Une personne parlant plusieurs langues est chose rare en Asie mais commune en Europe. Comment organiser la planification de notre langue de façon à favoriser le bilinguisme ? Très souvent, nous ne favorisons qu'une seule langue car nous voulons maintenir la tradition et transmettre une langue nationale. En Asie on constate des difficultés de transmission de cet héritage entre des générations qui, bien qu'elles utilisent la même langue, sont en décalage les unes par rapport aux autres.

De manière générale, les Chinois apprécient la culture française et aimeraient la connaître mieux. Certains Chinois abandonnent leurs croyances d'origine pour adopter une religion occidentale. C'est pourquoi il existe un clivage grandissant entre les différentes générations de Chine. Le gouvernement chinois et les familles sont très inquiets de ce décalage générationnel. Comment inculquer les valeurs chinoises aux jeunes générations ? C'est une question tout à fait complexe. Pour cette raison, nous estimons qu'il est essentiel de maintenir une seule langue nationale. Aux États-Unis, plusieurs langues sont parlées mais la langue anglaise reste prépondérante. En Belgique, bien qu'il existe trois langues distinctes, Bruxelles est la seule ville dans laquelle celles-ci sont toutes parlées. Dans le reste du pays, une langue unique est attachée à chaque région. En Occident, il est nettement plus facile et plus fréquent de parler plusieurs langues. En Chine, nous devons nous acheminer vers le bilinguisme ou le multilinguisme.

La langue est souvent associée à une communauté majoritaire. Aussi, il est nécessaire de mettre l'accent sur le développement de différentes langues de façon à éviter les conflits. Il me semble que beaucoup reste à faire en termes de planification linguistique au niveau international. Quel traitement faut-il réserver aux langues étrangères, aux langues des immigrés, aux langues minoritaires, à la langue des handicapés, à la langue des signes, etc. ? Par le passé, la planification des langues se situait dans l'espace réel. Aujourd'hui, il est rare que nous pensions à la planification linguistique dans l'espace virtuel.

À l'occasion de la première session de notre séminaire en 2012, nous avions déjà abordé quelques préoccupations communes à nos deux pays au niveau linguistique. À l'issue de cette deuxième rencontre, nous aboutirons peut-être à des idées plus développées concernant la politique linguistique à mener à l'avenir.

语言教育规划面临的新问题

赵世举

武汉大学教授

摘　要： 自二十世纪末以来，由于全球化信息化的发展、语言观的转变、新思潮的产生、人口大流动的冲击等复杂因素的影响，在语言教育中，老问题出现新情况、新需求带来新问题，许多问题还成为两难选择，而且矛盾尖锐，有的甚至直接影响社会安定。怎样根据新形势调适语言教育规划，已是摆在各国政府面前的重要新课题。我们认为，更新观念是保障语言政策与规划的制定与时俱进、保持先进性、科学性和可行性的基础，同时，也可以通过新观念的传播来减少误解，凝聚共识，化解矛盾，为语言教育规划的调整和有效实施做铺垫。综观之，以下观念或许具有普遍的积极意义：全面语言观、主体性与多样性相统一的语言生态观、立足人生存和发展需要的语言人权观、着眼人生存与发展需要的全面语言素质观、与时俱进的动态语言规划观。

关键词： 语言教育规划；语言观；语言生态观；语言人权观；语言素质观；语言规划观

　　语言教育规划是语言规划的重要组成部分，是直接关涉国家、地区、族群、政治集团、个人乃至超国家组织等不同主体和不同社会层面切身利益的重大社会行为。社会的任何变化都可能对其产生影响。自二十世纪末以来，社会发生了巨大变化,对现有的语言教育提出了不少新的问题,也产生了不小的冲击,怎样根据新形势调适语言教育规划,已是摆在各国政府面前的重要新课题。

一、困境:两难选择日益增多且矛盾尖锐

由于各种复杂因素的影响,在语言教育中,老问题出现新情况、新需求带来新问题,许多问题还成为两难选择,而且矛盾尖锐,有的甚至直接影响社会安定,这似乎已是世界各国普遍存在的问题。以下事实足以证明这种困扰日益突出。

乌克兰:乌克兰1991年独立后,进行了语言政策调整,主要是乌克兰语和俄语的地位及其关系问题,包括对语言教育的调整。俄罗斯族群对于弱化甚至限制俄语教学强烈不满,各种纷争乃至抗议示威连年不断,有些地方政府立法修正中央政策或请愿抵制,外交部也公开批评现行语言政策;同时,一些乌克兰族人(包括名人)又火上浇油,公开贬斥俄语,形成了严重的族群对立。在国际上,遭到了俄罗斯批评,欧安会也出面干预,问题日益复杂化,矛盾不断加剧。与此同时,几任总统在竞选期间都打语言牌,客观上也添了乱。为了缓解不休的冲突,2012年乌克兰议会通过法案,赋予俄语等少数族裔语言以"地区官方语言"地位。不意,又遭到了另一些人士的反对和示威抗议,就连时任国会议长也在法案

通过的当日提出辞职,以示反对,冲突愈演愈烈。由此不难看出,语言问题对乌克兰社会动荡和国家分裂,无疑起到了导火、催化、加剧的作用。牛津大学一位学者对2013年11月乌克兰爆发的亲欧盟示威所做的现场调查也表明:"绝大多数抗议者是出于母语的原因支持乌克兰,所占比例为82.8%。"①

拉脱维亚:由于要求所有公民必须掌握拉脱维亚语,并对教学语言进行了相应的规定,由此引发了族群对立,集会和示威游行接连不断。2011年一些俄罗斯族社区又发起了"为了母语行动",通过联署请愿的方式诉诸议会,要求赋予俄语第二官方语言地位,被议会否决;2012年又为此举行全民公决,结果遭78%的人否决,矛盾冲突至今未能平息。2014年还有政府官员(儿童工作特派员Juris Jasonns)公开呼吁改革双语教学体系,取消俄语教育。②

俄罗斯:2012年12月颁布《俄罗斯教育法》,其中规定学校必须用俄语教学,同时可以用民族语获得教育。民族区域语言不再作为必修课,由父母决定孩子是否学习民族语言。这一规定遭到一些地区反对。乌法市民众游行,呼吁保护该共和国主体民族语言巴什基尔语,反对必须学习俄语的规定。

---

① 环球网2014年3月27日。
② 据国际在线(2012年2月17日)、环球网(2014年1月7日)等媒体报道综合。

而与此相反,鞑靼斯坦共和国一些民众则反对在俄语学校必须学习鞑靼语。①

英国:提出了"全民学外语,终身学外语"的口号,要求每个中小学生必须学习一门外语,以培养英国公民在全球化经济体系中的竞争能力。2012年英国教育部指定了7门外语供学生选择:法语、西班牙语、德语、意大利语、汉语、古典拉丁语和古希腊语。结果引起一些不同族裔的不满:英国犹太人代表委员会认为,希伯来语不在其中将有损英国的犹太教育(过去犹太小学一般都只提供希伯来语这一门外语),影响犹太人的社会身份和文化认同;英国人数最多的少数族裔印度族裔则认为,印度和中国都属于新兴经济体,不应厚此薄彼。②

日本、印尼、印度等国家,多年来一直在母语教育与英语教育如何协调的问题上进行没有休止的拉锯战。

以上事例表明,当今语言教育日趋复杂,在教育实践中怎样处理好如下问题变得越来越困难:

用什么语言教学?——用母语还是外族语?通用语还是方言?单语、双语还是多语?

教什么语言?——教母语?通用语?外族语?教什么外族语?

教多少种语言?

---

① 据《外语战略动态》(2012—2013)等综合。
② 据《环球时报》(2012年6月12日)等综合。

教什么内容?——诸如语言与文化之争、语言知识与交际能力之争等从来没有停止过。

怎么教?——教学模式、体系、方式手段、不同语言的时间安排、语言教育资源的分配等问题,常常意见不一。

语言在教育中的地位如何?——比如在操作层面上,课程比重、时数分配等往往都颇有争议。

我们认为,上述问题的焦点主要集中在如下几个方面:母语与外语的矛盾;母语与通用语、官方语言/国语的矛盾;方言与标准语的矛盾;语言与其他课程的矛盾。而这些问题反映的是如下困扰:

(一)现实需求与语言情感的矛盾

现实生活中,一方面工作和生活需要母语之外的某种语言或方言,甚至某种语言或方言更重要,但另一方面,出于母语感情和母语维护,又不太愿意重视其他语言,形成了难解的矛盾。这种矛盾体现在公共层面时,语言情感往往占优势,因此,当任何政策和言行忽视语言情感因素时,就会引起相关者的不满甚至抵抗。

其实这种矛盾早已有之,只不过由于当今多语多言的需求更为旺盛,致使这种矛盾变得更加突出罢了。不少人曾为解决这个矛盾努力过。世界语的出现就是典型一例,就是为了避免人们的语言情感纠葛等因素,试图通过创造超越任何民族语言的人工通语来解决人类无障碍交流问题。这是非常可贵的探索。

(二)语言不同功能之间的矛盾

语言不仅是交际工具,还具有文化功能、政治功能等。不同的语言,其不同功能的现实价值会有差异,这就会使得一个社团或个人,出于某种需要对语言进行选择时,会面临困难。比如,一个国家为了政治统一和国民交际方便,需要推行一种通用语言,但这往往又与保护语言文化的多样性产生事实上的矛盾,而且究竟选取哪种语言作为通用语往往也是难题。从目前很多国家在怎样对待外语、怎样处理国家通用语与民族语和方言关系问题上普遍存在的纠结甚至矛盾冲突,就足见这个问题的复杂性。解决好这些矛盾,确实需要高超的智慧。

这种功能性矛盾伴生很多实际问题。因为在现实语言生活中,一方面要争取语言交际的方便、统一,另一方面又要尊重任何一种语言,这就增加了操作上的困难。比如欧盟,其正式语言已有 23 种,仅用于语言翻译方面的花费就超过其业务费的三分之一。又如国际法院的正式语言为法语和英语,当事方可使用其中一种,但以其中任何一种语言提出的申诉和口头辩词均须翻译成另一种语言,判决书和意见书也同样要提供法英两种文本。(黄长著,2009)这无疑带来了麻烦,增加了成本,影响了效率。

(三)语言教育的需要与其他课程的矛盾

因为人类的知识在不断丰富和发展,时有新的课程进入教育体系;与此同时,世界教育改革一个共同的趋势是要减少课时,这都难免对语言教育产生挤压。但当代社会,语言的作用更显重要,社会对人的语言能力和语言人才有更多更高的期待,语言学习的任务也越来越重(如多语学习、使用语言技术能力的培养等),这又成为矛盾。

上述各种矛盾使得语言教育规划面对问题时陷入两难困境。解决好这些矛盾,不仅是语言教育的迫切需要,也是国家建设、发展与安定的需要。正确处理这些矛盾,不仅有利于改善语言教育环境、提高语言教育质量和水平、满足社会对人的语言能力的要求和对语言人才的需要,而且有利于促进社会和谐、进步和发展。在这种复杂形势下,调适语言教育规划,为社会提供更好的语言教育,是摆在各国政府面前的新课题。

二、导因:各种不同因素的交织

造成上述问题的原因是多方面的。社会发展、科技进步、新思潮产生等因素,促使语言功能拓展、语言价值提升、语言矛盾加剧、语言需求增加,从而带来了各种变化,对语言发展、语言使用、语言教育、语言规划等都产生了很大影响。

(一)全球化强化了语言的作用, 又影响着世界语言生态

全球化的发展,促使不同语言交际的需求更多、语言资

源价值更高、语言能力作为人力资本的作用更彰显,因而各种语言之间的竞争更激烈。随之带来的问题是,一些强势语言对弱势语言形成挤压,一些国家的母语教育渐渐弱化,一些语言的生存面临威胁。这无疑会对世界语言生态产生巨大影响。

英语席卷全球就是一个明显的例证。据欧盟委员会一项关于英语普及率的调查显示:荷兰普及率为80%,丹麦为77%,瑞典为75%,德国为55%,法国为40%,意大利为39%,西班牙为36%。英国《经济学家》杂志把英语称为"语言帝国",因为在世界60多亿人口中,3.8亿人的母语是英语,2.5亿人的第二语言是英语,10多亿人在学英语,20多亿人在接触英语。甚至预测,到2050年,世界上将有一半人口的英语水平会达到熟练程度。(陈耀明,2003)

与英语情况相反的是,2009年联合国教科文组织公布的《世界濒危语言地图集》显示,世界上现用的6900种语言中,近2500种已成为濒危语言。其中有199种语言的使用者不足10人,另外178种语言的使用人口也仅在10—50人之间。(黄长著,2009)英国《自然》杂志2003年5月发表的一篇文章说,目前世界上有46个人成为会说自己母语的最后一个人了。(陈耀明,2003)

可见,世界语言多样性正在发生着不可逆转的衰退。针对这种情况,一些有识之士大声疾呼维护语言的多样性,并采取了一些行动,因而语言的趋同化和多样性的矛盾日益凸显。

(二)信息化改变了世界,也不断改变着语言和语言生活

可以毫不夸张地说,人类社会新一轮的革命性的发展,与语言有着不解之缘。或许可以这么说:语言和计算机的联姻改变了世界,改变着的世界又不断改变着语言和语言生活。具体表现是:第一,语言与计算机及网络的结合,为人类开辟了第二家园,改变了人类的生活方式、生存方式和生产方式,也使世界变得越来越小。正是这种变化,催生了信息化和全球化。第二,信息化和全球化改变了语言的存在方式、表现形式和表现手段,也改变了人的语言交际方式、语言学习方式等。第三,拓展了语言功能,提升了语言价值,带热了语言需求,丰富了语言生活,也带来了一些新的语言问题。第四,正在改变教育方式和手段,包括语言教育、语言学习的方式和手段。

(三)语言观的发展,促使人们更加关注语言

随着社会的发展,语言观也在悄然变化。人们不再把语言看作简单的交际工具,进一步认识到它还是多属性资源,是生产力,是战略武器,是多功能象征,是深刻影响社会稳定、国家安全、科技创新、经济发展、文化建设的重要因素,具有前所未有的战略意义和安全价值,因此更加重视语言的保护、利用和竞争,使语言问题更加复杂化。

（四）新思潮的产生，也把语言推到了社会的风口浪尖

当今时代，新的思潮不断涌现，这也使得语言政策和语言规划受到挑战，有人甚至认为语言政策与语言规划这个概念本身就不可接受，对语言教育的认识自然也不可避免地受到影响。

举例来说，产生于二十世纪六十年代、盛行于八十年代的后现代主义，主要是对西方现代社会尤其是工业文明的负面效应进行反思与批判，对现代化进程中出现的损害人的主体性的机械僵化的整体性、同一性、中心论等进行批判和解构，有其积极意义。但有时又走向了另一个极端：怀疑主义和虚无主义。在这种思潮影响下，人们便怀疑、批判国家语言政策和规划的正当性和可能性，主张多元主义乃至自由主义。南非认同并实施了这种思想，放弃了单一模式（双官方语言），指定 11 种语言为官方语言。

后民族主义对民族主义和民族国家发出质疑与挑战。哈贝马斯的后民族主义理论认为，现代社会的集体认同或社会团结应该建立在一系列抽象而普遍的法律规范之上，而不应该建立在前政治的血缘、种族、语言、文化或传统生活方式基础之上。这就难免影响对语言在国家建构和社会治理中的角色及功能的看法。但他们同时在一些诉求中又要求恢复区域语言或民族语言在教育体系中的地位，这显然对现有语言秩序和语言政策构成挑战。（苏·赖特，2012）

"语言人权"论，旨在强调维护语言平等和个人及族群的

语言权利的正当性。这种观念的形成,强化了人们对于语言的认识和对语言权利的重视。这无疑是社会进步的表现。但狭隘的民族主义者、个人主义者和一些政治人物有时会对此有偏执的理解,导致一些矛盾。

(五)人口大流动,改变着世界语言格局

世界人口流动日趋频繁,世界语言格局也随之不断变化。大量说不同语言的人杂居,自然会带来人际语言障碍、复杂多样的语言需求和各种不同的语言冲突。这就不可避免地对语言教育提出新的要求。据媒体报道,纽约市官方近年统计,纽约公立小学的学生语言背景有185种,这就使得教学遇到一些困难,使得少数族裔的母语保护成为问题。因此在各国移民联合会等机构的推动下,该市于2013年秋季开始,在中小学新开了29个双语教学项目,增了多语种,但恐怕也很难从根本上解决问题。加州高中为了解决母语非英语学生英语水平低的问题,提供了英语补课计划(需要纳入补课计划的人数占中小学生的25%、幼儿园的40%),引起了一些英语水平高的学生和家长的不满,认为浪费了他们的时间,影响了他们选择其他课程。这类难于协调的矛盾也是显而易见的。[①]

正是诸如上述因素的影响,带来了语言观念的变化、语言秩序的波动、语言生活的多元、语言诉求的复杂、语言矛盾的

[①] 据《文汇报》(2014年2月22日《全球化让母语保护更加艰难》)等综合。

增加,从而也带来了语言教育规划的新课题,增添了语言教育规划的难度。

三、对策:从更新观念入手

从上述情况可以看出,社会的发展,使得语言教育规划陷入困境几乎是不可避免的。分析各种新情况,无论是需求、问题、机遇,还是挑战和冲击,首先考验的是我们的观念。世易时移,如果观念滞后,将难以有效应对各种新情况。

观念是先导。更新观念是保障语言政策与规划的制定与时俱进、保持先进性、科学性和可行性的基础。同时,也可以通过新观念的传播来减少误解,凝聚共识,化解矛盾,为语言教育规划的调整和有效实施做铺垫。

针对现实情况,我们认为,以下观念的确立将是有积极意义的:

(一)全面语言观

充分正视语言的多功能性,不偏执一隅,不顾此失彼。在制定语言教育规划时,要综合考虑语言的工具功能、文化功能、资源功能、象征功能等,因时因地制宜。

(二)主体性与多样性相统一的语言生态观

联合国教科文组织濒危语言问题特别专家组报告《语言

活力与语言濒危》指出:"语言的多样性是人类最重要的遗产。每一种语言都蕴藏着一个民族独特的文化智慧,任何一种语言的消亡都将是整个人类的损失。"(范俊军,2006)正如生物的多样性有利于保持世界生态的良性发展一样,维护语言的多样性对于保持世界语言和文化的良性发展也具有至关重要的作用。任何一种语言也都只有在优良语言生态环境中才能保持永久活力。因而维护语言的多样性其实不只是世界语言文化发展的整体需要,也是任何一种语言生存与发展的需要。但如果片面强调多样性,实行语言自由主义,同样会出现问题。因为作为交际工具的语言,为了保证人际交流的顺畅,需要具有一定的统一性,这在全球化和信息化时代更显重要。因此,构建通用语言与多样化语言相结合的语言格局,当是最佳选择。这就是主体性与多样性相统一的语言生态观。

我国经过几十年的努力,基本形成了主体性和多样性相统一的语言格局。即在发挥国家通用语言文字主体作用的前提下,保障各民族使用和发展本民族语言文字的权利,以及正常使用方言和外语的权利,形成了多元一体的良好语言生态。

(三)立足人生存和发展需要的语言人权观

我们认为,语言权具有不同层面:语言作为交际工具的使用权(包含着利用语言工具获得政治、经济、文化等利益的权利)、作为政治利益的平等对待权、作为文化标志的象征权、作为社会利益的享有权和教育权,等等。我认为,这些语言权的不同层面并不是相互排斥的,只是在不同条件下有主次轻重之别。语言权的维护,更不是以排斥其他语言为前提的。语言人权的实质和核心,应该是保障和促进人的生存和发展。因此,在考量个人和族群语言权利的时候,首要的是着眼保障和增强人的生存能力和发展能力——其实质是生存权和发展权,以此为核心来制定语言政策和规划,实施语言教育。从而使语言政策及规划的目标指向与公民个人根本利益相统一。这就是"立足人生存和发展需要的语言人权观"。

(四)着眼人生存与发展需要的全面语言素质观

语言是思维的工具、认知的工具、交际的工具,语言也是文化的要素和载体。语言素质在人的整个素质构成中具有基础地位和核心作用,对于人的生存和发展具有至关重要的作用,在全球化信息化时代更是如此。因此,人为了生存和发展,必须具备良好的语言素质。

我们认为,人的语言素质包括母语素质、通用语素质、外语素质。其中母语素质是必有项,通用语素质是应有项,外语素质是可有项。"母语素质+通用语素质+外语素质"才是一个人完整健全的语言素质。母语素质、通用语素质和外语素质是互补共生的关系。母语素质是定量(必不可少),其他语言素质是变量N(量和质因人而异)。N的量和质决定一个人语言素质的优劣和语言能力的强弱,它会影响人的综合素质的优劣和整体能力的强弱,进而也会影响人的发展力和竞争力的强弱。因此,语言教育应该树立全面语言素质观,以促进人的全面发展为目标来科学规划语言教育。

(五)与时俱进的动态语言规划观

社会是不断发展的,社会对语言的需求也是不断变化的,语言本身也是不断发展演变的,这就决定了语言规划也必须与时俱进,不断更新、调适和完善。

上述各种观念都是当代语言教育规划所不容忽视的。这些观念的确立,对于有效解决当前语言教育规划面临的各种问题,无疑具有十分重要的意义。

主要参考文献:

[1] 博纳德·斯波斯基 2011 《语言政策——社会语言学中的重要论题》,张治国译,商务印书馆。
[2] 陈耀明 2003 《被遗忘的母语》,《看世界》第11期。
[3] 范俊军编译 2006 《联合国教科文组织关于保护语言与文化多样性文件汇编》,民族出版社。
[4] 黄长著 2009 《全球化背景下的世界诸语言:使用及分布格局的变化》,《国外社会科学》第6期。
[5] 苏·赖特 2012 《语言政策与语言规划——从民族主义到全球化》,陈新仁译,商务印书馆。

Les nouveaux enjeux pour la planification de l'enseignement de la langue chinoise

ZHAO Shiju
Directeur du Centre d'observation et de recherche de la situation des langues en Chine de l'université de Wuhan

Je suis très heureux d'avoir l'occasion d'échanger mes idées avec vous aujourd'hui. Tout à l'heure, Monsieur le Chancelier et Monsieur l'inspecteur général ont parlé de la situation en France. Ces propos sont très instructifs pour moi sur un plan théorique. Le problème que je m'apprête à traiter est un problème relativement abstrait. En effet, nous avons pris conscience du fait que, dans les domaines de l'enseignement de la langue et de la planification linguistique, des problèmes théoriques se posaient. La planification de l'enseignement des langues constitue un aspect très important de la question. La planification des langues doit en effet se matérialiser par la planification de l'enseignement de langues. L'État, les communautés et les ethnies, mais aussi l'ensemble de tous les individus sont concernés par cette question. Par ailleurs, ce sujet ne saurait être pensé en dehors du contexte mondial actuel, qui complexifie grandement notre mission.

Comment faire face à ces défis ? Cette question s'impose à de nombreux pays. Mon propos se divisera en trois parties. Je traiterai d'abord du dilemme auquel nous sommes confrontés, puis de la raison de ce dilemme, et enfin, des solutions possibles.

Le dilemme

Du fait de nombreux facteurs très complexes, l'enseignement des langues fait face à des problèmes anciens, mais également à de nouveaux problèmes. Cela représente un défi considérable pour le pouvoir politique. Par ailleurs, cette situation est commune à tous les pays du monde. En France et en Chine, nous sommes confrontés à des problèmes similaires. Après l'indépendance de l'Ukraine, la question de la langue a généré des conflits, bien que d'autres éléments soient bien sûr également en jeu. En Russie en 2012, une nouvelle loi a été publiée concernant l'enseignement rendant obligatoire l'usage du russe. Cette loi ne tenait pas compte de l'existence de langues minoritaires dans certaines régions. Ceci a provoqué deux réactions. Certaines régions souhaitent préserver leur langue régionale et l'utiliser dans l'enseignement. Dans d'autres régions, l'enseignement de langues minoritaires dans des écoles russes suscite l'opposition. Des voix discordantes se font donc entendre. Si le gouvernement entend imposer une seule langue, des voix d'opposition s'élèvent contre cette volonté gouvernementale. Il existe même des fonctionnaires prônant la suppression du russe dans l'enseignement.

La situation est similaire en Espagne où le gouvernement entend imposer une seule langue dans l'enseignement. Or cette décision politique a suscité une opposition forte, y compris de la part du syndicat des enseignants. En Inde, le problème se pose au sujet des rapports entre l'anglais et la langue nationale. Au Royaume-Uni en 2002, pour promouvoir les langues étrangères, sept langues ont été proposées pour faire leur entrée dans les établissements scolaires. Mais certaines communautés présentes dans le pays dont la langue ne faisait pas partie des sept langues proposées se sont opposées à la sélection telle qu'elle était proposée. La communauté indienne par exemple n'était pas d'accord pour que le chinois figure parmi ces langues et non l'indien.

En Californie, les établissements scolaires souhaiteraient relever le niveau d'anglais de certaines communautés étrangères. Cependant, une partie d'entre elles considèrent qu'un tel effort est une pure perte de temps. Tous ces exemples révèlent que, quelle que soit la politique adoptée, elle suscite toujours des oppositions.

Un certain nombre de questions se posent aujourd'hui. Quelle langue doit servir à l'enseignement ? Faut-il utiliser la langue maternelle, la langue officielle, ou une langue étrangère ? S'il faut utiliser la langue maternelle, s'agit-il d'une langue standardisée ? L'enseignement doit-il se faire en une seule langue ? Combien de langues doit-on enseigner et quelles sont les langues à enseigner ? Selon les origines et les appartenances communautaires, les individus répondent différemment à cette question, comme c'est le cas au Royaume-Uni. Quel doit être le contenu de cet enseignement linguistique ? Faut-il mettre l'accent sur la langue en soi ou sur la culture ? Quel mode d'enseignement faut-il mettre en place ? Comment répartir le temps d'enseignement des différentes langues ? Dans chaque pays, des problèmes différents se posent selon les situations.

La question du statut de l'enseignement des langues se pose également. Quelle place faut-il accorder à cet enseignement ? Combien d'heures faut-il lui consacrer ? Chaque question soulève des problèmes et sous-tend des conflits. Il existe notamment des conflits entre la langue maternelle et les langues étrangères, entre la langue maternelle et la langue nationale ou encore entre les dialectes et la langue standardisée.

Ces questions suscitent d'autres conflits encore. Il existe par exemple un conflit entre les besoins réels et l'attachement sentimental ou affectif à la langue maternelle. Nous sommes attachés à notre langue maternelle mais nous avons besoin d'autres langues. Il existe en outre un conflit entre les différentes fonctions de la langue. Au-delà de ses fonctions linguistiques, la langue remplit également des fonctions économiques, culturelles, scientifiques, etc. Comment équilibrer les différentes fonctions linguistiques, entre lesquelles des conflits peuvent apparaître ? Enfin, le cours de langue lui-même se trouve potentiellement en situation de conflit avec les autres cours. Étant entendu que les étudiants doivent apprendre de nombreuses disciplines, quelle doit être la place des langues dans l'enseignement général ?

Tous ces conflits font que l'enseignement des langues se trouve dans une situation de dilemme. Le développement de la Chine exige une résolution adéquate de ces problèmes. L'environnement linguistique et l'environnement de l'enseignement des langues doivent être revus et améliorés à partir d'une réflexion approfondie. Il y va de l'harmonie sociale de notre pays.

Les causes d'un tel dilemme

Les causes et les raisons de ces conflits sont liées au développement et à l'émergence de nouveaux courants de pensée. L'importance de la langue s'est renforcée, de même que l'impact de la langue dans les différents domaines de la vie sociale. La mondialisation a des conséquences importantes non seulement sur l'enseignement des langues, mais également sur l'écosystème des langues. Le contexte de la mondialisation a en effet renforcé l'importance des compétences linguistiques en tant que compétences humaines. La mondialisation a également pour conséquence la prépondérance de certaines langues sur d'autres. Ce phénomène entraîne une conscience accrue des enjeux en matière de survie des différentes langues.

L'informatisation constitue le second élément d'explication des conflits. L'informatisation a en effet transformé notre rapport au monde, notre univers et notre vie linguistiques. L'informatisation et internet ont ouvert un nouveau secteur d'activités humaines et ont transformé la façon dont une langue vit. L'informatisation a également bouleversé le mode d'échange entre les hommes, ainsi que l'apprentissage des langues. Les anciennes méthodes d'enseignement sont parfois caduques. L'informatisation a enfin élargi les fonctions linguistiques des langues, tout en générant de nouveaux problèmes.

Un troisième facteur d'explication est constitué par la nouvelle conception de la langue qui s'est imposée. Désormais, nous attachons davantage d'importance aux langues et nous savons que la langue est étroitement liée à la politique, à l'économie, à la culture, aux sciences et même à l'art militaire.

Le quatrième facteur est l'émergence de nouveaux courants de pensée, qui constituent un défi pour les langues. Certains de ces nouveaux courants, notamment le post-modernisme, portent en effet un regard critique et sceptique sur l'intervention de l'État en matière de planification linguistique. Le post-nationalisme considère quant à lui que la langue ne doit pas constituer l'élément autour duquel est construite la nation. Tous ces éléments produisent un impact sur l'enseignement des langues.

Par ailleurs, les mouvements migratoires ont entraîné des besoins linguistiques particulièrement complexes. Aujourd'hui, rares sont les régions dans lesquelles n'est parlée qu'une seule langue. Les besoins linguistiques se sont donc multipliés. Enfin, un dernier élément est constitué par la réforme du système éducatif, qui entraîne nécessairement des conséquences pour l'enseignement des langues.

Ces différents éléments ont généré une transformation de notre conception des langues. Nous évoluons aujourd'hui dans un contexte multilingue complexe dans lequel se multiplient les conflits linguistiques.

Les solutions possibles

Comment résoudre ces problèmes ? Je suis incapable d'apporter une réponse simple à une telle question. Toutefois, je suis certain que répondre à ce défi implique avant tout de changer nos conceptions. Le monde ayant évolué, nous ne pouvons opérer une bonne planification linguistique sans revoir préalablement notre façon de concevoir la langue.

Quelles seront ces nouvelles conceptions ? J'apporterai simplement quelques pistes de réflexion. C'est d'abord une conception holistique des langues qui doit prédominer. La langue est une entité complète. En second lieu, nous devons construire un écosystème qui articule la langue nationale et la diversité linguistique. Cet écosystème doit favoriser le développement des langues et de la culture ainsi que la coexistence harmonieuse de plusieurs langues. Troisièmement, nous devons adopter une conception du droit linguistique basée sur l'existence réelle de l'homme et sur ses besoins. Je considère que les différents besoins des hommes ne sont pas nécessairement harmonieux. Le droit à pratiquer une langue ne doit pas se faire en excluant la pratique d'autres langues. Nous ne devons pas porter un regard trop étroit sur la question.

Quatrièmement, nous devons élargir la compétence des individus en matière de langues. Nous n'avons pas pris la mesure de l'importance de la compétence linguistique. Nous prêtons attention à la capacité des individus à s'exprimer correctement dans leur langue maternelle, sans se soucier de leur capacité à s'exprimer dans d'autres langues. Je considère que cette conception doit être revue et élargie vers davantage de plurilinguisme. Nous devons maîtriser non seulement la langue maternelle, mais également la langue courante, ainsi qu'une langue étrangère. Les deux premières sont tout à fait basiques et indispensables. La dernière est souhaitable mais demeure facultative. Les compétences linguistiques d'un individu sont pour moi constituées de ces trois éléments.

Sans ces compétences, l'individu se trouve privé d'une source importante de développement.

En outre, nous devons adopter une conception dynamique de la planification linguistique. Celle-ci doit en effet s'ajuster à l'évolution dans le temps et tenir compte des différents changements dans le contexte mondial.

Transmettre la langue française par l'école

Fabrice POLI
Inspecteur général de l'éducation nationale (Groupe Lettres) au ministère de l'Éducation nationale, de l'Enseignement supérieur et de la Recherche

Je suis très heureux de me trouver ici parmi vous. L'année 2014 est une année fort riche en contacts avec nos partenaires et amis chinois. Après la mission que j'ai remplie à Pékin en mai dernier à l'occasion de la signature de l'Arrangement administratif actant la création des sections pilotes de langue française, et après la rencontre en juillet dernier à Paris avec Madame XU Lin, directrice générale du Hanban, je me félicite de cette présente manifestation qui précède aussi le séminaire du mois de décembre prochain à Montpellier. Toutes ces dates attestent non seulement de l'assiduité mais également de la confiance réciproque qui préside à nos contacts, au service desquels je me place.

Le socle commun de connaissances, de compétences et de culture a été introduit par la loi en 2005. Une nouvelle version est en préparation dans le cadre de la loi d'orientation et de programmation pour la refondation de l'école de la République. La compétence première visée est la maîtrise de la langue française. Ce socle a constitué un jalon déterminant dans le cadre des efforts constants qui sont engagés pour favoriser la maîtrise du français. Mon intervention se propose de faire un état des lieux de cette question. Dans cette perspective, il importe de considérer non seulement le territoire métropolitain mais également les Départements et Territoires d'Outre-mer. En effet, les spécificités de ces derniers doivent également être prises en compte dans le cadre d'une réflexion globale.

Une partie des conclusions qui vous sont ici livrées sont le prolongement de la communication que j'ai prononcée en mars 2014 lors des journées de formation des inspecteurs territoriaux de Lettres. Cette communication se proposait de faire le point sur l'état de l'étude de la langue française dans les classes de collège et de lycée.

Définition de la discipline « lettres »

L'identité de la discipline « lettres » est complexe et en pleine évolution. L'enseignement des lettres se trouve être diversement intitulé selon les niveaux et les filières : français, lettres, littérature, culture générale, etc. Il recouvre une très grande variété d'objets et d'approches que les programmes déclinent sans toujours éviter l'impression d'une multitude de sous-disciplines. La lecture, la maîtrise de la langue écrite, la maîtrise de la langue orale, l'étude de la langue, l'analyse de texte, la connaissance et l'appropriation des grands repères de l'histoire littéraire et de la culture humaniste sont autant d'exemples de ces apparentes sous-disciplines.

Toutefois, cette multiplicité interne de la discipline est essentiellement polarisée entre l'enseignement linguistique d'une part et l'enseignement littéraire d'autre part. Depuis la réforme du collège en 2008 et celle des programmes de lycée en 2001, l'accent est mis sur une double nécessité : d'une part, la nécessité d'une prise en compte mieux systématisée de l'étude de la langue, d'autre part, la nécessité du développement d'une complémentarité entre l'analyse du texte en soi et la compréhension des interactions multiples qu'il entretient avec l'histoire et la société.

Ces évolutions récentes consacrent les lettres comme une discipline en pleine rénovation qui assume sa position cruciale et cultive une pratique vivante de l'interdisciplinarité. À l'image de l'enseignement d'exploration « Littérature et société », destiné à la classe de Seconde, un objet littéraire est envisagé « sous l'angle des relations entre l'œuvre et la société afin d'en situer et d'en analyser la portée ». Ainsi, dans le cadre de cet enseignement, un professeur de français et un professeur d'histoire peuvent s'emparer d'un même domaine pour en proposer des lectures croisées. Celles-ci mobilisent des questions de réception, comme celles liées aux stratégies de positionnement d'un écrivain dans la sphère sociale. Or, il est paradoxal d'observer que cette démarche, adoptée à une époque qui ne cesse d'enregistrer le recul du littéraire, est loin d'être le remède espéré. Elle se traduit à l'inverse, chez bon nombre de professeurs, par un surcroît de désarroi. La diversité des approches nouvelles conduit parfois à leur mauvaise interprétation voire à leur refus. Par ailleurs, elle entraîne trop souvent une perte de repères et un sentiment de perplexité chez les enseignants. Le travail de rénovation des lettres ne parvient toujours pas, pour l'heure, à enrayer une crise de la discipline amorcée depuis deux décennies. Cette crise progresse sur fond d'une marginalisation croissante des études littéraires, qui ne sont plus le cœur de la formation supérieure, ni le critère majeur de l'orientation.

Le cas de l'étude de la langue

L'étude de la langue demeure un point sensible et délicat de l'enseignement des lettres. De nombreuses difficultés pédagogiques s'y concentrent, avec d'autant plus de résonances que la maîtrise de la langue est cruciale pour la réussite de tous. Ainsi, le déficit d'articulation entre langue et littérature reste flagrant et prend même des proportions préoccupantes au collège et en lycée professionnel. Or, c'est précisément dans ces classes que les élèves auraient le plus besoin d'une telle articulation pour éviter de sombrer dans la traditionnelle et ennuyeuse « leçon de grammaire ». Par ces termes j'entends un cours qui ne présente pas de mise en activité des élèves et dans lequel l'enseignement de la langue se trouve réduit à la seule grammaire de phrase. Le cours comporte alors des exercices mécaniques d'application. Cette « leçon de grammaire » fait parfois un retour inquiétant chez de jeunes professeurs tandis que leurs aînés des générations précédentes avaient appris à en rompre l'isolement. Dans ce contexte, langue et littérature demeurent cloisonnées et le professeur cède très volontiers au par cœur, ce que j'appelle le « *parcœurisme* ».

Par ailleurs, la langue ne fait jamais l'objet d'une étude systématique en lycée général. Elle est rarement abordée de manière planifiée et explicite dans les progressions annuelles. Enfin, c'est souvent à l'occasion de l'enseignement de la langue que resurgit la facilité du cours magistral. Le cours sert alors à administrer des grilles et des classifications « clé en main » à mémoriser par cœur. Or, l'observation des faits de langue en contexte serait mieux à même de former les compétences d'analyse et de problématisation linguistique des élèves. Au collège comme au lycée, l'on gagnerait beaucoup à coupler étude de la langue et écriture. Pour ce faire, il conviendrait de mettre l'accent sur la production des élèves pour envisager autrement un effort de systématisation linguistique dégagé d'approches qui se veulent trop analytiques.

D'autre part, la recherche au fil de la scolarité de continuité simple, de cohérence notionnelle et de progression lisible s'impose aux lettres avec d'autant plus d'acuité que la discipline est foisonnante. Aussi, il est essentiel que les professeurs se concertent pour construire une progression réelle. Dans ce cadre, il importe qu'ils établissent une nomenclature commune entre eux et les professeurs de l'école primaire, et ce tout particulièrement s'agissant de l'enseignement de la langue. Les programmes entrent très tôt dans le détail en proposant des listes (listes des déterminants, des pronoms, des types de compléments, etc.).

Cette multiplication de notions au programme se traduit dans les pratiques par l'omniprésence du modèle leçon/application et par la multiplication du nombre des règles. Cela donne l'impression que la langue est une collection de règles jamais sues qui sont mal commodes pour l'usage courant dans la vie quotidienne. Il est clair qu'un dialogue interdisciplinaire fécond ne pourra s'engager qu'à partir de définitions et de cursus stabilisés. On ne peut en effet bien comparer que ce qui est bien défini.

Les inspecteurs – que je suis amené à rencontrer régulièrement – sont nombreux à dire que les enseignants manquent d'une formation linguistique solide et initiale adaptée à leur futur métier. De ce fait, on constate parfois des erreurs, des approximations et des insuffisances. Dans ces conditions, les programmes et la formation continue ne peuvent pas à eux seuls pallier les carences didactiques et pédagogiques constatées à de nombreuses reprises.

Par ailleurs, il faut déplorer une certaine absence de continuité au sein du cursus. Il est patent que les professeurs du collège ne connaissent pas les programmes de grammaire du primaire. Ils ont encore moins connaissance de la démarche pédagogique qui y préside. De la même façon, les enseignants du lycée connaissent mal les programmes de grammaire du collège. De ce point de vue, il importe de rétablir une continuité.

Lorsque nous observons, dans le cadre d'un cours, une séance consacrée à l'étude de la langue qui nous paraît satisfaisante, nous sommes amenés à valoriser à la fois la maîtrise des contenus, l'approche didactique et la bonne prise en compte des acquis des élèves. En revanche, nous soulignons un déficit de dialogue entre élèves au seul profit de la relation professeur/élève.

Défis et perspectives

Les lettres et le français doivent prendre toute leur place au sein du nouveau socle commun de connaissances, de compétences et de culture. Celui-ci est caractérisé par le refus de juxtaposer « trois références placées sur le même plan » ainsi que par la volonté de susciter une culture commune.

Par leur tradition humaniste, les lettres sont cruciales dans cette circulation des savoir-faire et des savoirs. Aussi ne doivent-elles pas manquer de s'inscrire au cœur des cinq domaines de formation qui définissent les composantes de la culture commune, tout en assumant un maillage méthodologique avec les autres disciplines. De ce point de vue, il convient d'insister sur la place motrice du professeur de lettres au sein des équipes d'enseignants. L'idée selon laquelle le cours de français ne saurait être le seul acteur dans le travail de maîtrise de la langue progresse. Il faut veiller cependant à traduire cette idée sur le terrain.

Il ne s'agit cependant pas de déléguer l'enseignement de la langue à tous, car seul le professeur de français est apte à faire de la langue un objet de réflexion et d'étude. Il s'agit de mettre en œuvre une véritable collaboration entre des enseignants de disciplines différentes. Le professeur de français a vocation à coordonner cette collaboration en animant un pôle pédagogique sur cette question cardinale.

Enfin, la discipline des lettres doit assumer une nécessaire diversification de la formation des enseignants. La formation linguistique initiale des enseignants doit être renforcée pour leur permettre d'affronter la complexité des défis actuels en termes de maîtrise de la langue. Il serait souhaitable qu'elle intègre les possibilités d'une pédagogie davantage centrée sur l'écriture et la production des élèves, y compris sous la forme d'ateliers d'écriture. La poursuite de l'ouverture sur d'autres disciplines apparaît essentielle pour créer les conditions d'une culture pédagogique commune, encourager les passerelles interdisciplinaires et leur mise en réseau.

Pour conclure, je souhaite rappeler que la diversité géographique, linguistique, culturelle et historique qui caractérise les Territoires français d'Outre-mer ne peut être passée sous silence. Dans un certain nombre de ces territoires, le français ne doit pas seulement être envisagé comme la langue de l'école mais également être appréhendé comme une langue seconde ou une langue étrangère. Tel est le cas par exemple en Guyane, où seuls 20% de nos élèves sont socialisés en français. Ce cas de figure doit nous rappeler combien il est dangereux et vain d'édicter des cadres stricts et dogmatiques que l'on voudrait ensuite généraliser de manière uniforme. Il faut toujours garder à l'esprit qu'en pédagogie, comme en toute chose, « le mieux est l'ennemi du bien » selon la formule de Voltaire.

依靠学校传播法语

法布里斯·波利

法国教育部文科总督学

2014年是中法交流与合作的"丰收年":5月,法语课程班开设签约仪式在北京举行;10月,中法研讨会在北京举行。这些事件表明:中法两方对双边交流和法语教学等方面的关注度越来越高,彼此间信任不断增强。

2005年法国颁布法律,旨在奠定构建知识、语言能力及文化的共同基础。目前该法修正案还在酝酿,它将引导法国公立学校把培养学生母语(法语)语言能力纳入教学计划,这对促进法国公民掌握法语将起到关键性作用。

在当前背景下,政府不仅需要关注法国本土的法语教学问题,还应关注海外领土的法语教学问题,后者的特殊性应纳入全盘考虑范畴。

一、"语文学科"的学科定义

语文学科的属性复杂多变。语文学科教学门类因程度和学科的不同略有差异,其学科一般而言包含法语语言、文学流派、文学作品、文化常识等。通常情况下,在项目制定时很少提及语文学科的学科分支,因其研究方向很复杂,例如阅读、书面语和口语的掌握、语言学习、语篇分析、文学史及重要时期的人文介绍等。

从微观上看,语文学科分支可谓纷繁精确;从宏观上看,语文学科教学可分为语言和文学两大方面的教学。继2008年初中改革及2001年高中改革之后,政府逐渐意识到,语言教学和文学教学缺一不可。一方面,语言学习具有系统性;另一方面,语言学习需要培养和开发学生两方面的能力:独立分析语篇的能力和把握语言学习与历史和社会交叉联系的能力。

语文学科是一门新兴的、全面创新的学科,其创新不仅彰显了学科存在的必要性,还稳固了语文的重要地位,同时促进了跨学科交流。在面向高一学生开设的"文学与社会"实验课中,教师要求学生基于作品与社会的关系来分析和评定某部文学作品的价值。在具体的教学实践中,法语教师和历史教师可就一个相同领域推荐学生阅读有重叠内容的文章,启发学生思考关于社会的接纳问题,例如一位作家如何在社会上立足等。但是这一做法也招致不少非议,例如当今时代,个人文学素养不断退步,这种做法虽因势利导却并非灵丹妙药。很多教师因这些创新而愈发慌乱,一些新学科影响他们授课,因此也遭到了教师们的抵触。一些教师甚至常常感到无教学标准可依而不知所措。近二十年来,新学科带来的次生危机非但不能抑制反而愈加严重,而危机产生的原因主要包括"两个边缘化":文学研究不断边缘化和文学教育地位的边缘化,其中从文学教育的地位上看——文学教育从高等教育的核心地带转到边缘地带,文学教育从教学方针的重点转为非重点。

二、语言学习现状

语言学习始终是语言学科教学的重点和难点。它带来很多教学难题,同时很多人认为掌握语言是所有学科教学成功的基础和前提,因此在初中及职业高中的教学中,语言和文学作品之间的衔接缺失现象严重,并且显而易见。更确切地说,学生需要明白两者之间的关联,而不是盲目接受传统"语法课"教授的知识。目前教学中存在一些值得注意的现象:课上语言教学部分始终围绕句子语法的分析展开,只是让学生做一些机械练习,而非让学生活学活用。这种语法课教学模式有时会导致恶性循环,年轻教师会不自觉地沿袭其前辈的教学方法,将语言教学和文学教学分开进行,这样一来语言和文学始终被人为地分离,教师甚至自愿地跟着感觉走,陷入我所说的"唯心主义"困境。

况且普通高中始终不会系统地教授语言,每年的年度计划中也很少明确语言教学计划。因此语言教学通常采用教授主讲的传统模式,让学生记住一些条条框框和"万能句法"。然而只有在实践中观察学生的语言使用情况,才能更好地培养学生的分析能力和自省能力,让学生充分意识到自己的语言问题。无论是初中阶段还是高中阶段,我们曾将语言学习和写作巧妙地结合在一起,而如今我们需要加强学生语言能力的系统培养,同时避免采用一些分析太过细致的教学方式。

另外,语文学科必须对不同年级的学业衔接、概念的统一和教学的进步等进行研究,该学科内容十分丰富,因此出现的问题也更为明显。同样,至关重要的是教师们的共同努力,只有这样才能取得真正的进步。这就需要初、高中教师与小学教师协同建设教学分类目录,尤其是语言教学分类目录。教学大纲过早进入细节,甚至还列出了内容清单(如限定词、代词、补语类型等)。

大纲中概念的多样性在实践中则表现为无处不在的范文、解释和无穷无尽的规则。这就造成了一个假象:语言是永远不可能了解的言语规则的集合体,日常生活中很难使用这些语言规则。很显然,富有成果的跨学科对话只能在建立定义和确定教学阶段的基础上进行。实际上,我们只能对已经定义的东西进行比较。

很多督学员抱怨说，教师们缺少具有坚实基础的语言培训，这种培训应该以适应未来职业为导向。由此，我们发现教学中存在一些失误、知识的含糊不清和欠缺。在这样的条件下，教学大纲和继续教育本身无法补救我们反复看到的教学方法和手段的缺失。

此外，还要看到的是各阶段课程间衔接性不强。初中教师显然不了解小学语法教学纲要，对小学的教学流程更是一无所知。同样，高中教师也不清楚初中的教学纲要。由此而论，必须实现各阶段教学的衔接与贯通。

当我们旁听一门课程时，我们要对令人满意的语言教学打分时，不仅要看教师对内容的把握和教学法的应用，还要看学生的掌握情况。我们必须指出的是：学生之间沟通欠缺，但是师生关系得到了改善。

三、挑战和前景

在知识、能力及文化这样一个全新的各科必须共有的基础中，语文素养和语言知识处于重要地位。这个基础的特点是，不允许三者"平起平坐"，而且希望能将各科必须共有的基础文化放在首位。

共有文化的人文主义传统决定了语文在知识和能力的转

换中所占据的重要地位。因此,需要强调的是语文学科应由五大部分培养构成,从而确定共有文化成分,同时确保与其他学科的点阵式方法。从这种角度讲,需要特别强调语文教师在教师团队中的核心作用。我们越来越意识到法语课不再是掌握语言的唯一因素,那么就必须将这种想法付诸实践。但这并不意味着所有教师都去教授语言,因为只有法语教师才将语言作为思考和研究的对象。我们要讨论的问题是不同学科之间的教师要开展真正的跨学科合作。法语教师的任务是在跨学科合作中发挥协调作用,并针对这个基本问题组织专门的教学法研究。

此外,语文学科还要承担针对教师的必要的多元化培训。应该加强对教师的语言培训力度,从而使教师能够应对语言掌握过程中出现的复杂多变的挑战。我们希望培训能够引入教学法,并将教学法的重点放在学生的写作和语言表达上,包括写作工作坊等形式。继续向其他学科开放,这非常重要,目的是创造共有文化教学法的基本条件,鼓励向跨学科过渡并建设跨学科网络。

最后还要强调一点:绝对不能忽视法国海外省在地理、语言、文化、历史等方面具有的多样性。在部分地区,法语不应仅作为学校的教学语言,还应作为第二语言或外语来使用。圭亚那就是实例,那里只有20%的学生在法语学校读书。这种现象足以让我们明白一点,即规定严苛的教条用来普及和规范法语是危险的,也是无济于事的。我们必须在思想上牢记,用伏尔泰的话说,教学法同其他事情一样,"至善者,善之敌"。

(李钰译　都艾睿校)

Les langues régionales dans le système éducatif

Jean SALLES-LOUSTAU
Inspecteur général Langues et cultures régionales, ministère de l'Éducation nationale, de l'Enseignement supérieur et de la Recherche

Je suis très heureux d'être parmi vous aujourd'hui et me réjouis de constater que les langues dites régionales ont trouvé leur place dans ce séminaire, du côté français comme du côté chinois. Cela signifie probablement que nous ne percevons plus l'existence de ces langues régionales comme une menace ou une rivalité potentielle mais comme la base d'un travail commun pour l'acquisition des compétences linguistiques.

Les langues régionales en France

Je souhaite en premier lieu aborder quelques points d'histoire et de géographie à partir de la carte que vous voyez à l'écran. Celle-ci représente les langues régionales en France. La plupart des domaines linguistiques qui y figurent sont partagés avec d'autres pays européens, à l'exception de la Bretagne, à l'Ouest de la carte. Le flamand est partagé avec la Belgique et la Hollande. À l'Est, où figurent « francique » et « alsacien », il s'agit en réalité d'une variété de la langue allemande. Au Sud, l'occitan – aussi connu sous le nom de « langue des troubadours » – est également parlé en Italie et en Espagne, dans de très faibles proportions. Au Sud-Ouest, le basque est partagé avec l'Espagne, de même que le catalan, tout à fait au Sud. Enfin, la langue corse était considérée jusqu'à il y a quelques décennies comme un dialecte italien et a finalement pris son autonomie en tant que langue.

En France se trouvent donc actuellement un certain nombre d'ensembles linguistiques ayant leur référent à l'extérieur du territoire français. Le basque, le catalan, l'alsacien et le flamand connaissent ainsi une normalisation s'opérant à l'extérieur de notre territoire. Tous les locuteurs de ces langues parlent le français. La majorité de ces langues sont d'ailleurs en perte de vitesse et très largement remplacées par le français dans la pratique des locuteurs.

En Outre-Mer, la situation est différente. Les langues autres que le français qui y sont parlées le sont dans des proportions beaucoup plus importantes. Le créole est parlé dans la zone Caraïbe, les langues amérindiennes sont parlées en Guyane. Certains locuteurs de ces langues ne connaissent pas encore le français, situation particulièrement intéressante et tout à fait méconnue des métropolitains. Les langues mélanésiennes sont gérées par un gouvernement local. Pour autant ces langues posent un problème considérable par leur nombre et par la difficulté qu'il y a à les normaliser ainsi qu'à les faire entrer dans la vie publique.

Les langues polynésiennes sont regroupées sous le terme de tahitien, Tahiti étant le territoire central et le plus peuplé. Dans cette région également, la langue est prise en charge par le territoire. On observe une sorte de normalisation de la langue et de l'enseignement qui s'opère autour du tahitien. À Mayotte, la langue principale est le maori. Des difficultés très spécifiques de normalisation et d'intégration des élèves s'y rencontrent.

La situation est donc très diverse et particulièrement contrastée. S'il existe 75 langues et dialectes, seuls 10 à 15 d'entre eux sont régulièrement enseignés en France. Le nombre de locuteurs varie de quelques centaines pour l'amérindien en Guyane à quelques millions s'agissant de l'occitan ou de l'alsacien allemand.

Traitement réservé aux langues régionales dans l'histoire moderne

Il faut mettre en regard cette réalité avec le sort qui a été réservé à ces langues en France. Ce n'est pas seulement la Révolution Française de 1789 qui a imposé le français. En 1539, le roi de France François Ier reconnaît comme seule langue officielle le français, par opposition au latin mais également à l'occitan. Il s'agissait de réaliser l'unification linguistique du pays. Celle-ci n'a été effective qu'à la fin du XIXe siècle. Toutefois, le germe de la mise à l'écart des langues se trouvait déjà dans ces dispositions législatives.

La Révolution Française a hésité quant au traitement à réserver aux langues. Lors des premières années de l'Assemblée constituante, les décrets de l'Assemblée étaient traduits. Par la suite, les Jacobins (en faveur de la centralisation et de l'unification du pays) ont déclaré la guerre aux « patois ». En d'autres termes, ce que nous appelons aujourd'hui des langues n'étaient pas même reconnues en tant que langues. Il s'agissait d'usages linguistiques réservés aux gens des campagnes et des régions éloignées, porteurs des signes de l'ancienne civilisation à détruire. Le mot de « patois », désignant tout ce qui n'est pas le français, résume à lui seul cette idée.

Un laps de temps considérable a été nécessaire pour que le français s'impose finalement à tous les Français. L'acte décisif est constitué par l'introduction de l'instruction obligatoire en français au cours du XIXe siècle. Cette décision représentait aussi une manière de souder la nation autour de la langue et de préparer la revanche contre la Prusse et l'Allemagne. Cette mesure était donc sous-tendue par des enjeux idéologiques, linguistiques et politiques.

Sous l'effet du sentiment de honte attaché à l'usage de langues régionales et de la dévalorisation acharnée de ces langues, l'inévitable s'est produit au cours du XXe siècle. En effet, la plupart des parents ont finalement renoncé à parler leur langue maternelle aux enfants. L'éradication était donc programmée et quasiment réalisée.

Comment expliquer le changement de regard sur ces langues qui s'est opéré par la suite ? Que s'est-il passé pour que soit envisagée la possibilité de les enseigner ? La France est un pays très étonnant de ce point de vue. À la suite de cette éradication programmée, une réflexion a été conduite. Des militants, des acteurs culturels, des écrivains ont été des défenseurs de la langue pendant cette période difficile.

À la Libération, il s'agissait pour les Français de dresser le bilan de ce qui leur restait. Or les langues ont trouvé toute leur place dans cet état des lieux. La prise de conscience s'est donc opérée par le biais des acteurs de la Libération. Cela s'est ensuite traduit par des premiers gestes législatifs. En 1951, la loi d'Exon instaure la possibilité d'enseigner en France certaines langues. La place de toutes les langues sera plus tard reconnue dans l'enseignement. En 1970, les langues sont non seulement reconnues mais offrent également des points pour l'examen du baccalauréat. Ce simple fait change le regard porté sur les langues régionales, qui deviennent ainsi « utiles ».

Naissance de l'enseignement bilingue

L'année 1982 constitue une date extrêmement importante. En France, les acteurs chargés de l'enseignement des langues régionales voyaient malgré tout leur enseignement disparaître progressivement. Ils ont alors décidé, dans la sphère privée d'abord puis dans la sphère publique, d'envisager leur enseignement d'une façon différente. Il s'agissait de mettre en place, sur le modèle de la situation canadienne au Québec, un enseignement bilingue dans lequel la langue régionale serait enseignée à parité avec le français. Ce geste fondateur a annoncé la création d'écoles tout à fait originales et d'un enseignement bilingue qui a perduré jusqu'à nos jours.

Cet enseignement est codifié et reconnu. Il concerne principalement les élèves du primaire. L'enseignement se fait en français la moitié du temps et dans la langue régionale l'autre moitié du temps. Les mathématiques, les sciences, la musique, etc., sont enseignées dans les langues régionales. Dans un pays marqué par une opposition virulente aux langues régionales, ce geste apparaît comme particulièrement fort et fondateur.

Ces classes bilingues constituent le ferment de la récupération linguistique. S'agissant de la langue basque, près de 50% des élèves du territoire concerné suivent des enseignements bilingues basque/français. Une langue est considérée comme étant « récupérée » à partir du moment où 30% des élèves apprennent cette langue. Il est donc clair que l'école permet d'opérer un véritable bouleversement dans la situation de certaines langues en France.

Les langues régionales ont aujourd'hui un programme pour tous les niveaux de la scolarité. Ces programmes sont inspirés des programmes d'enseignement des langues étrangères. En d'autres termes, il ne s'agit pas de programmes spécifiquement adaptés aux langues « ethniques » mais bien de programmes de langue à part entière, incluant un volet culturel et civilisationnel.

Bilan d'étape

Je souhaite dresser ici un bilan d'étape, étant entendu que l'ensemble est en constante mutation. L'enseignement dit extensif est en progression ininterrompue et concerne un nombre croissant d'élèves. Par ailleurs, le modèle de l'enseignement bilingue connaît une remarquable réussite. Il s'agit d'une formule très originale qui, en France, est étonnamment réservée uniquement aux langues régionales. Le modèle n'est pas appliqué à l'enseignement de l'anglais ou du chinois par exemple. Il est à noter que les élèves inscrits dans ces filières sont généralement meilleurs en français et en mathématiques que les autres. C'est donc une pédagogie originale qui se trouve introduite à la faveur des langues.

Troisièmement, en une cinquantaine d'années s'est produit le passage d'une vision « localiste », enfermée sur un territoire et un dialecte, à un enseignement des langues et cultures sur le modèle des langues étrangères. Une évolution supplémentaire est constituée par la professionnalisation du corps enseignant, sur le modèle de l'enseignement des langues étrangères. 5 000 enseignants et 200 000 élèves sont aujourd'hui concernés par l'enseignement bilingue.

Enfin, la contribution des langues régionales à une éducation plurilingue est désormais admise et reconnue dans la société française. Il est clair que tous les acteurs du système mais aussi toutes les collectivités territoriales impliquées à divers titres ont aujourd'hui conscience de cette réalité.

Une nouvelle donne

Nous sommes passés de la menace d'extinction de certaines langues à la récupération linguistique. Dans un pays qui semble très unifié comme la France, je souhaite attirer votre attention sur la diversité des statuts. En Outre-Mer, certains gouvernements locaux jouissent d'importantes prérogatives de ce point de vue, ne sachant pas toujours comment les mettre à profit. Au sein même de la métropole, on constate une grande diversité de statuts. L'Alsace bénéficie d'un statut particulier. Par ailleurs, une loi concernant spécifiquement la Corse permet à l'enseignement de la langue corse de se développer de façon importante. Il existe en outre un office public de la langue basque au sein duquel l'Éducation nationale et élus locaux se réunissent pour valoriser et favoriser l'apprentissage du basque.

Enfin, s'agissant du cadre juridique, la reconnaissance des langues régionales est toujours en demi-teinte. Il existe bien une inscription dans la Constitution, ce qui est un fait majeur. Cependant, cette inscription ne permet pas pour autant de ratifier la Charte européenne des langues régionales ou minoritaires leur reconnaissant un certain nombre de droits intangibles.

Assurer l'avenir des langues régionales implique d'associer les langues aux enjeux de l'école. En outre, il est nécessaire de les inclure dans la construction européenne. L'enjeu est majeur. Il s'agit de répondre aux défis de la mondialisation, de trouver sa place dans un monde globalisé mais également de prendre en charge sa culture et son histoire et de les faire vivre. Nous sommes désormais prêts à valoriser la connaissance des langues. Il existe aujourd'hui quelques milliers d'offres d'emploi qui requièrent la connaissance des langues régionales.

Le prix Nobel Frédéric Mistral, mort il y a cent ans, écrivait, en occitan : *« Face contre terre, qu'un peuple tombe esclave. S'il tient en main sa langue, il tient la clé qui le délivre de ses chaînes ».*

教育系统中的方言

让·萨勒-卢斯托

法国教育部地区语言与文化总督学

在中法语言政策的研讨中,方言被列入研讨内容。这或许表明,我们对待方言的态度发生了变化:从最初将方言视为通用语的威胁或潜在竞争者到将之视为获取语言技能的来源之一。

一、法国方言及其地理分布

除法国西部的布列塔尼语外,大部分法国方言都与其他欧洲国家有关;弗拉芒语是法国与比利时以及荷兰共通的语言;东部的法兰克语和阿尔萨斯方言实际是由德语发展而来的;南部的奥克语(也就是我们所说的"游吟诗人的语言")在意大利和西班牙也有少部分人使用;西南部的巴斯克语、南部的加泰罗尼亚语都是和西班牙"分享"的语言;此外,虽然几十年前科西嘉语仍被视作意大利语的地域变体,但如今人们已经承认它是一门独立的语言。

一部分法国语言学家借鉴其他国家方言研究方法来研究法国方言,例如:巴斯克语、加泰罗尼亚语、阿尔萨斯语和弗拉芒语的研究都会参考其他国家的语言标准。在法国,所有的上述方言使用者都懂法语。此外,不仅大部分方言使用者的数量在迅速下降,而且人们在日常使用中也倾向于使用标准法语。

在法国海外省,方言的使用情况有所不同,区别在于方言使用比例高。加勒比地区使用克里奥尔语,法属圭亚那还有美洲土语,美拉尼西亚方言则由地方政府管控。上述语言使用者中有一部分并不懂法语,但这一特别现象并未引起法国本土研究者的关注。与其他方言一样,上述语言也面临着使用者人口过少、缺乏规范以及难以进入社会交际等问题。

所有波利尼西亚方言被统称为塔希提语。塔希提岛位于波利尼西亚群岛的中心,也是人口最多的岛屿。该地区语言同样由地方政府负责,其语言规范和语言教学则主要围绕塔希提语展开。马约特岛的主要语言为毛利语,这里的语言规范、语言教育及本地特色成为难点。

所以,方言问题广泛存在,但又各有特点。现有的75种方言中,仅有10到15种被列入法国教学计划中。从使用者人数看,法属圭亚那地区美洲土语仅有几百人使用,而奥克语和阿尔萨斯德语的使用人数达到几百万。

二、法国方言处理的历时回顾

我们首先要追溯历史，了解这些语言如何得以在法国留存。将法语定位为官方语言并非是 1789 年法国大革命的首创。早在 1539 年法国国王弗朗索瓦一世就用法语取代拉丁语和奥克语作为法国的官方语言，这标志着法国官方语言的统一。官方语言的统一虽然仅维持到十九世纪末，但这却是语言规划对语言影响的萌芽。

法国大革命对于方言处理的态度是犹豫不决的。在制宪议会初期，议会法案都被翻译为方言。出于加强中央集权和国家统一的考虑，随后掌权的雅各宾派正式向"土语"宣战。尽管如今我们称之为方言，但当时的方言都被称作"土语"。它在当时泛指除法语外的所有方言，广泛流通于乡村和偏远地区，是旧文明的象征，也是被推翻的目标。

经过几代人的共同努力，法语终于成为每一个法国人的语言。贯穿十九世纪的法语义务教育对于法语的推广起到至关重要的作用。开展法语义务教育的决定体现了当时围绕语言建立国家和法国对普鲁士以及（后来的）德国的复仇欲望，所以使用法语进行义务教育有着意识形态、语言和政治等多重目的。

由于人们耻于使用方言，加之缺乏鼓励措施，二十世纪的方言使用不可避免地减少了。即使在家庭内部，大部分家长也都不再使用方言进行交流。当时的法语统一在客观上"成功地"消灭了部分方言。

如何解释不同时期人们对待方言态度存在的差异呢？为什么现在人们可以接受在学校中教授方言？从这一点看，法国无疑是一个令人惊奇的国度。方言的消失促使人们开始反思。一些社会活动家、文化人士、作家在这段艰难时期成为方言的保护者。

二战的结束给法国人提供了一个重新审视自己的机会，而方言在法国人的重新审视中找到了自己的位置。随着公众的意识逐渐倾向于自由主义，一系列立法措施应运而生。1951年戴克索纳法允许一部分法语外的方言进入法国课堂，随后扩大到所有其他方言。1970年外语还成为高中会考的计分科目。这改变了人们对方言的看法，也让它们愈发"有用"。

三、法国双语教学的诞生

1982年对于双语教学是非常重要的一年。1982年法国决定恢复方言教学。双语教学先后在私立学校和公立学校以不同的方式展开。与加拿大魁北克地区一样，方言在法国的双语教学中有着和法语一样的地位，双语教学由此开始并延续至今。

双语教学方式逐渐形成体系并得到认可。它主要针对小学生展开,课程中一半时间用法语授课,另一半用方言。使用方言授课的课程包括数学、自然科学和音乐等。在一个历史上对方言有明显抵触情绪的国度,双语教学堪称开天辟地之举。

双语教学促进了方言的复苏,例如:在使用巴斯克语的地区中,50%的学生接受了法语/巴斯克语的双语教学。一个地区超过30%的学生学习当地方言即可视为该语言的复苏,双语教学模式在法国的设立可以促进若干种语言的复兴。

在法国的教学体系中,方言针对每个年级都有相应的教学大纲。这些大纲参考外语教学制定,即方言的大纲和其他语言一样,大纲中也包含文化教学,而不是单纯的"民族语言"大纲。

四、法国双语教学小结

由于法国方言处境不断变化,有必要对面向方言的语言政策做一个简短的总结。双语教学不断发展,涉及的学生也在日益增多,双语教学模式取得了令人瞩目的成功。双语教学模式是一种全新的教学模式,而且仅适用于方言教学,还没被应用到外语(例如:英语、汉语)教学领域。此外,双语教学模式下学生的法语、数学成绩通常都优于非双语教学模式的学生,因此双语教学模式不仅新颖还有助于提高学生的学习质量。

经过50年的发展,地方主义思想逐渐萌发,由此带来了新的变化:第一,很多地区采用外语教学模式来开展方言和文化教学;第二,外语教师团队的职业化迅速发展,目前共有5000名教师面向20万名学生开展双语教学。

还有一点,这就是法国社会已经接受并认可方言教学对多语教学的贡献,教育从业者和各类地方行政机构也都意识到双语教学的重要性。

五、全新的语言教学时代

我们已经克服语言灭绝的危机,迎来了语言复苏的新时代。法国高度重视统一,希望人们在关注语言统一性的同时也多多关注语言的多样性。一些法国海外省的地方政府享有大量特权,却不知道如何让方言获益;而在法国本土,语言多样性受到了极大的保护,例如:阿尔萨斯语就享有特殊的地位;科西嘉语教学因获特别立法保障而发展迅速;(法国)教育部还特设巴斯克语办公室,集中地方代表来丰富和完善巴斯克语教学。

法律对方言的认可依旧模糊不清,甚至存在着矛盾和冲突。例如:一方面,法国宪法高度肯定方言的重大意义;另一方面，法国宪法却不批准以保障方言的权利为宗旨的《欧洲地区或少数族群语言宪章》①。

保证方言未来的关键在于让它们成为学校教育的重要组成部分和欧洲发展的一部分。在全球化时代背景下，方言面临的挑战十分严峻：一方面，它们需要在全球化的世界中准确自我定位；另一方面，它们肩负着传承各自文化和历史的重任。我们已经做好丰富语言知识的准备，因数以千计的工作岗位都要求掌握方言。

百年前去世的诺贝尔文学奖得主弗雷德里克·米斯特拉尔曾用奥克语写下名句："当一个民族沦为奴隶时，妥善保存自己的语言就是掌握了打开监狱的钥匙。"

（章云轩译　都艾睿校）

---

① 译注：该宪章于1992年颁布，法国虽于1999年5月7日签署，但因涉及宪法修正而始终未能推行。

构建新疆和谐的语言文字环境

逯新华

新疆维吾尔自治区民族语言文字工作委员会党组书记、副主任

摘　要： 新疆地处亚欧大陆腹地，语言异声、文字异形是新疆语言文字的鲜明特点。在新疆构建和谐语言文字环境，关系到国家统一、民族团结和社会进步，对促进新疆社会稳定和长治久安具有重要意义。目前，新疆各个领域构建了和谐的语言文字环境，使用自治区通用的各民族语言文字都能够方便实现。语言文字工作具有基础性、全局性、社会性和全民性特点，新疆维吾尔自治区民族语言文字工作委员会（翻译局）作为主管新疆民族语言文字工作的政府职能部门，在推动国家文化建设、增强国家文化整体实力、实现新疆社会稳定和长治久安的目标中，发挥着越来越重要的作用。

关键词： 新疆；民族语言文字工作；政府职能部门；语言文字环境

新疆地处亚欧大陆腹地、"丝绸之路"经济带核心区域，总面积166万平方千米，47个民族成分，是中国最大的行政省区。新疆使用少数民族语言文字人口近1300万，超过总人口的60%，多民族、多语言、多文种，语言异声、文字异形是新疆语言文字的鲜明特点。在新疆构建和谐语言文字环境，关系到国家统一、民族团结和社会进步，对促进新疆社会稳定和长

治久安具有重要意义。

构建和谐语言环境,是我国重要语言文字政策。文化的诸多构成要素中,语言文字是基础要素和鲜明标志。每个民族的语言都深深地打有民族文化的烙印。语言文字记录文化、反映文化、传承文化、弘扬文化、交流文化、传播文化。习近平总书记指出:"一个国家文化的魅力、一个民族的凝聚力主要通过语言表达和传递。掌握一种语言就是掌握了通往一国文化的钥匙。学会不同语言才能了解不同的文化差异性,进而客观理性看待世界,包容友善相处。"《国家中长期语言文字事业改革和发展规划纲要(2012—2020年)》提出了"注重主体性和多样性的辩证统一"的指导思想和"构建和谐语言生活"的核心目标。要求依法妥善处理好国家通用语言文字与汉语方言、繁体字、少数民族语言文字的关系及学习使用问题,努力营造守法、健康、和谐的社会语言文字环境。我国的语言规划是"统一多样"的发展战略,实际上也是"语言和谐"的发展战略。"统一多样"就是国家通用语(普通话)、汉语方言和各民族语言的共同使用和发展。1949年以后,国家高度重视和支持新疆各民族语言文字使用和发展,在《宪法》和《民族区域自治法》框架下,制定了《新疆维吾尔自治区语言文字工作条例》,不断完善新疆民族语言文字政策、法规体系,以法律的形式保障新疆各民族语言文字长期健康发展。

经过多年努力,新疆各民族语言文字在政治、经济、教育、科技、广播电视、文化艺术、新闻出版、学术研究和古籍整理等领域取得可喜成绩。

——司法、行政领域。自治区召开党代会、人代会、政协全委会时使用维吾尔、汉、哈萨克、蒙古、柯尔克孜五种语言文字。自治区的自治机关执行职务时,同时使用维吾尔、汉两种语言文字,并根据需要使用当地通用的其他民族语言文字。发布法律文书使用民汉两种文字。

——教育领域。新疆普通中小学采用维吾尔、汉、哈萨克、蒙古、柯尔克孜、锡伯、俄罗斯七种语言文字教学,大中专院校开设汉、维吾尔、哈萨克、蒙古四种语言文字课程。各种民族语言文字教材、现代化多媒体教学课件丰富多样。少数民族人口素质得到快速提高。

——新闻出版、广播影视领域。自治区各级广播电台、电视台均用汉语和少数民族语言播音。新疆广播电台和新疆电视台现在用维吾尔、汉、哈萨克、蒙古、柯尔克孜五种语言播出。1952年新疆开始用维吾尔语译制国内外电影,之后新疆专门成立少数民族语言影视译制机构,六十年来,译制多部维吾尔、哈萨克、蒙古、柯尔克孜等语种电影、电视剧。1951年新疆人民出版社成立,用维吾尔、哈萨克、蒙古、汉四种文字出版书刊,当年新疆已有维吾尔、汉、哈萨克、蒙古、锡伯、俄罗斯等文字的报纸十五种,其中维吾尔文八种,哈萨克文三种。1982年新疆第一个专门出版维吾尔文书刊的出版社——喀什维吾尔文出版社成立。新疆出版发行的许多报纸、期刊使用多种文字,《新疆日报》用维吾尔、汉、哈萨克、蒙古四种文字出版,新疆民族语言文字工作委员会主办的《语言与翻译》杂志用维吾尔、汉、哈萨克、蒙古、柯尔克孜五种文字出版,《克孜勒苏报》是国内唯一的柯尔克孜文报纸,《察布查尔报》是世界唯一的锡伯文报纸。新疆有十二家出版社出版维吾尔、汉、哈萨克、蒙古、柯尔克孜、锡伯等六种文字图书、音像制品和电子出版物。由新疆维吾尔自治区党委、政府组织实施编辑出版大型文献丛书《新疆文库》,启动了新疆历史上规模最大的文化出版工程,现已正式出版二十六卷,包括汉文、维吾尔文、哈萨克文、蒙古文、柯尔克孜文五种文字的《福乐智慧》《十二木卡姆》《江格尔》《玛纳斯》《格斯尔》等大批新疆各民族经典力作。

——社会公共事务领域。对涉及交通、旅游、文化、体育、教育、金融、医疗卫生、邮政电信、商业服务等公共服务领域的信息进行了全面的规范译写,为各族群众生活生产提供极大的便利。面向全社会的招考和职称评定、晋级、考试等使用民汉两种语言文字,由参考人员自愿选择。通过开展"新疆公共服务领域用语维吾尔文、哈萨克文译写规范和语料库建设""新疆社会用字研究"项目,进一步深化对社会公共事务领域语言文字应用研究。

目前,新疆从政治经济到日常生活娱乐,从教育文化到科技卫生,各个领域构建了和谐的语言文字环境,可以方便地使用自治区通用的各民族语言文字。

中国不仅立足当前,注重为各民族营造和谐语言文字环境,而且着眼长远,高度重视新疆各民族语言文字科学研究工作。1953年以来,政府就组织大批各民族语言文字专家对维吾尔、哈萨克、柯尔克孜、蒙古、锡伯等民族语言文字进行比较全面的研究,先后制定公布了维吾尔、哈萨克、柯尔克孜、锡伯等四种语言标准语规范。编纂出版《维吾尔文学语言正字法》《维汉大词典》《汉维法律大词典》《现代维吾尔文学语言正字正音词典》《现代维吾尔文学语言正字正音测试大纲》《汉维、汉哈规范化名词术语词典》《汉维英科技大词典》《维吾尔人名汉字音译转写规则》《哈萨克语正字法》《哈萨克语正字词典》《现代哈萨克语》《汉柯教科书名词术语词典》《现代锡伯语》等多个语种的专著和工具书。

为使各民族语言在发展进程中更加健康丰富、准确生动,国家设立了新疆民族语言名词术语规范审定机构,对社会发展中出现的新词、新概念进行经常性、规范性整理、审定。已规范、审定、公布维吾尔、哈萨克、蒙古、柯尔克孜、锡伯语名词术语40余万条,涉及政治、经济、法律、教育、科技、文化、体育、农业、卫生、金融等多个门类,并且对涉及民生及社会发展建设的政策法规名词及时翻译审定公布,满足社会各界需要。

国家在加强各民族语言基础研究的同时,积极加快各民族语言文字信息化进程,促进各民族语言文字进入高科技发展轨道,努力实现各民族语言与世界同步发展。已制定公布"信息交换用维吾尔、哈萨克、柯尔克孜文编码字符集、字形标准、信息术语标准"等信息化基础规范,研发完成"博格达维哈柯文排版系统""锡伯文、满文文字处理和轻印刷系统""'新疆

2000'多文种图文排版系统"等软件,制定出版《维吾尔、哈萨克人名汉字音译转写规则》及应用软件。正在实施的"维吾尔、哈萨克语言文字信息资源建设与共享工程"是1949年以来新疆建设的最大的少数民族语言文字信息化工程,将形成完备的维吾尔、哈萨克语言文字规范标准体系,极大丰富维吾尔、哈萨克语言文化信息资源,全面加速新疆少数民族语言文字信息化进程。各民族语言文字信息处理技术不仅与国内的汉字处理技术系统融为一体,而且形成规模,逐步形成产业。

新疆维吾尔自治区民族语言文字工作委员会(翻译局)作为主管新疆民族语言文字工作的政府职能部门,着眼于各族人民长远利益,确定了新疆语言文字工作发展基本思路和发展目标:坚持科学发展观,以现代文化为引领,把民族语言文字工作放在中华民族发展的历史进程中去思考,放在自治区改革、发展、稳定、建设和谐新疆的大局中去把握,放在全面贯彻《民族区域自治法》《国家通用语言文字法》《自治区语言文字工作条例》的工作中去管理,放在实现社会稳定和长治久安、各民族共同团结进步、共同繁荣发展的目标任务中去推进。

一是遵循规律。树立语言文字科学发展的理念,按照语言文字发展的客观规律,以广阔的胸怀、战略的思维、开放的心态和世界的眼光,从历史文化发展的进程中思考和把握语言文字工作重点,确定着力点,切实维护各族人民的根本利益。

二是把握方向。树立执政为民和依法行政的理念,全面落实《民族区域自治法》《国家通用语言文字法》《自治区语言文字工作条例》，充分保障各民族合法权益和政治上的一律平等，进一步提高各族人民的科学文化水平，提高各民族的综合素质，推进社会的全面进步。

三是突出特色。新疆多民族、多语言、多文种，生活方式多彩，文化特色鲜明。积极宣传新疆各民族语言文字在社会生活的广泛应用，开发、利用蕴涵在各民族语言文字中的新疆特有而丰富的人文资源、文化资源和旅游资源，展示新疆绚丽多彩的语言文化生活和各民族水乳交融、和谐共处的繁荣局面。

四是丰富内容。语言文字工作者要根据各民族群众生活工作的实际需要，努力开拓语言文字工作新领域，丰富语言文字工作新内容，加强语言文字科学研究，提高为各族人民服务的意识，提升全社会正确运用国家通用语言文字的能力，并将双语教育提高到促进文化交融、增强国家认同的战略高度，全方位推进语言文字事业和谐发展，满足各族人民群众日益增长的物质文化需求。让全疆各民族珍惜新疆和谐的语言文字环境，切身感受到中华民族文化的博大精深，感受到祖国五十六个民族大家庭的团结进步。

五是依法管理。推进新疆语言文字科学发展，要进一步完善"政府主导、语委统筹、部门支持、社会参与"的工作机制，将语言文字工作纳入自治区精神文明建设、社会综合治理、民族团结进步的考核体系，促进语言文字工作在现有基础上有所创新，有所发展。通过依法规范书写、行文、翻译，开展城市语言文字规范化建设等工作，从更深层面体现出一体多元、融合开放、以人为本、和谐发展的理念。

　　语言文字工作具有基础性、全局性、社会性和全民性的特点,在推动国家文化建设、增强国家文化整体实力、实现新疆社会稳定和长治久安的目标中,发挥着越来越重要的作用。做好语言文字工作需要有高度的政治责任感和历史使命感,要遵循语言文字发展规律,大力推广和规范使用国家通用语言文字,科学保护各民族语言文字,加强语言制度建设(包括语言战略、语言政策、语言立法等内容)、语言环境建设(包括语言普查、语言监测、濒危语言保护等内容)、语言能力建设(包括国家语言服务能力、公民语言能力建设等内容)、语言资源建设(包括有声语言资源、文献语言资源、衍生语言资源建设等内容),继续推进语言文字规范化、标准化、信息化、法制化建设,不断提升服务国家、服务社会、服务人民的能力。

Langue et culture:
renforcer la construction de la langue, promouvoir le développement culturel

LU Xinhua
Directeur adjoint de la Commission des langues des minorités ethniques de la région autonome ouïgoure du Xinjiang, directeur général adjoint du Bureau de la Traduction des langues des minorités ethniques de la région autonome ouïgoure du Xinjiang

L'esprit général de la politique linguistique en Chine

Comme chacun sait, les langues jouent un rôle important dans le développement et la prospérité culturels d'un pays. La mise en place des actions en matière linguistique, la diffusion et la standardisation de la langue nationale sont essentielles pour favoriser les échanges entre les différentes ethnies, l'identification à la nation et le renforcement de l'esprit national et du patriotisme.

L'histoire millénaire de la nation chinoise nous a légué un héritage très riche. Les langues et les écritures sont non seulement un support de la culture nationale mais servent également de vecteur pour sa diffusion et son développement. À ce titre, les langues constituent un pilier dans la transmission de la culture chinoise. La Chine est un pays multiethnique et multilingue avec de nombreuses écritures et de nombreux dialectes.

Les langues des minorités sont partie intégrante de la culture chinoise et du patrimoine culturel de la Chine. La stratégie politique chinoise veut que nous généralisions l'usage de la langue nationale tout en protégeant les langues des minorités ethniques. Ces deux axes complémentaires ont pour objectif de favoriser le rapprochement national, la stabilité politique et l'harmonie sociale. L'objectif est encore de préserver la culture chinoise et de consolider un système à la fois unifié et diversifié.

Le plan national de réforme et de développement des langues à moyen et long termes a mis l'accent sur l'unité dialectique entre la langue nationale et la diversité linguistique. Il s'agit de généraliser la langue nationale à l'intérieur du pays tout en préservant la langue des minorités ethniques. L'objectif est que chacune trouve sa place au sein du système et qu'elles puissent coexister de façon harmonieuse. L'objectif à l'extérieur du pays est d'accélérer l'internationalisation du chinois et de promouvoir sa diffusion et sa visibilité. Les actions en matière linguistique sont devenues un instrument important pour promouvoir l'image de la Chine.

Ces actions impliquent d'adopter une conception scientifique des langues et de traiter de manière intelligente les sept rapports suivants :

• le rapport entre les langues nationales et les langues des ethnies minoritaires ;

• le rapport entre les différentes langues des ethnies minoritaires ;

• le rapport entre le chinois standard et les dialectes ;

• le rapport entre le chinois simplifié et l'ancien chinois ;

• le rapport entre le chinois et les langues étrangères, y compris les langues transfrontalières ;

• le rapport entre les différentes langues étrangères ;

• le rapport entre la vie linguistique réelle et la vie linguistique virtuelle.

Pour équilibrer correctement ces différents rapports, il est essentiel de respecter les droits des différents niveaux de la société (l'État, les communautés, les individus). Il est en outre capital de respecter ce principe d'unité dialectique entre la langue nationale et la diversité linguistique.

La situation actuelle au Xinjiang

La région du Xinjiang constitue la plus grande région multiethnique avec 47 ethnies différentes. Ces langues diffèrent entre elles tant au niveau de la prononciation que de l'écriture. Six langues sont notamment d'usage courant dans la région dont l'ouïgour, le kazakh, le kirghize et la langue mongole. C'est donc la province de Chine qui utilise le plus grand nombre de langues. L'État attache une grande importance aux actions en matière linguistique. Il a notamment créé une commission des langues ainsi qu'un bureau de traduction des langues ethniques. Ces mesures ont pour but de fournir un cadre réglementaire, normatif et informatisé à l'utilisation de ces langues. Ces politiques et réglementations se sont développées pour constituer aujourd'hui un cadre relativement complet.

Ce cadre se trouve être en conformité avec la Constitution et avec la loi, notamment la loi sur l'autonomie régionale des ethnies. Les collectivités territoriales ont mis en place leur propre réglementation quant à l'utilisation, aux recherches et au développement des différentes langues. Ce cadre juridique est donc tout à fait favorable à l'utilisation de ces langues.

L'État attache ainsi une grande importance à la préservation des langues des minorités et promeut des travaux de recherches les concernant. Depuis 1953, l'État a missionné des experts pour mener des recherches approfondies sur l'ouïgour, le kazakh, le kirghize, la langue mongole, etc.

Des normes et standards ont été publiés pour plusieurs langues dont l'ouïgour, le kazakh et le kirghize. Des dictionnaires chinois-ouïgour, ouïgour-chinois et chinois-kazakh ont également été publiés. Ces initiatives ont permis d'enrichir, de dynamiser et d'améliorer la précision de ces différentes langues.

Dès 1953, nous avons créé une instance dédiée au vocabulaire et à la terminologie de ces langues. Cette instance assume un travail de mise à jour et de prise en compte des néologismes. Nous avons travaillé sur plus de 300 000 termes de ces différentes langues, dans des domaines aussi variés que le droit, la politique, l'éducation, la culture, le sport, l'agriculture, la santé, etc. Ce travail est basé sur la réalité actuelle mais inclut également un regard sur l'avenir. L'accélération des travaux d'informatisation a en effet permis de demeurer en phase avec l'évolution du monde. Nous avons par exemple publié des recueils de caractères et de codes informatiques utilisés pour ces différentes langues. Nous avons également mis au point des systèmes de mise en page informatique destinés à l'imprimerie. Nous avons en outre publié les règles de transcription phonétique des noms ouïgours et kazakhs.

Un très grand projet est en cours de réalisation pour mettre au point une base informatique dédiée aux langues. Il s'agit du plus gros chantier informatique jamais lancé en matière de langue avec un investissement de 120 millions de yuans. Après plusieurs années d'efforts, nous avons obtenu des résultats très satisfaisants dans différents domaines, notamment en matière de politique, de justice, d'économie, d'éducation, etc. Dans le domaine juridique et administratif, cinq langues sont utilisées pour toutes les réunions officielles, à savoir l'ouïgour, le chinois, le kazakh, le mongol et le kirghize. Quant aux administrations régionales, elles sont obligées d'utiliser les deux langues que sont l'ouïgour et le chinois. En fonction des besoins, d'autres langues régionales peuvent également être utilisées.

Les actes sont donc écrits en chinois ainsi qu'en une langue locale.

Dans le domaine éducatif, l'enseignement se fait en ouïgour, en chinois, en kazakh, en kirghize et en russe. Au niveau universitaire, il existe des programmes d'enseignement en chinois, en ouïgour, en kazakh ainsi qu'en mongol. De nombreux manuels sont également rédigés dans ces différentes langues.

Dans le domaine des médias et de l'audiovisuel, les stations de radio et de télévision sont diffusées en chinois aussi bien qu'en langue régionale. La radio et la télévision de la région du Xinjiang sont diffusées en cinq langues. En 1952, les premiers films ont été doublés en ouïgour. Un studio spécifiquement dédié à ces doublages a même été créé.

1951, nous avons créé la maison d'édition du Xinjiang qui édite des ouvrages en quatre langues. En 1982, une maison d'édition spécialisée dans les ouvrages en ouïgour a vu le jour. De nombreux journaux sont aujourd'hui publiés en plusieurs langues. Le *Quotidien du Xinjiang* est ainsi publié en quatre langues. Le magazine intitulé *Langue et Traduction* est quant à lui édité en cinq langues. Douze maisons d'édition éditent des manuels d'enseignement en six langues. Le gouvernement régional a également lancé un projet de collection des ouvrages de la littérature du Xinjiang. Vingt-six volumes ont été publiés en cinq langues différentes. Il s'agit essentiellement des grands classiques littéraires des différentes minorités ethniques de la région.

Dans le domaine des services publics, qui inclut les transports, le tourisme, la culture, les sports, l'éducation, la finance, la santé, les télécommunications et la poste, nous avons également standardisé les enseignes et les panneaux d'information. Tous les concours et examens des fonctionnaires sont proposés en deux langues à tous les candidats. Ceux-ci ont le choix de concourir en chinois ou dans leur propre langue. Nous avons également lancé deux projets de recherches pour étudier les langues utilisées dans les différents domaines du service public. Ainsi, après soixante ans d'efforts et conformément à la loi, nous avons réalisé des progrès significatifs en matière de politique linguistique.

中国的语言监测研究

侯 敏

中国传媒大学教授

摘 要： 语言监测是一项多学科交叉的语言工程。中国的语言监测研究在政府的支持和指导下取得了一系列的研究成果。语言资源是语言监测的基础。通过语言监测可以获得语言使用和语言发展的规律，用以指导语言政策和语言规划的制定。作为一项语言工程，语言监测必须要有相关理论的指导，也必须要有语言信息处理技术的支撑。语言监测的目标是为政府、社会以及学术界提供语言服务。

关键词： 语言监测；语料库；语言数据；语言服务

一、中国语言监测的机构和资源

中国的语言监测是在政府的支持和指导下开展工作的。2004年在教育部语言文字信息管理司的指导下，国家语言资源监测与研究中心成立，教育部语信司分别与北京语言大学、中国传媒大学、华中师范大学、厦门大学、中央民族大学共建了平面媒体中心、有声媒体中心、网络媒体中心、教育教材中心、少数民族语言中心。语言监测对象涵盖了最能代表大众语感的大众媒体和对民族语言发展影响最大的基础教育,既包括国家通用语言,也包括少数民族语言。

语言监测工作主要是在国家语言资源监测语料库基础上展开。国家语言资源监测语料库包括三个子库:通用语媒体语料库、教育教材语料库和少数民族语言语料库。教育教材语料库已搜集了1500万字的教材语料;少数民族语料以不同语种每年2亿字次的速度滚动建设;通用语媒体语料库还分为平面媒体、有声媒体、网络媒体三个子库,每年以10亿字次的规模滚动建设。我们根据流通度来选择那些具有典型性和代表性的不同媒体中的语料。

语言资源是语言监测的基础,是语言监测的生命所在。正是在国家语言监测语料库基础上,我们完成了一个又一个语言监测项目,获得了语言监测的成果。

二、语言监测的实践与成果

在大规模语料库的基础上,我们做了一系列语言使用实时动态调查,获得了很多宝贵的语言数据,发现了部分语言使用的规律。

比如,我们开展了大规模的字词调查。表1反映了从2005年到2013年9年的用字调查结果。[①]

表1 2005—2013年度汉字对语料覆盖情况比较表

年度	覆盖80%的字种数	覆盖90%的字种数	覆盖99%的字种数	覆盖100%的字种数
2005	581	934	2314	8128
2006	591	958	2377	9231
2007	595	964	2394	10123
2008	604	971	2384	9271
2009	602	970	2400	10204
2010	601	972	2431	10613
2011	593	957	2396	10590
2012	594	959	2405	10807
2013	597	965	2428	11408
均值	595	961	2392	10041

尽管每年社会生活都发生很大的变化,但汉字使用表现出很强的规律性:每年大众媒体上使用的汉字在1万个左右;覆盖语料80%的汉字在600个左右,覆盖语料90%的在1000个以内,覆盖语料99%的在2400个左右。这就给了我们常用汉字不同等级的数量标准。

---

① 2005年语料规模是7亿字次,其余年份语料规模都是10亿字次,这导致2005年度的统计结果与其余年份有一定差距。

表2是从2005年到2013年9年的用词调查结果,用词也表现出很强的规律性。

表2 2005—2013年度词语对语料覆盖情况比较表

年度	覆盖80%的词种数	覆盖90%的词种数	覆盖99%的词种数	覆盖100%的词种数
2005	4179	11213	134664	1651744
2006	4478	12207	150193	2022273
2007	4658	12676	170274	2301553
2008	4640	12490	169448	2261272
2009	4636	12517	172263	2348100
2010	4864	13672	189243	2175837
2011	4800	13656	208822	2369349
2012	4814	13719	212972	2389015
2013	4906	14040	221567	2477498
均值	4664	12910	181049	2221849

表中显示,每年大众媒体上使用的词语数量与语料规模成正相关,语料规模越大,所用词语越多;10亿字次规模的语料使用词语220万左右;覆盖语料80%的词语数量在4700左右,覆盖语料90%的在13000左右,覆盖语料95%的在35000左右。这个结果提供了汉语常用词语不同等级的数量标准。从表1、表2可以看出,覆盖率达到90%,汉语最常用的字词数量可以概括为一个四字格——"千字万词"。

上面是汉语字、词使用数量的规律。下面再从共用、独用角度来看看不同年度字词使用的变化。

表 3 描述了从 2005 年到 2013 年 9 年汉字的共用、独用状况。

表 3 2005—2013 年度汉字共用、独用情况比较

年度	总字种数	共用字 字种数	共用字 比例(%)	独用字 字种数	独用字 比例(%)
2005	8128		88.19	57	0.70
2006	9231		77.65	177	1.92
2007	10123		70.81	339	3.35
2008	9271		77.32	120	1.29
2009	10204	7168	70.25	260	2.55
2010	10613		67.54	354	3.34
2011	10590		67.69	347	3.38
2012	10807		66.33	386	3.57
2013	11408		62.83	584	5.12
总计	15161		47.28	2624	17.31

可以看出，2013 年除外，共用汉字在各年度汉字字种中都占 65% 以上（排除 2005 年语料规模不同的因素）；而独用汉字在各年字种中基本都不到 5%。如果用一个字来概括说明各年度汉字的使用状况，那就是"稳"。

表 4 描述了从 2005 年到 2013 年 9 年词语的共用、独用状况。

可以看出，跟汉字相比，情况发生了相当大的变化。各年共用词除了 2005 年外均不到 10%，而独用词占将近一半。如果也用一个字来概括说明各年度词语的使用状况，那就是"变"。

表4 2005—2013年度词语共用、独用情况比较

年度	总词种数	共用词 词种数	共用词 比例(%)	独用词 词种数	独用词 比例(%)
2005	1651744		10.68	760681	46.05
2006	2022273		8.72	956535	47.30
2007	2301553		7.66	1117588	48.58
2008	2261272		7.80	1068178	47.24
2009	2348100	176355	7.51	1148042	48.89
2010	2175837		8.11	947783	43.56
2011	2369349		7.44	1045003	44.11
2012	2389015		7.38	1053176	44.08
2013	2477498		7.12	1192401	48.13
总计	12388325		1.42	9289387	74.99

由此看，字是以稳为主，稳中有变，稳是主流；词是以变为主，变中有稳，变是主流。那么比词更大的单位句子呢，显然是变数更大，而比字更基本的单位音节，要比字更稳定。这也证明了一个规律：语言单位越小，其稳固性越强，种数越少；语言单位越大，其稳固性越差，种数越多。这就印证了乔姆斯基的语言观：语言以有限的形式实现了无限的表达。最早提出这种认识的其实还不是乔姆斯基，早在一个多世纪以前，德国著名语言学家洪堡特就提出了相同的观点。

或许有人会问：每年有200多万词，怎么会有那么多？都是一些什么样的词语呢？图2是2010年218万词种的类别分布图。

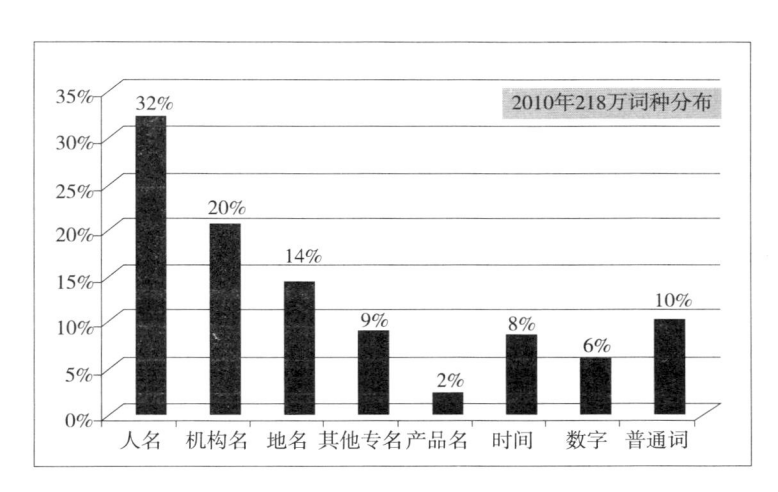

图 1 2010 年 218 万词种类别分布图

由图 1 可以看出,每年出现最多的是人名,几乎占全部词语的三分之一,其次是机构名、地名、其他专名,以及时间、数字表达式等;而普通词语,即语文词,仅占 10%。但这些词语使用的频率是不一样的。图 2 呈现了一个与此相反的状态,普通词使用次数占 91%,而人名、地名仅各占 2%。如果我们把普通词以外的词语都归结为"命名实体",那么图 3 和图 4 显示出"普通词语"和"命名实体"在词种分布和词次分布上的巨大反差。占词种 10% 的普通词语覆盖了语料的 91%。这说明普通词语的使用频度要远远高于各种命名实体。这就是语言使用的一种实际状态。

我们还调查了新媒体博客的语言使用状况,并发现了一个很有意思的现象:不同性别的博客用户在使用词语上各有

131

特点,下面是男性和女性使用最多的前10个名词:

男性:社会、问题、国家、政府、学生、文化、政治、历史、学校、大学

女性:女人、男人、时候、女性、爱情、朋友、孩子、美女、明星、妈妈

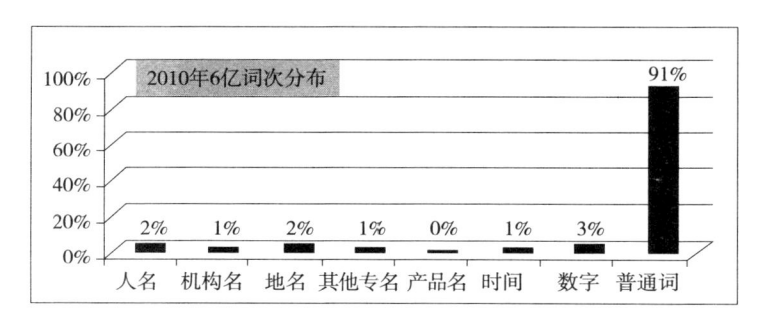

图2 2010年6亿词次类别分布图

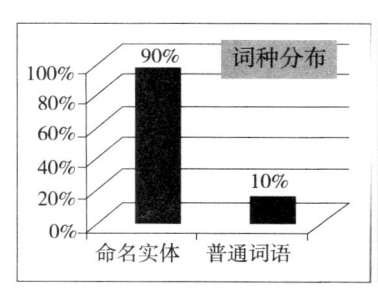

图3 词种分布图

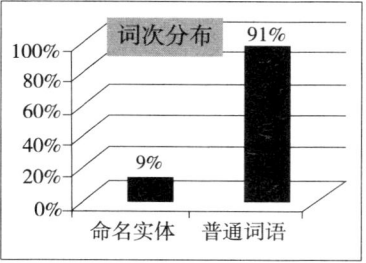

图4 词次分布图

从这些词可以看出,男性更关注社会、政治;女性更关注家庭、生活。这是否说明:如果我们想回到一个人本社会的话,女性管理者、女总统可能更有优势?

上面给大家介绍的是对语言使用状况的整体面貌的监测。更重要的是,我们的研究要为国家服务,就必须去做问题驱动的语言研究。我们也针对社会上一些语言问题做了有关语言文字舆情的监测工作。例如,随着改革开放,汉语中出现了大量的字母词,可以说字母词的大量使用是新时期汉语书面使用系统一个最大的变化。关于字母词的使用问题,一直争议不断。有人提出了"汉语危机论",认为像 NBA、WTO、GDP 这些外文缩略词的使用会导致汉语在 300 年后消亡,提出要打一场"汉语保卫战"。汉语真的会消亡吗?字母词的使用到底是一种怎样的情况?应如何看待它?这是一个语言生活中确实存在、各阶层人士都十分关心的问题。为回答这个问题,我们对 1990—2012 年《人民日报》字母词的使用情况进行了调查。图 5 显示的是 23 年间字母词词种的使用变化趋势。

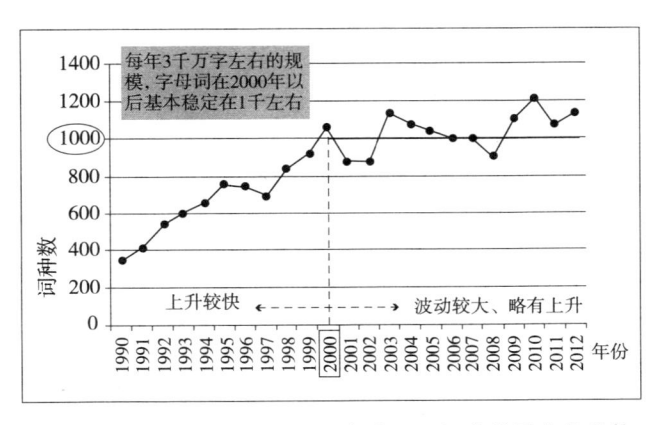

图 5 《人民日报》1990—2012 年字母词词种使用变化趋势

图 5 显示,以 2000 年为界可以分成两段,前一段的 11 年

133

间字母词数量上升较快,从每年使用300多个上升到1000多个;2000年以后的12年间字母词数量略有上升,但基本上是在1000个左右波动。这似乎告诉我们:出于语言工具性的需要,汉语对字母词的吸收和使用不是无限制的,到达一定的量就会进入饱和状态。我们再来看图6:

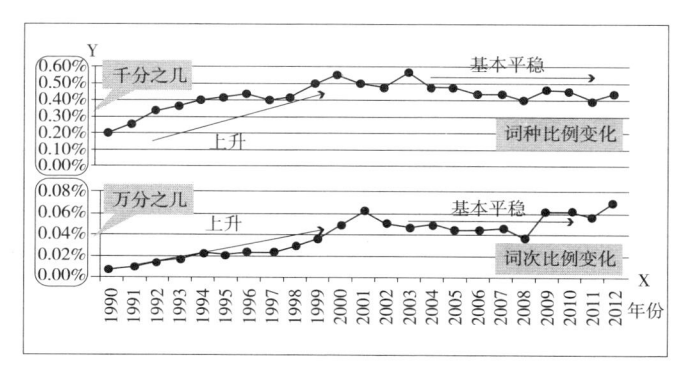

图6 《人民日报》1990—2012年字母词词种、词次使用比例变化趋势

图6实际上是两幅图,上面是字母词词种使用变化的比例图,下面是词次使用变化比例图。这两张图与图5显示了同样的变化曲线和趋势,都是前半段上升,后半段基本平稳,词种比例甚至略有下降。我们要注意的是Y轴上的比例,词种比例是"千分之几",1990年是千分之二,2000年是千分之五;而词次比例则是"万分之几",1990年还不到万分之一,2001年几乎达到顶峰,但也仅仅是万分之六。这说明字母词大部分是低频词,使用频次大大低于汉字词。图6再次证明,语言具有一种自我调节功能,字母词无论词种还是词次,在使用中都会有量的控制。

字母词使用的稳定性如何？也可以通过年度间共用的统计数据来说明。

1990—2012年23年间一共使用了近10000个不同的字母词,共用的字母词只有23个:ABC、BBC、B超、CAD、CCTV、CNN、CT、DNA、GE、IBM、NEC、NHK、PC、PVC、SOS儿童村、T恤、T恤衫、X光、X光机、阿Q、卡拉OK、维生素A、维生素C。而人们很熟悉的APEC、NBA、GPS、MBA、MTV等是1992年以后才开始使用的。

这个调查证明:(1)汉语不存在危机,不会因字母词的使用而在300年后消亡;(2)字母词使用很不稳定,大部分字母词对大多数人是陌生的,应尽量少用;(3)应推动外文缩略词的汉化工作。

中国已在2012年6月20日成立外语中文译写规范部际联席会议专家委员会,该委员会专门负责这项工作。在数据的支持下,经过专家论证,2013年4月19日公布:PM2.5的中文名称为"细颗粒物"。9月13日又公布了包括PM2.5、IT、IQ、WTO、WHO在内的10个外文缩略词的中文名称。相信随着类似工作的开展,汉语会朝着越来越健康的方向发展。

有关语言监测的成果大都收录在各年度的中国语言生活绿皮书《中国语言生活状况报告》中。目前,这个绿皮书系列已经被译为英文由德国德古意特(DE GRUYTER)出版社出版,在全世界发行。从2006年开始在商务印书馆出版新词语编年本,每年一本,记录当年的新词语,以反映社会历史的变化。此外,国家语言资源监测与研究中心还做了以下工作:

中国媒体十大流行语发布(2003—2013)
中国媒体十大新词语发布(2011—2013)
中国十大网络词语发布(2012—2013)
汉语字词盘点(2006—2013)

这些工作在社会上产生了很大的影响。现在,用语言盘点社会生活已经成了一场盛宴,一种年俗。每到年底,人们都会期待猜测:哪些字或哪些词能代表过去的一年?

三、语言监测的理论与技术

作为一项语言工程,语言监测有三个支撑点:资源、理论、技术。资源是语言监测的基础,是语言监测获得生命的源泉;理论是语言监测的指导,使之向科学健康的方向前进;技术是语言监测得以实现的保障。

在语言监测的实践中,除了使用现有的语言理论,我们还提出了一些理论模型,如语言动态—稳态模型、相对时间理论模型、词汇时空运动模型、语言监测框架体系等等。这里重点介绍后两个。

首先是词汇时空运动模型。哲学告诉我们,物体的运动总是在时空中发生的,语言系统也不能例外。词汇系统中的每一个词语都有自己的运动轨迹,都可以从时间和空间这两个维度去考察。词汇的时空运动可以通过它在词汇系统中的分布空间在时间上的变化来表示。可以用归一化使用率、使用率比、速度函数作为词汇时空运动模型的特征集。这样我们就将常用词、流行语、新词语、字母词、术语、突发事件用词等各类不同词汇现象纳入一个统一的理论模型中,从而满足各年度《中国语言生活状况报告》发布任务的需要。

图 7 显示的是我们提出的语言监测框架体系。

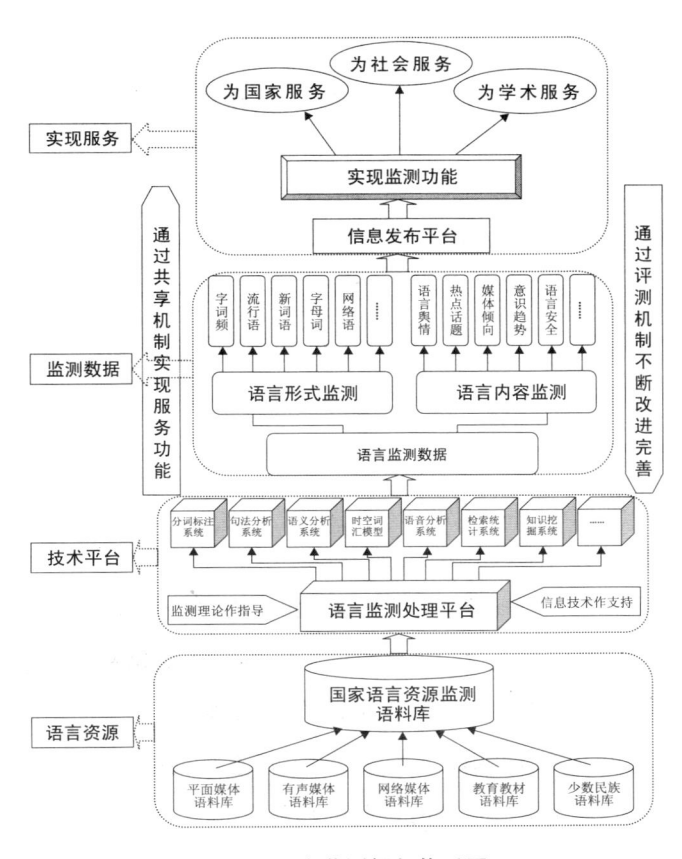

图 7　语言监测框架体系图

语言监测框架体系将语言监测分为自下而上、前后衔接的四个模块：语言资源—技术平台—数据监测—服务提供。其中语言资源是基础，为语言监测提供原料；技术平台是支撑，语料经过技术平台的处理才能变成有用的数据；数据是监测的结果，它们要通过一定的平台发布出去，才能实现服务国家、服务社会、服务学术的功能。语言监测正是这样通过共享机制实现它的服务功能，又通过评测机制不断改进完善。

除了语言理论指导，语言监测还需要现代技术的支撑，如果没有一个能支持下述功能的技术平台，语言监测就无法实现：

语料的自动采集、分类、标注、储存功能；

提取分类语料形成子语料库的功能；

大规模语料的自动分词、词性标注功能；

字频、词频统计功能；

任意字符串、词串的检索功能；

凸显语言新现象，以便于提取新词语、流行语的功能；

凸显特定词语，以便于提取与社会发展变化密切相关的词语（机构名、人名、姓氏、字母词等）的功能；

语音语料的采集、存储、检索，方便查找词语读音的功能；

对语言文字舆情实时监测的功能；

……

四、语言监测与语言服务

语言服务是语言监测的终极目标。

为国家服务主要是为政府决策服务。我们的监测数据和咨政报告支持国家语委的一些语言文字规范和标准的制定，为制定语言政策提供参考。

为社会服务主要是为公众服务。国家资源，要取之于民，用之于民。数据公布可以引导民众关注语言生活，把握语言国情，冷静客观地看待和应对语言生活中的各种新变化和歧异现象，以构建和谐的语言生活。

为学术服务可以分为线上和线下两个渠道进行。线上：主要是利用各分中心的网站公布语言资源、技术资源及文献资源，实现最大限度的资源共享。线下：采用合作研究的方式，用语料、数据及工具支持兄弟院校和科研机构承担的研究项目以及国内外一些博士、硕士研究生的研究课题。

综上所述，语言监测工作主要包括三个元素：语言＋计量＋社会。我们的目标就是用语言这把尺子来丈量社会，丈量人心百态。我们力图把语言研究与社会生活、与国家发展紧密联系起来，因此就产生了生长于中国大地、不同于以往的语言学流派——语言生活派。这个学派的研究特点应该是接地气、求真知、重实用。我们今后还将沿着这个方向继续前行。

主要参考文献：

［1］国家语言资源监测与研究中心编　2006　《中国语言生活状况报告（2005）》（下编），商务印书馆。
［2］国家语言资源监测与研究中心编　2007　《中国语言生活状况报告（2006）》（下编），商务印书馆。
［3］国家语言资源监测与研究中心编　2008　《中国语言生活状况报告（2007）》（下编），商务印书馆。
［4］国家语言资源监测与研究中心编　2009　《中国语言生活状况报告（2008）》（下编），商务印书馆。
［5］国家语言资源监测与研究中心编　2010　《中国语言生活状况报告（2009）》（下编），商务印书馆。
［6］教育部语言文字信息管理司组编　2011　《中国语言生活状况报告（2011）》，商务印书馆。
［7］教育部语言文字信息管理司组编　2012　《中国语言生活状况报告（2012）》，商务印书馆。
［8］教育部语言文字信息管理司组编　2013　《中国语言生活状况报告（2013）》，商务印书馆。
［9］何伟、侯敏　2009　《基于词汇时间分布信息的未登录词提取》，载《中国语言资源论丛》（一），商务印书馆。
［10］侯敏　2010　《语言资源建设与语言生活监测相关术语简介》，《术语标准化与信息技术》第 2 期。

Recherches sur l'observation des langues en Chine

HOU Min
Directrice du Centre national d'observation et de recherche de la radiodiffusion des ressources linguistiques

Je suis heureuse de vous parler aujourd'hui de la politique de veille linguistique en Chine. J'aborderai en premier lieu la composition et les ressources de cette politique. Cette politique a été décidée par le gouvernement chinois. En 2004, le département de la gestion et de l'information du ministère de l'Éducation a créé quatre centres linguistiques dédiés à l'écriture, à l'oralité, au réseau et aux manuels d'éducation. Ces recherches sont essentielles à la compréhension de l'évolution de la langue. Notre veille linguistique porte également sur la langue d'usage ainsi que sur les langues des minorités ethniques.

Concernant les *mass media*, notre dispositif est divisé en quatre sous-ensembles. L'étude de la fréquence de l'occurrence des mots nous permet de comprendre les nouvelles tendances linguistiques. Toutes ces ressources nous permettent de mener une politique efficace et confèrent une très grande vitalité à la veille linguistique.

Pratique et résultats de la politique de veille linguistique

Nous disposons d'une vaste base de données sur laquelle nous avons effectué un certain nombre de recherches. Nous avons réalisé une enquête sur les caractères chinois entre 2005 et 2013. Les résultats de cette enquête montrent que, bien que notre société soit en pleine mutation, l'utilisation des caractères chinois reste soumise à une règle très stable.

Nous avons également mené une enquête de neuf ans sur l'utilisation des mots. Les résultats de cette enquête montrent que l'utilisation des mots est elle aussi soumise à des règles particulièrement bien respectées. Avec une base de données de 1 milliard de mots, nous comptons 2,2 millions d'occurrences. En réalité pour 90% de ces mots, le ratio est le suivant : mille caractères pour dix mille mots.

Nous avons par ailleurs comparé, dans une étude qui s'étendait sur une période de neuf ans, les emplois associés et emplois individuels des caractères et des mots. Sur cette période, nous avons constaté que 65% des caractères relevaient d'un emploi associé contre seulement 5% pour l'emploi individuel. Cet état de fait est donc marqué par une très grande stabilité. L'utilisation des caractères chinois, en emploi associé ou en emploi individuel, demeure très stable.

Sur cette même période de neuf ans, nous constatons que la situation est sensiblement différente s'agissant des mots. En effet, l'occurrence des emplois associés n'est que de 10% contre plus de 50% pour les emplois individuels. Le caractère est donc marqué par la stabilité tandis que le mot est marqué par le changement.

Les conclusions tirées de cette étude se rapprochent de cette assertion de Noam Chomsky selon laquelle à partir d'un petit nombre d'éléments formels, nous pouvons produire des phrases en nombre infini.

Le détail de cette base de données révèle qu'en 2010, sur les 21 millions d'entrées recensées, la grande majorité est formée par des noms de personnes. En revanche, leur taux de fréquence est très limité. Concernant les noms qui ne sont pas des noms propres, les circonstances d'emploi sont radicalement différentes. Cela révèle que le taux de fréquence des noms communs est bien supérieur à celui des noms propres, alors même que leur nombre est nettement plus important.

Nous nous sommes également intéressés aux mots et aux caractéristiques linguistiques sur les blogs. Nous avons observé que selon que les individus sont des hommes ou des femmes, les occurrences des mots diffèrent sensiblement. Les résultats montrent que les hommes s'intéressent davantage aux questions de société et de politique, alors que les femmes s'intéressent davantage aux questions relatives à la famille et à la vie quotidienne.

Notre travail se veut avant tout au service du pays. Depuis quelques années, l'usage du chinois fait l'objet d'un certain nombre de débats. Ceux-ci révèlent notamment la crainte d'une crise du chinois due à l'utilisation grandissante de mots en lettres latines. Peut-on véritablement parler d'une crise du chinois ? L'étude réalisée sur 23 ans, entre 1990 et 2012, à partir d'articles de presse, révèle que l'utilisation de mots écrits en lettres latines a effectivement augmenté dans des proportions significatives. Toutefois, leur usage demeure limité. Le chinois n'absorbera pas ces mots écrits en toutes lettres de manière indéfinie. Ils représentent une part marginale de l'ensemble des caractères chinois. Leur fréquence d'usage demeure extrêmement faible malgré l'augmentation observable au cours des dernières années.

L'enquête réalisée sur 23 ans révèle que 10 000 mots en toutes lettres ont été utilisés dans les articles de presse du Quotidien du peuple. Toutefois, leur usage associé ne concernait que 23 d'entre eux. Cette enquête prouve que le chinois n'est pas en crise. Les mots écrits en lettres latines ne sont pas très nombreux. Cependant, nous devons trouver une solution pour freiner leur multiplication et un comité d'experts a été mis en place à cet effet.

Les résultats de cette veille linguistique ont été consignés dans un livre vert traduit en anglais. Nous publions également chaque année un recueil qui recense tous les nouveaux mots apparaissant dans la langue chinoise.

L'ouvrage est divisé en chapitres, consacrés par exemple aux nouveaux mots apparus dans les médias, sur internet, etc. Ce recueil permet de saisir les évolutions linguistiques qui ont eu lieu au cours de l'année. Sa publication est devenue un événement très attendu.

Théorie et technique de la veille sémantique

De nouvelles théories et de nouvelles doctrines ont fait leur apparition en matière de veille sémantique, concernant par exemple l'évolution des mots dans le temps et l'espace ou encore le cadre de la veille sémantique. Le modèle que nous avons mis en place nous permet de réaliser une veille sur tout type de mots et de pouvoir ainsi répondre à nos obligations.

Outre la théorie, notre travail s'appuie également sur des techniques modernes. En l'absence d'une veille informatisée, cette plate-forme de veille sémantique serait impossible.

Notre travail de veille linguistique sert avant tout les besoins de l'État et de la population chinoise. Nous coopérons avec des collaborateurs implantés au niveau régional de manière à décentraliser notre travail. Tous nos centres disposent également de sites internet sur lesquels chacun peut accéder aux résultats de nos recherches. Un certain nombre d'ouvrages sont également disponibles sur internet.

Trois éléments président au travail de veille sémantique, à savoir la langue, la métrologie et la société. Ces études nous permettent de mieux comprendre la société, de mieux appréhender l'état d'esprit de l'homme contemporain et de comprendre l'évolution des mentalités. La veille sémantique tente de se départir de toutes les « factions linguistiques » qui ont pu exister. Nous poursuivrons donc notre travail pour servir notre pays.

Le français, une langue qui évolue en permanence

Jean PRUVOST
Professeur des universités, directeur éditorial des éditions Honoré Champion

L'évolution permanente de la langue

Ma présence parmi vous est un immense honneur dont je tenterai d'être digne. Si nous étions en 842, voici ce que je pourrais dire : « si saluarai eo. cist meon fradre karlo, et in aiudha et in cadhuna cosa. sicum om per dreit son fradra saluar dift ». La phrase que je viens de prononcer est incompréhensible... Pourtant, il s'agit d'un extrait des Serments de Strasbourg, notre plus ancien document écrit en langue française. En 1100, la même phrase prendrait cette forme : « si salverai jo cest mien fredre Charlon, et en aiude, et en chascune chose, si come on par dreit, en ço que il me altresi façet. »

On constate alors combien la langue a évolué. Toutefois, pareil extrait reste difficilement compréhensible sans apprentissage préalable de l'ancien français. En 1400, la même phrase évoluera encore dans sa forme : « si sauverai je cest mien frere Charle, et par mon aide et en chascune chose, si, comme on doit par droit son frere sauver, en ce qu'il me face autresi ». Il s'agit toujours du même message, mais désormais nous pouvons en comprendre le sens en y étant attentifs. Enfin, c'est vraiment au XVIIe siècle que le message deviendra compréhensible : « Aussi, je soutiendrai mon frère Charles de mon aide et en toute chose, comme on doit justement soutenir son frère, à condition qu'il en fasse autant. »

Il s'agit ici du français moderne, ladite phrase demeurant parfaitement compréhensible au XXIe siècle.

Ainsi, entre le IXe et le XVIIe siècle, l'évolution de la langue française est manifeste. Au début de cette période, la langue du Moyen Âge nous apparaît comme une langue étrangère. Huit siècles plus tard, au XVIIe siècle, cette langue nous semble être la même que la nôtre. Cependant, à mieux y regarder s'agit-il véritablement de la même langue ? Les mots de la langue courante de Madame de Sévigné et ceux de la langue d'Amélie Nothomb ont-ils le même sens ?

Soit la phrase suivante issue du Grand Siècle, dit classique : « Hubert se sent énervé par cette injure et tout à l'heure va faire en sorte que tous soient étonnés ». Au XVIIe siècle, cette phrase se comprend de la façon suivante : « il se sent affaibli par cette injustice et tout de suite va faire en sorte que tous soient comme frappés par le tonnerre ». Le sens des mots a de fait profondément changé. L'historien de la langue doit ainsi rappeler que le terme « énervé » signifiait « affaibli, sans nerfs », en rien « excité ». L'expression « tout à l'heure » désignait dans la langue classique « tout de suite ». Ce n'est qu'au cours du XVIIIe siècle que l'expression « tout à l'heure » a pris le sens de « dans un court moment ». Par ailleurs, dans le vocabulaire classique, l'injure désignait « l'injustice », du latin *injuria*, violation du droit. Le sens de quelques expressions encore en vigueur, comme « l'injure du temps », provient de cette étymologie. Enfin, « étonner » signifiait initialement « ébranler quelqu'un à la façon du tonnerre ».

À trois siècles d'écart, le sens d'une même phrase se trouve ainsi profondément modifié. La signification des mots a en effet évolué au point même de prendre parfois un sens contraire. L'évolution rapide de la langue constitue donc un fait incontestable.

Les dictionnaires, témoins sans pareils de cette évolution

Les dictionnaires restent les meilleurs témoins de cette évolution. Ils offrent une photographie du lexique à une période donnée en proposant une sorte d'*arrêt sur l'image* du mouvement permanent de la langue. Aussi, une rapide histoire du dictionnaire en tant que genre s'impose ici.

Tout d'abord, la naissance du dictionnaire monolingue français au XVIIe siècle n'est pas un fait du hasard. Le XVIIe siècle correspond en France à l'instauration d'un véritable État. À la suite des désordres des guerres de religions, on assiste en effet à l'instauration d'un État fort, centralisé, incarné par Henri IV puis par Louis XIV. Tout au long du siècle s'opère une prise de conscience autour de la langue française qui apparaît de plus en plus comme un outil précieux pour l'élite culturelle et politique. Les dictionnaires monolingues sont ainsi nés de ce désir de maintenir la stabilité de la langue. Les dictionnaires constituent en effet des outils précis permettant de décrire la langue pour en définir la norme et tenter de la fixer.

Une croyance – illusoire – a alors eu cours, pendant un court moment, selon laquelle la langue allait pouvoir être immobilisée dans un état de perfection. À cette époque très particulière, le pouvoir, le Roi, les écrivains et la cour s'expriment dans une même langue avec le même point de vue esthétique et la même ambition de clarté. Il a bientôt fallu déchanter : à la fin du Grand siècle, chacun savait déjà que la langue évoluerait. Néanmoins, c'est dans ce contexte d'une langue et d'une littérature classiques que naît la « trinité lexicographique ». Trois dictionnaires fondent en effet la lexicographie monolingue française et offrent à cette langue son premier socle normatif.

Le premier de ces trois dictionnaires est le *Dictionnaire françois* de Pierre Richelet, publié en 1680. Ce tout premier dictionnaire, d'initiative privée peut être considéré comme l'ancêtre du *Grand Robert*, riche de nombreuses citations. Il s'agit de décrire l'usage de la langue et de l'illustrer par des citations. Il contient 25 000 mots, certains de même forme et de même sens que les mots d'aujourd'hui, mais de connotations très divergentes. Dans la définition du *loup* présentée par Richelet, il est ainsi affirmé que l'animal a « les yeux bleus et étincelants » et que sa « cervelle croît et décroît selon le cours de la lune ». Le cochon est dit quant à lui haïr « le loup, la salamandre, l'éléphant, les belettes et les scorpions ». Ces savoirs charmants et désuets sont tout droit venus de l'Antiquité. Certaines définitions contiennent des détails étonnants, frôlant parfois le cauchemar : « il y a des fourmis plus grandes que les renards ».

En outre, la signification de certains mots diffère de celle d'aujourd'hui. « L'amant qui persévère » devient un « heureux amant ». Au XVIIe siècle, l'amant est la personne qui aime et est aimée. Corneille opposait l'amant qui aime et est aimé à l'amoureux qui aime sans être aimé en retour. Enfin, ce *Dictionnaire françois* inclut également certains termes aujourd'hui disparus. S'y trouvent par exemple le terme « escaffe », signifiant « coup de pied au cul », ainsi que son verbe dérivé, « escaffer ».

Le second dictionnaire de cette trinité lexicographique est le dictionnaire universel d'Antoine Furetière. Ancêtre des dictionnaires encyclopédiques tels que le *Grand* et le *Petit Larousse*, il paraît à titre posthume en 1690. L'ouvrage, le *Dictionnaire universel*, est riche d'informations sur la langue mais plus particulièrement sur les choses et les idées désignées par les mots. De la même manière, il renferme un certain nombre de mots dont le sens a changé aujourd'hui. Dans ce dictionnaire d'entreprise privée, la « crapule » désigne « une vilaine et continuelle débauche de vin ». L'exemple est significatif : « les peuples du Nord sont fort sujets à la crapule, à une perpétuelle ivrognerie ». Il est clair que comme tout dictionnaire, le *Dictionnaire universel* véhicule des idées qui ne sont pas toujours justes. Il contient enfin des mots ayant disparu tels que la « compotation », « petite débauche et repas que font les professeurs ou les écoliers qui se divertissent ensemble ».

Le troisième dictionnaire n'est plus d'initiative privée. Il s'agit d'un dictionnaire de l'institution, le *Dictionnaire de l'Académie française*, publié en 1694. Il résulte d'une commande de l'État, au moment où l'Académie française est fondée par Louis XIII, répondant à la volonté de son ministre Richelieu, en 1635. J'insiste sur le fait qu'il s'agit d'un dictionnaire institutionnel. D'un côté en France se trouvent les dictionnaires d'entreprise privée, tels que ceux de Richelet, Furetière, Littré, Larousse, Robert et ceux de la maison Hachette. De l'autre côté se démarquent les dictionnaires de l'institution tels que celui de l'Académie française ou celui du CNRS, le *Trésor de la langue française*. Les premiers, privés, s'achètent et font vivre leurs auteurs, de haute culture. Les seconds, institutionnels, sont gratuits et aussi conçus par une élite culturelle et érudite - les académiciens, non rétribués, et des chercheurs du CNRS, de l'université.

La dynamique privée d'un côté, à l'écoute très attentive des usagers, d'un côté, et de l'autre, avec les institutions, l'absence d'enjeux économiques et du même coup la mise en place de projets très ambitieux que ne pourrait pas poursuivre l'entreprise privée, ce sont là deux constantes de notre lexicographie. Cette complémentarité s'avère particulièrement efficace. Aujourd'hui, les dictionnaires institutionnels sont par exemple consultables en ligne gratuitement.

Deux constats s'imposent à la fin du XVIIe siècle quant à l'évolution de la langue et à ses instruments de normalisation que sont les dictionnaires. D'une part, à sa parution, le dictionnaire de l'Académie française n'a pas été apprécié à sa juste mesure par le Roi, déjà séduit par le *Dictionnaire universel* de Furetière. Il est vrai que ce dernier comportait 40 000 mots alors que celui de l'Académie en définissait seulement 18 000. Cependant, les projets étaient très différents.

Les philosophes du XVIIIe siècle percevront immédiatement l'immense qualité du dictionnaire de l'Académie. Il a en effet pour objectif de donner des définitions fondées sur la logique, le genre et l'espèce avec des exemples simples et représentatifs de l'usage courant. Ce dictionnaire, alors à tort pas assez valorisé par les Français, a été extrêmement apprécié des étrangers. Il constituait de fait pour eux un excellent dictionnaire du « français langue étrangère ». La preuve en est faite à travers sa présence systématique en nombre dans les bibliothèques de toute l'Europe qui sont nombreuses à le posséder.

Par ailleurs, le dictionnaire de l'Académie étant largement représenté en Europe, il constitue d'emblée l'ambassadeur le plus efficace de la langue française aux XVIIe, XVIIIe et XIXe siècles. En 2006, quatre siècles plus tard, le dictionnaire de l'Académie française en sera à sa neuvième édition, bientôt achevée : il fera date par bien des points, tout en s'installant dans la pérennité et la plus haute qualité.

Le secrétaire perpétuel de l'Académie française, Hélène Carrère d'Encausse, a en l'occurrence déclaré lors de la séance publique annuelle de 2006 : « parce qu'il doit être tout à la fois le greffier de l'usage, le témoin de l'histoire et celui du changement, le dictionnaire de l'Académie aura presque doublé de volume ». Ce sera et c'est déjà, dans sa version disponible sur internet, une référence de premier ordre.

Avec trois modèles distincts bien établis (le dictionnaire *encyclopédique* de Furetière, le dictionnaire *de langue* de Richelet, et le dictionnaire de langue, descriptif de l'usage et normatif de l'Académie), l'équilibre était trouvé dès le XVIIe siècle, en se maintenant et en se développant au XVIIIe siècle. Au siècle des Lumières naissait par ailleurs un autre genre, celui propre à l'*encyclopédie*, dans le sillage de l'*Encyclopédie* (1751-1772) de Diderot et d'Alembert.

Au XIXe siècle, une autre période commençait avec notamment l'essor de la scolarité et l'avènement de la République. Dans cet esprit, à la suite des dictionnaires en un volume destinés entre autres aux lycées, paraissait en 1856, notamment pour les établissements scolaires, un *Nouveau dictionnaire de la langue française* rédigé par un jeune instituteur bourguignon venu à Paris : Pierre Larousse. Il s'agit là du premier dictionnaire de Pierre Larousse, en un volume. Il paraîtra chaque année, les millésimes se suivant, et il sera complété en 1868 par une seconde partie consacrée aux noms propres. En 1905, alors que le *Petit Larousse illustré* prend le relais, 4 millions d'exemplaires en auront ainsi été vendus depuis sa création en 1856. Le succès de ce petit dictionnaire aura donc été considérable, tout comme celui du Petit Larousse, qui a fêté sans une ride ses cent ans en 2005, vendu cette année-là à un million d'exemplaires. Ce petit dictionnaire et le *Petit Larousse* jouent de fait pour la langue française un rôle démocratique majeur depuis 1856.

En 1967 naît le *Petit Robert*, issu du *Grand Robert* paru en 1964. Il est vendu sans illustration et avec force citations. Il est aisé d'imaginer combien le projet de Paul Robert, né en Algérie, a été lui aussi porteur pour la langue française. Enfin, conçu par le CNRS, le *Trésor de la langue française*, gratuit depuis 2000 sur internet, constitue le plus gros dictionnaire français monolingue, avec 16 volumes, 410 000 exemples et environ 110 000 mots. Commencé en 1971, achevé en 1994, il attend un complément qui doit s'installer sans difficulté sur le support électronique.

Pour souligner combien la langue française évolue tout en gardant toute sa force, on peut rappeler par exemple que le Petit Larousse de 1905 offrait une multitude d'exemples de termes ayant aujourd'hui disparu. On y trouve notamment les expressions suivantes : « il trôle partout ses enfants », le verbe « trôler » signifiait en fait « promener » ; « ce n'est qu'une mâchoire » qui signifiait « un homme inepte qui ne pense qu'à manger » ; « que le bon dieu te patafiole » qui signifiait « que le bon dieu te confonde » ; « patine-toi » autrement dit « dépêche-toi » ; et enfin « un homme à poil », formule familière aujourd'hui mais qui désignait alors un homme énergique. Toutes ces expressions ont disparu du dictionnaire car l'usage ne les a pas retenues. Il est très difficile en réalité de prévoir les mots ou expressions qui aujourd'hui installés dans le millésime 2015 du *Petit Larousse illustré* auront disparu dans trente ans. C'est le travail des observateurs de la langue que sont les lexicographes que de bien repérer l'émergence des mots et leur disparition progressive.

« Autoconservation, « exoconservation », « vapoter », « veganisme », « une tuerie », « l'obsolescence programmée », la « consolidation programmée », le « tourisme spatial », la « zénitude », un « tag », « surinterpréter » représentent par exemple les mots enregistrés pour le millésime 2015. Chacun de ces mots mériterait commentaire. Les faire entrer dans le dictionnaire, c'est en reconnaître la fréquence, pas forcément la qualité, l'intérêt, la validité lexicologique, mais il est indispensable de les « traduire », d'en offrir une définition pour qu'on les comprenne. Pour autant, leur traduction n'équivaut pas à leur promotion. Il s'agit également de pouvoir proposer des équivalents, grâce à l'Institut de la langue française et à la Délégation générale à la langue française et aux langues de France. La Chine et la France sont à cet égard en pointe, car ces deux très grands pays disposent d'une véritable politique linguistique.

« L'assiduité, la politesse, l'amour de la paix et la douceur forment les traits distinctifs du caractère de la Chine », affirme au sujet de la Chine le *Dictionnaire de la conversation* publié en 1842. L'ancien vice-président de la commission nationale de la langue et de l'écriture disait ceci : « après l'avènement de la Chine nouvelle, pour répondre aux besoins du développement national, du progrès social et de la communication du peuple, le gouvernement et la société civile ont travaillé efficacement à l'élaboration de différentes normes et à leur diffusion en douceur ». C'est de cette manière que nous aimons nos langues respectives et c'est ici que se construit très efficacement, avec vous, ce programme.

法语，演变中的语言

让·普吕沃

塞尔吉-蓬图瓦兹大学教授

一、语言在演变中

能够与各位进行学术讨论我深感荣耀，为此我将毫无保留地与大家分享自己的研究成果。如果身处公元842年，我会对大家说："si saluarai eo cist meon fradre Karlo et in aiudha et in cadhuna cosa, si cum om per dreit son fradra saluar dift."大家可能完全不明白我这句话在说什么。但请注意，这是法国最古老的文献《斯特拉斯堡誓言》中的一句话，意思是"我将竭力保护我的兄弟查理，双方竭力保护对方"。

到了公元1100年，这句话变成了"si salverai jo cest mien fredre Charlon, et en aiude, et en chascune chose, si come on par dreit son fredre salver deit, en ço que il me altresi face"。看得出来，法语已经发生了很大变化。如果没有研习

过古法语,这句话仍然是看不懂的。公元 1400 年,这句话又变成了:"si sauverai je cest mien frere Charle, et par mon aide et en chascune chose, si comme on doit par droit son frere sauver, en ce qu'il me face autresi."只有仔细琢磨,我们才能大致猜到其含义。到了十七世纪,这句话终于变得比较容易理解,即"aussi, je soutiendrai mon frère Charles de mon aide et en toute chose, comme on doit justement soutenir son frère, à condition qu'il en fasse autant"。这句话已经是现代法语,直到二十一世纪它也完全能够被人理解。

九世纪至十七世纪的法语演变历历在目。最初,这种中世纪的语言给我们一种外语的感觉。但八个世纪后,这种语言给我们的感觉和今天我们讲的法语几乎相同。但两者真的是同一种语言吗?十七世纪作家塞维涅夫人和二十世纪作家阿梅丽·诺冬使用的词汇含义也完全相同吗?

接下来我要引用一句十七世纪的句子,亦称古言:"Hubert se sent énervé par cette injure et tout à l'heure va faire en sorte que tous soient étonnés."("羞辱的语言令于贝尔恼怒不堪,而后他会用行动令所有人震惊不已")。这句话当时的意思是,他感觉这不公正的待遇令他软弱无力。这句话的意思发生了很大变化。语言史学家告诉我们,énervé(紧张的)在当时表示"变弱",并没有恼怒或激动的意思。短语 tout à l'heure 在古法语中表示"立即"的意思,直到十八世纪,该短语才有了"在很短时间后"的含义。古词汇中 injure 的意思是"不公正",源于拉丁语 injuria,原意表示违反法律,这一词源

155

还衍生出其他短语,例如:l'injure du temps(气候、时间导致的损失),沿用至今。étonner(使惊讶)最初表示"令某人震惊"。

经历了三个世纪的演变,同样一句话承载的意思发生了翻天覆地的变化。词汇的涵义也在不断改变,甚至演化成完全相反的涵义。语言的快速演变是无可争辩的事实。

二、词典,语言演变的见证

词典是语言演变的最好见证。词典提供的是某一特定时期词汇的真实写照,同时也是定格的语言历时演变。下面梳理一下法语词典的发展历史。

法语单语词典诞生于十七世纪,这并非偶然。名副其实的法国国家建立于十七世纪。在经历了多次宗教战乱后,法国人在亨利四世和路易十四领导下开始建立一个强大的集权国家。整整一个世纪,对法语的语言意识不断加强,法语日益成为文化和政治精英手中珍贵的工具。单语词典的诞生恰恰反映了这种维护语言稳定的意愿,因为词典作为工具可以描述语言,从而制定规范并保持语言的稳定性。

人们一度深信、幻想语言可以被静止地保持在完美状态。在这段特殊时期,集权、国王、作家和宫廷使用同样的语言进行表述,并分享同样的美学观,表达清晰文雅。但失望随之而至:众所周知,十七世纪末语言开始不断演变。然而,正是在这样的语言和古典文学环境下诞生了"三位一体词典学":实际上，这三部词典建立了法语单语词汇体系，并由此奠定了规范法语的基础。

这三部词典中，最早的一部是皮埃尔·里什莱在1680年出版的法语词典（译者注：《词与物词典》）。这是一部凭借个人努力完成的词典，被视为《罗贝尔法语大词典》的基础，被广泛引用。这本词典描述语言的日常使用方法，并加入了引文解释和说明，共收录25000个单词，其中一部分与现代法语词汇的拼写和语义相同，只不过其内涵更广。例如：在"狼"的义项中，包括"蓝色、晶莹的双眼"和"其智力水平随月相变化"；"猪"的义项中有"憎恨狼、蝾螈、大象、黄鼠狼和蝎子"，这些有趣但又离奇的定义来自古典时期，有些义项的细节甚至匪夷所思，例如"有些蚂蚁比狐狸还要大"。

另外，有些词的词义也发生了改变，例如："忠贞不移的情人"（L'amant qui persévère）变成了"幸福的恋人"。在十七世纪，l'amant（情人）是指恋爱中的人，高乃依用它与amoureux（单相思之人）相对。除此以外，这本法语词典还包含很多术语，但现在已不再使用，例如：escaffe，意为"在屁股上踢一脚"，其动词形态escaffer（踢屁股）也已经消失。

这三部词典中的第二部是1690年出版的安托万·菲雷蒂埃编著的《通用词典》。作为百科型词典（例如《大拉鲁斯词典》和《小拉鲁斯词典》）的鼻祖，这部遗腹之作不仅包含大量语言信息，还收录了词汇的能指和所指。与第一部词典相同，这部词典中的部分词汇的词义也发生了变化，例如：crapule（荒淫无耻的人、恶棍）表示"粗俗且嗜酒的女性"。词典的示

157

例同样值得注意,例如:"北方人易长期酗酒",这种说法有时与事实并不相符。此外,它还辑录了一些在当时已经消失的词汇,例如:compotation,意为"教授或学生间消遣的小酌或聚餐"。

《法兰西学院词典》由法兰西学院出版,于 1694 年问世。它由国家机构编纂,非个人行为,是国家需求的一种体现。1635 年路易十三接受了大臣黎塞留的提议,建立了法兰西学院。

我想特别强调一下这部词典的官方背景:一方面,大量的法语词典由私人编纂,例如:里什莱、菲雷蒂埃、利特雷、拉鲁斯、罗贝尔和阿歇特出版社,这类由个人发起并编纂的词典其售书所得作为酬金支付作者;另一方面,法兰西学院和法国国家科研中心(《法语宝库》即由国家科研中心组织编纂并出版)这样的官方机构也参与词典编纂,官方机构编纂的词典由各机构主持,完全免费,由文化精英(法兰西学院院士和高等学府专家)无偿编著。由此出现法国词典行业的两个显著特征,即私人编纂词典更注重读者反馈,而机构有充足的经费以保障宏大计划的实施。二者既相互制约又高效互补,共同促进了词典业的发展。此外,由机构编纂的词典现在还可提供免费在线查询服务。

十七世纪末,法语的演变仍在继续,词典则成为规范语言的工具。《法兰西学院词典》在问世之初并未得到法国国王的首肯,相比之下他更欣赏《通用词典》,该词典收录了四万个单词,远超《法兰西学院词典》的一万八千个词。当然,词条的收录量并非衡量词典质量的唯一标准。

十八世纪的哲学家很快意识到这部高质量词典的重要性。它基于类别编纂,逻辑规范、定义客观,词条后还附有简单的示例及流行用法。虽然该词典在法国的被关注度不高,但在国外却反响热烈,它在欧洲被大量图书馆珍藏便是最好的证明。

《法兰西学院词典》在欧洲的其他地方也随处可见,堪称十七至十九世纪法语最有效的推广大使。四个世纪之后的2006年,该词典完成了它的第九次再版。

2006年,法兰西学院终身秘书海伦卡雷尔·德·昂科斯在每年一度的公开讲话中指出,"鉴于词典既要记录日常用语,也要记载历史和变化,新版《法兰西学院词典》的篇幅将会增加一倍"。词典的模式在欧洲得到了广泛的认同。

以上三种词典模式清晰,各有千秋,从十七世纪起三足鼎立,相互取长补短。

1856年,年轻的勃艮第教师皮埃尔·拉鲁斯完成其开山之作,在巴黎编写了一部全新的单卷本法语词典,该词典每年出版一卷。随着1868年第二卷专有名词卷的出版,整套字典全部完成。1905年,《小拉鲁斯词典》(配图版)接续大获成功,出版当年销量高达四百万册。自1856年起,它便成为公众的首选。

1967年出版的《罗贝尔小词典》源自1964年出版的《罗贝尔大词典》。该词典无插图,但加入了大量的引文。由此不难看出,在阿尔及利亚出生的保罗·罗贝尔所进行的法语语言工程之浩大。此外,由法国国家科研中心出版的《法语宝库》可以免费在线使用,它是现有最大的法语单语词典,共16卷,含41万条示例和11万个词条。

《小拉鲁斯词典》(1905年版)收录了大量已经消失的术语解释,例如:il trolle partout ses enfants(他带着孩子们到处散步)

中 trolle（意外地打到猎物）表示 promener（带着……散步）；ce n'est qu'une mâchoire（只是一个下巴）表示"一个愚蠢到只知道吃饭的人"；que le bon dieu te patafiole 意为 que le bon dieu te confonde（你这该死的）；patine-toi（patiner 溜冰）表示"快点"；还有我们现在很熟悉的 un homme à poil（裸男）在当时表示"精力充沛的男人"。这些词汇在词典中都已消失，因为日常生活中已不再使用。很难预测哪些词或词组会在 2015 配图版《小拉鲁斯词典》中消失，这是语言观察家的工作，即词汇学家的工作。

2015 版还收录了 autoconservation, exoconservation, vapoter, veganisme, tuerie, obsolescence programmée, consolidation programmée, tourisme spatial, zénitude, tag, surinterpréter 等词汇，其中的每个新词都值得详述。这些词汇被收入词典，说明大家认可其词频。同样也需要翻译这些词，但翻译并不意味着推广。还可以由法语研究所及法国语言评议团提出上述词汇的对应词语。

中法两国都拥有非常高效的语言政策。1842 年版的《对话词典》对中国的描写是："勤劳、彬彬有礼、热爱和平与温和是中国最典型的特征。"中国国家语言文字工作委员会副主任曾说，1949 年以后，"为满足国家要求、实现社会进步和群众之间的交流，政府和民间团体高效率工作，共同制定出各种语言规范，并逐步推广"。正因如此，我们热爱各自的语言；也正因如此，我们与你们一起制订这样的计划。

（章云轩译　郭子荣校）

L'action publique d'enrichissement de la langue française

Bénédicte MADINIER
Chef de la mission du développement et de l'enrichissement de la langue française à la Délégation générale à la langue française et aux langues de France, ministère de la Culture et de la Communication

Évolution de la langue, enrichissement de la langue, normalisation

Permettez-moi, pour commencer, de vous dire combien je me réjouis de poursuivre cet échange, entamé il y a deux ans. Je voudrais aujourd'hui examiner avec vous la manière dont l'État apporte sa pierre à l'évolution de la langue française, particulièrement sous l'angle de la normalisation.

Comme on l'a déjà évoqué, la langue française est en permanent devenir. Comme toute autre langue, elle évolue et s'invente au jour le jour :

> « Il est d'une langue comme d'un fleuve que rien n'arrête, qui s'accroît dans son cours, et qui devient plus large et plus majestueux à mesure qu'il s'éloigne de sa source »

écrivait Louis Sébastien Mercier, un auteur du XIXe siècle quelque peu oublié aujourd'hui.

À entendre cette affirmation, d'un lyrisme peut-être excessif, mais née de l'observation, on peut s'interroger sur la pertinence, le bien-fondé d'une politique de normalisation terminologique, a fortiori si cette politique est conçue comme un enrichissement de la langue. Ce qui semble bien relever du paradoxe.

Paradoxe à vouloir enrichir une langue en constant développement : le fleuve ne cesse de s'accroître de lui-même. Paradoxe à vouloir régulariser une langue en constante évolution : le fleuve ne se laisse pas facilement emprisonner dans les digues d'interdits ou d'obligations. Paradoxe pour l'État à intervenir sur une langue qui appartient à tous : le principe de liberté d'expression, inscrit dans la Constitution, est en effet un principe intangible.

Sans reprendre tous les enjeux qui s'attachent à l'engagement des autorités françaises en faveur de la langue, on peut sans doute trouver un début de réponse dans cet autre principe constitutionnel : « La langue de la République est le français », qui impose à l'État de se montrer exemplaire et lui fait obligation de s'exprimer en français.

Une politique terminologique se justifie ainsi en première instance : l'État doit disposer des mots, des termes nécessaires pour communiquer en français avec les citoyens, et il doit s'en donner les moyens.

Si on met toujours en avant les mots, le vocabulaire, c'est qu'il est la partie la plus visible, la plus facilement perceptible de la langue. Pourtant, depuis des siècles, la langue française a fait l'objet d'une attention des pouvoirs publics. L'État s'est attaché, en particulier par l'intermédiaire de l'Académie française, autant sinon plus qu'au lexique, au respect des règles orthographiques et grammaticales et au respect des codes de la bienséance (vouvoiement, niveaux de langue...). De façon très révélatrice, pour décrire un usage respectueux de ces conventions formelles, on parle en français d'un langage « châtié ».

Or, cet ensemble de conventions, cette norme « académique » du bon usage, tend actuellement à s'affaiblir nettement, même à l'écrit. Comme le souligne le linguiste Alain Rey : « Il existe aujourd'hui des sous-normes concurrentes, notamment celle des médias, de l'école et des discours politiques. » Il faudrait ajouter celle des réseaux sociaux, avec leurs nouvelles méthodes de communication (tel *le hashtag*, ou *mot-dièse* de Twitter).

En outre, dans la société actuelle, mécanisée, automatisée, et désormais numérisée, on assiste à une forte inflation lexicale, particulièrement dans les domaines de pointe, comme l'internet qui apporte son lot quasi journalier d'innovation. L'omniprésence de la technologie dans la vie quotidienne entraîne une vulgarisation du vocabulaire scientifique et technique, qui ne trouvait généralement place autrefois que dans les dictionnaires de spécialité mais qui entre désormais en force dans les dictionnaires généraux. Je prendrai un seul exemple : le *Dictionnaire de l'Académie*, par excellence garant de la norme. Par rapport à la précédente édition (1935) qui comptait 35 000 mots, la neuvième édition, en cours de rédaction, devrait comporter environ 10 000 mots supplémentaires, dont une forte proportion de termes techniques, ce qui représente un accroissement sans commune mesure avec les éditions passées.

En raison de sa longue histoire, le français est pourtant riche d'un très grand nombre de termes spécialisés. Les emprunts, notamment à l'anglais, ont toujours été un facteur d'enrichissement du vocabulaire mais, actuellement, la contamination du lexique par les termes anglo-américains confine à la saturation : le français n'a pas la capacité d'assimiler, de s'approprier, de franciser des termes trop nombreux, et trop rapidement adoptés. Plutôt que la métaphore du fleuve, j'en choisirai une autre, végétale. La langue française est comme un vieil arbre qui s'enracine dans le terreau latin et grec, qui a grandi et forci au fil des siècles, au gré d'apports divers (langues germaniques, italien, anglais...), mais qui, aujourd'hui, risque l'asphyxie en raison de la prolifération d'une plante parasite envahissante, et qui ne produit plus elle-même de nouveaux fruits, de nouveaux termes. Selon le philosophe des sciences Michel Serres, une langue « se fragilise dès lors (...) qu'elle se prive de mots techniques, scientifiques... » précisément ceux qui charpentent une réflexion, qui modèlent une pensée originale, qui suscitent et concrétisent une avancée conceptuelle. Lui fait écho la mise en garde d'un célèbre journaliste, Bernard Pivot :

> « Si nous laissons l'anglais seul dire la science et le monde moderne, alors le français se mutilera et s'appauvrira. Il deviendra une langue banale ou, pire, une langue morte. »

Parallèlement et contradictoirement, comme par compensation, par réaction à cette avalanche de néologismes anglo-américains, souvent un seul et même mot anglais est utilisé en français pour exprimer de façon indifférenciée des notions très différentes : *flyer, coach, smart*, même dans les domaines très spécialisés, lesquels exigent au contraire la plus grande exactitude. Simplification, réduction, approximation, appauvrissement du lexique vont paradoxalement de pair avec l'augmentation exponentielle des termes, qui n'est pas maîtrisée.

Plus radicalement encore, avec les messages par téléphone portable s'ajoute, ou même se substitue au langage écrit traditionnel un langage minimaliste, une langue de signes à l'échelle planétaire. Les mots font place à des icônes et symboles purement visuels, susceptibles d'être compris universellement. Les « emojis » (émoticônes) se multiplient et se normalisent rapidement : 1 500 sont déjà identifiés et codifiés par Unicode. Moyen efficace pour une communication sans frontières, certes, mais qui reste très limitée et floue. Le fameux pouce levé « I like » (« J'aime ») peut être interprété de maintes façons : « Je suis d'accord », « Je pense que c'est exact », « C'est une bonne idée »,« Cela m'intéresse », « Cela m'amuse »... On peut remarquer au passage que même ce signe simpliste est porteur d'une forte charge culturelle, en référence aux jeux du cirque de l'Antiquité romaine. Cette codification intensive renforce la tendance générale à l'imprécision et le risque d'une dilution progressive du sens.

Cela ne dissuade pas certains de persévérer dans la recherche d'une langue de communication universelle normalisée. Je pense au « Noun project », ce dictionnaire visuel lancé en 2010, qui vise à créer « LA langue visuelle mondiale », en représentant chaque objet et chaque concept par une icône, de « lavage de voiture » à « ivresse », en passant par « banque alimentaire » ou « réchauffement climatique ». Une compagnie britannique travaille même à la création d'un réseau social utilisant uniquement les « emojis », où aucun mot n'est admis. On peut se figurer la pauvreté d'une communication réduite à ces schémas.

C'est dans ce contexte multiforme et fluctuant que l'État trouve la légitimité et l'utilité de son action.

Ainsi, à l'opposé de ces démarches simplificatrices plus ou moins concertées, qui ne sont pas dénuées d'utilité mais ont un effet profondément réducteur sur l'évolution du langage, le dispositif français d'enrichissement de la langue a une mission simple, bien délimitée : proposer et promouvoir des termes français spécifiques pour les nouvelles notions et réalités économiques, techniques et scientifiques appelées à se diffuser dans le grand public. Pour ce qui nous concerne, l'activité normative consiste donc à combler les manques avérés du lexique spécialisé, à travers des travaux de terminologie et de néologie conduits par des experts de haut niveau, dans un cadre officiel.

J'avais eu l'occasion de présenter le dispositif lors du séminaire de Pékin. Je n'y reviendrai que très brièvement, d'autant plus que j'ai été frappée par la similitude des structures et des méthodes mises en place dans nos deux pays. Il faut saluer le rôle majeur du professeur Li Yuming dans l'impulsion donnée à la constitution en Chine d'un appareil étatique de terminologie. En France, le dispositif établi en 1996 sous l'autorité de Monsieur Gabriel de Broglie fait en ce moment même l'objet d'un remaniement formel qui met en valeur le rôle des experts, tout en assouplissant les procédures, afin de répondre au mieux à un besoin qui ne fait que s'accélérer depuis quelques années.

J'aimerais y insister, enrichir le vocabulaire ne consiste pas à traduire les termes anglais, mais à cerner les nouveaux concepts et à les nommer en français, à les appréhender selon un angle propre à une mentalité, à une forme d'esprit, à une culture particulière. On sait à quel point le langage affecte notre perception des choses, donne forme à la pensée. Comment pourrait-on imaginer de se priver des immenses ressources mentales que recèlent nos langues, de ces aptitudes diverses à penser le monde, et donc à le faire évoluer ? Il faut à la langue française non les injonctions d'un contrôleur ou d'un gendarme, mais les soins d'un bon jardinier pour l'aider à s'épanouir.

Il est d'autant moins question de restreindre de façon autoritaire la variété des usages que la diversité des formes met en évidence la capacité de la langue à décrire la réalité avec une finesse extrême. Lorsque plusieurs termes coexistent, afin de cerner le concept au plus près, on peut choisir le mot le plus exact, par exemple *cyclone, ouragan, tornade, typhon*... ou, pour prendre un exemple moins scientifique, *astronaute, cosmonaute, spationaute, taïkonaute*... Le tout est de s'accorder sur la notion :

« On peut s'entendre avec ceux qui ne parlent pas la même langue, mais non pas avec ceux pour qui les mots n'ont pas le même sens. ».

La formule est d'un célèbre biologiste français, Jean Rostand.

En recommandant un terme et sa définition, l'objectif majeur est d'encourager la communication en français entre spécialistes et de mettre le savoir à la portée du plus grand nombre.

Tel est le domaine d'action du dispositif : proposer pour des notions encore peu fixées et souvent complexes, des termes et définitions clairs, accessibles au profane, sans ambiguïté ni approximation, et emportant la conviction. Convaincre les usagers et rechercher le consensus est un défi, et un défi de taille.

Pour autant, ce travail n'a rien d'un aménagement, d'une planification systématique.

Ne serait-ce que dans le choix des termes « candidats », l'approche est méthodique mais non exhaustive : une partie des termes nouveaux, trop spécialisés, n'a pas vocation à sortir du cercle restreint des spécialistes ; une autre partie semble vouée *a priori* à un sort éphémère : l'accélération constante et le renouvellement incessant de l'innovation technologique, en particulier dans l'univers numérique, rendent douteuse l'implantation pérenne de nombreux termes. Seuls sont retenus les concepts que l'on estime destinés à se répandre et à durer.

Certes, cette action est normative dans la mesure où les termes et leurs définitions sont publiés au *Journal officiel* et prennent valeur de référence, en particulier pour les services publics qui doivent les employer au lieu du terme étranger équivalent, presque toujours anglo-américain. Mais de là à ce que la référence s'impose éventuellement comme une norme, il lui reste plusieurs étapes à franchir. En effet, si norme il y a, c'est bien uniquement celle de l'usage. Elle s'établit progressivement, depuis la création du terme, et sa recommandation par voie officielle, puis son adoption par les usagers potentiels, ensuite son adoption par le public, et enfin son entrée dans les dictionnaires qui en est la consécration. Ainsi, le rôle du dispositif est moins de produire une norme qu'anticiper, imaginer ce qui pourra devenir la norme.

Le mot chinois *wushu* vient d'entrer dans le *Petit Larousse* 2015, ainsi défini :

> *Ensemble d'arts martiaux et de gymnastiques traditionnelles d'origine chinoise (kung-fu, qi gong, tai-chi-chuan) qui peuvent se pratiquer à main nue ou avec une arme. Le wushu moderne, sport de compétition, réunit deux disciplines : le tao lu (chorégraphie martiale) et le sanda (art de combat).*

Le voici donc reconnu, entré dans la norme, sans même passer par le dispositif !
Le fleuve poursuit son cours…
Pourtant, il faut le reconnaître, de tels exemples de mots étrangers adoptés en français sont très peu nombreux par rapport à la multiplication préoccupante des anglicismes.

Si, pour trop de gens, ce problème est, comme l'a dit le professeur Zhao, « un non sujet », le dispositif reste vigilant, l'enjeu principal étant de faire vivre le français aux côtés des autres langues, de favoriser leur enrichissement mutuel et de contribuer ainsi au maintien de la diversité culturelle.
Nous faisons le pari de l'avenir des langues, et de leur coexistence.

法语丰富过程中政府的作用

贝妮蒂特・马蒂尼埃
法国文化与传媒部法语及法国境内语言总司法语发展处处长

一、术语标准化政策的制订理由

语言从未停下发展的脚步,正如十九世纪初法国作家路易斯・塞巴斯蒂安・梅西耶所言:"语言犹如势不可挡的河流,在离开源头奔向远方的旅途中,不断发展壮大。"这一比喻虽较为抒情,却不失于事实。

既然语言的丰富与发展无法阻挡,那么以丰富语言为目标的术语规范化政策的合理性与针对性何在?正如筑堤修坝难以阻挡河流的一往无前,以制定政策来丰富与规范语言是否亦属徒劳?语言是全民共有的文化财产,言论自由更是法国宪法赋予法国公民的神圣权利,那么这与国家介入语言的发展是否自相矛盾?

针对上述种种质疑,或许可用另一宪法原则来回应:法语是法兰西共和国的官方语言。根据这一原则，国家应做出表率，以使用法语为义务。国家应执行合理的术语政策，掌握必需的字词与术语，确保无障碍地使用法语与公民进行对话。语言中最易感知的部分为词汇，因此语言政策要强调字词与术语。

几个世纪以来，法国政府高度重视语言的现状与发展。国家机构，特别是以法兰西学术院为首的学术机构，一方面致力于制定、完善法语的使用规范（例如：拼写与语法规则），另一方面则致力于保证语言与规范的适应性。在描述语言与规范的关系上，法国有一种较为古老的说法，认为法语是"被驯化"的语言，有如枷锁在身。

然而，在当今的语言使用领域（包括书写），学院派规则限制作用已趋弱化。语言学家阿兰·雷伊指出：语言"副标准"渐获认可，特别是在媒体、学校和政治言论领域。事实上，社交网络也是副标准"大行其道"的舞台。

首先，机械化、自动化、数字化的时代背景促成新词汇的爆炸式增长，特别是互联网领域，其词汇库基本处于"日日新"的状态。科学技术渗透到生活的方方面面，大量科技词汇应运而生。同时，科技词汇不再是专家私有，"登堂入室"被编入通用词典的不在少数。举一个例子，《法兰西学院词典》1935年版收录了3.5万条词汇，而目前正在编写的第九版可能会增加大约1万条词汇，大部分是技术词汇，这么大的增幅是前所未有的。

法语历史悠久，拥有丰富的专业术语资源。外来语借用，特别是英语借用，成为丰富法语词汇的重要手段。然而，法语吸收英美术语的能力已近极限。面对海量英美术语的急速涌入,法语在适应、吸收和本地化上已力有不逮。

法语是植根于拉丁语和希腊语土壤上的一棵参天古树,几个世纪以来博采众长,服务民众。时至今日,寄生物种入侵阻碍了古树孕育新的硕果,法语在术语领域存在的危机逐渐显现。法国哲学家米歇尔·塞尔指出:"科学技术词汇为缜密思考提供框架,为创新思维提供模型,能激发甚至促成新概念的诞生。当语言不具备自己的科学技术词汇时,将变得脆弱乏力。"这一说法与资深记者贝尔纳·皮沃的论断交相呼应:"如果坐视英语独家代言现代社会与科学,那么法语将日渐式微,最终沦为二流语言,甚至成为濒危语言。"

英美新词的涌入还引发另一语言问题。法语在借用英语词汇时,常常不加区别地使用同一词条但指代不同的概念,例如:英文单词 coach 或 smart 的使用,即使在明确的语境中,其涵义可能大相径庭。事实上特定领域只有专用术语才能明确定义,矛盾也由此而生:一方面是术语库失控般地爆炸式增长,另一方面,法语却面临简化、退化、弱化的尴尬。

其次,随着移动通信的全球发展,通用性简化语言逐渐渗透到传统书面语,有时大有取而代之的趋势。符号语言,尤其是通俗易懂的视觉符号逐渐取代词汇。"网络表情符号"快速繁殖,规范化趋势明显。目前已有 1500 个表情符号获得 Unicode 编码系统的确认和编录,这意味着这些符号可被正式使用。

符号语言不失为无国界通信的有效手段,但其局限性也显而易见,例如:拇指朝上这个简单的动作符号,法国人理解为"我喜欢";但是在不同的背景下,拇指朝上可表达"我同意""我认为正确""我感兴趣",甚至"我高兴"等不同意思。这个简单的手势可追溯到古罗马马戏表演,虽然形式简约但文化底蕴并不简单,任何自以为是的解读都会造成不解,甚至误解。

符号语言的大量辑录导致表意模糊不清,但是这不能阻断人们寻求简单而规范的全球化通信手段的尝试。"名词项目"是2010年启动的图示词典项目,旨在创造全球通用的视觉语言。该项目将为所有事物及概念制定图示,例如:洗车、醉酒、狗等都将通过图像来表示。目前一家英国公司正在构建一个特殊的社交网络,该网络禁用任何传统词汇,仅可使用"名词项目"的图示进行沟通。大家可以预见这种沟通模式将造成怎样的窘态。

二、语言政策的使命与本质

错综复杂的语言生态环境成为国家介入语言发展的行动基础与现实需求。语言简化趋势虽非一无是处,但实质上却深刻影响了语言的发展。因此,政府要介入语言发展,不能走简化主义的道路。

"丰富法语机构"通过新词引进与术语研究以填补专业词汇的空白,其任务简单而明确,即提供并推广用于描述新事物、新概念的法语专业术语。"丰富法语机构"于1996年在加伯里埃勒·德·伯豪格利院长的授权下正式成立，目前正处于改组阶段。此番改组旨在突出专家的作用，同时执行灵活高效的程序，以满足不断扩大的语言需求。

丰富词汇不是简单地将英语术语本地化，而是从特定的思维与文化角度去理解、确定并命名新生事物。语言影响思想的深度与广度；从某种意义讲，语言能力也是探索世界、思考世界、改造世界的能力。如果失去语言蕴含的智慧宝库，国家与民族之损失何其大也。

法语需要园丁般的呵护，但不需要管理者或宪兵式的令行禁止。以强制性手段"管理"语言，限制词汇多样性，必将削弱法语的严谨与细腻。事实上，词汇多样性意义重大，例如：描述狂风怒号的恶劣气象时，有cyclone（旋风）、ouragan（飓风）、tornade（龙卷风）、typhon（台风）等不同法语词汇的选用，这有助于准确描述具体事实。同一事物存在多个术语，使用者可根据具体概念选择最精确的术语加以描述，从而更易引起听众的共鸣，产生共识。二十世纪法国著名生物学家让·罗斯丹有言："与语言不通的人相处不难，难的是与语义不通的人为伍。"

推广法语新术语的主要目标有二：一是鼓励相关业内专家使用法语进行交流；二是在公众中推广新术语。丰富法语机构的工作就是为尚未确定的复杂概念提供清晰的定义及术语。新术语及其定义应准确而具体，不存在模糊、歧义或混用的现象。就以往经验而言，新术语要获得专业与非专业人士的认可并非易事。

术语工作任重道远,虽有章可循,却无法全盘统筹,难以系统布局与规划。有些术语专业性极强,只能服务于相关业内专家;有些术语则昙花一现,使用时间较短。当今世界科学技术不断发展创新,数字世界更是日新月异,很多术语无法做到与时俱进,唯有兼具传播价值和长久意义的概念方能得以留存。

新术语作为参考标准被官方报刊采用,是其规范化流程的重要一步。但新术语从官方参考标准发展为最终规范,仍需经过诸多阶段。术语规范化是循序渐进的过程:确定新术语—官方推广、介绍—潜在用户认可—公众认可—录入词典。

因此,丰富法语机构的作用不在于创造和规范术语,而是很大程度上预测并规范术语。正如上文所述,语言犹如河流,自有其发展之道,可疏可导,却难以堵截。例如:源自汉语的Wushu一词虽未经丰富法语机构规范认可,却得以留存并最终成为规范术语,正式被2015版《小拉鲁斯词典》收录并赋予法文定义。[①]

但是面对外来语剧增和语言简化的威胁,Wushu这一术语规范模式显得狭隘,丰富法语机构需全力应对挑战,致力于法语与其他语种的共存与发展,致力于维护世界语言与文化的多样性。

(陈海钊译　郭子荣校)

[①] Wushu 的法文定义:Ensemble d'arts martiaux et de gymnastique traditionnelle d'origine chinoise.

Évolution et prescription au prisme des médias

Patrice GELINET
Membre du Conseil supérieur de l'audiovisuel, président de la mission Langue française et francophonie

J'évoquerai ici le rôle que joue le Conseil Supérieur de l'Audiovisuel (CSA), et celui que j'y joue en tant que conseiller, s'agissant de la langue française. Bien qu'ayant travaillé pendant de nombreuses années à la radio et étant un téléspectateur assidu, je suis toujours surpris par les révélations de certains sondages. Ceux-ci indiquent qu'en France, les Français passent près de quatre heures à regarder la télévision et près de trois heures à écouter la radio. Il est ainsi aisé de comprendre le rôle essentiel que peuvent avoir ces médias audiovisuels, non seulement en matière d'information, de divertissement et d'éducation, mais aussi dans la pratique de la langue. L'une des fonctions du CSA est précisément de veiller à ce que cette langue soit défendue.

Un certain nombre de missions du CSA sont bien connues et parfois critiquées. Nous sommes régulièrement traités de censeurs. Cette accusation est fausse, un censeur étant celui qui interdit à une émission de passer à l'antenne. Par conséquent, il écoute ou visionne ce programme avant sa diffusion. Or le CSA intervient quant à lui après la diffusion des programmes, dans le cas où une radio ou une télévision ne respecte pas ses obligations.

Parmi ses diverses missions, le CSA attribue ou non des fréquences, veille au respect du pluralisme, désigne les présidents des chaînes publiques de radio ou de télévision, veille au respect de la diversité, de la parité hommes-femmes, etc. Outre ces missions, le CSA est également chargé par la loi de « veiller à la défense et à l'illustration de la langue et de la culture françaises dans les médias audiovisuels ».

Cette formule ne date pas d'aujourd'hui. Elle existait et était utilisée longtemps avant l'invention de la radio et de la télévision. En 1549, Joachim du Bellay avait écrit pour le groupe de la Pléiade dont il était fondateur avec Ronsard un texte intitulé : « Deffence et illustration de la langue Françoyse ». Il y a 500 ans, la défense de la langue française était donc déjà un sujet de préoccupation. Cela peut paraître étonnant dans la mesure où, à l'époque, 10% de la population seulement parlait le français. Cette langue venait tout juste d'être imposée comme langue du droit et de l'administration par l'ordonnance de Villers-Cotterêts, signée par François Ier en 1539.

Pourquoi la défense de la langue était-elle déjà un sujet de préoccupation ? Il s'agissait, d'après du Bellay, de donner à la population une langue commune autre que le latin et de « remplacer des langues barbares et vulgaires par une langue élégante et raffinée ». En d'autres termes, du Bellay souhaitait défendre et assurer la promotion de la langue française.

C'est exactement dans le même esprit que le CSA aborde sa mission de défense de la langue française. Nous sommes conscients que la place qu'occupent les médias dans notre vie quotidienne aujourd'hui est très importante. Les auditeurs, les téléspectateurs et particulièrement le jeune public ont tendance à utiliser le même langage que celui entendu à la télévision ou à la radio. C'est dans les médias, au moins autant qu'à l'école, que se jouent l'existence, le rayonnement et l'avenir de la langue française.

Certes la norme de la langue provient de l'Académie française, des institutions et de l'Éducation nationale. Cependant, à bien des égards, le journaliste et l'animateur jouent un rôle considérable. Le CSA est donc chargé de défendre et d'illustrer la langue française avec les moyens dont il dispose. Quels sont ces moyens ? De quelle manière la langue française est-elle traitée aujourd'hui à la radio et à la télévision ? Est-elle menacée ? Cette langue doit-elle évoluer ? Enfin, peut-elle évoluer sans risquer de disparaître ?

Les moyens du CSA

Pour assurer sa mission, le CSA s'appuie sur la loi et avant tout sur la Constitution. Celle-ci indique en effet que la langue de la République est le français. Le français est la langue officielle de 29 États dans le monde et est parlé par plus de 220 millions de locuteurs. Outre la Constitution, la loi du 4 août 1994 dite loi Toubon rend la langue française obligatoire à la télévision et à la radio. Toutefois, obligatoire ne signifie pas exclusif. Dans une décision du 29 juillet 1994, le Conseil constitutionnel rappelait que si l'usage du français est obligatoire, il n'empêche personne de choisir « les termes les mieux appropriés à l'expression de sa pensée en utilisant des expressions issues des langues régionales, des vocables dits populaires ou des mots étrangers ».

S'appuyant sur la Constitution, sur la loi Toubon et sur l'avis du Conseil constitutionnel, le CSA peut agir sur les médias audiovisuels. Ces derniers recouvrent deux catégories distinctes. Il existe d'une part les radios et télévisions privées. Leur fréquence appartient au domaine public et leur est accordée gratuitement. En contrepartie, nous exigeons le respect d'un certain nombre de contraintes parmi lesquelles se trouvent des dispositions imposant l'usage du français. Par exemple, la convention de la première chaîne de télévision française en audience, TF1, précise : « la société veille à assurer un usage correct de la langue française dans ses émissions, dans les adaptations, dialogues et sous-titrages de programmes étrangers, ainsi que dans le titre de ses émissions. Un conseiller à la langue française est désigné par la chaîne ».

Ces conventions avec les sociétés privées sont relativement contraignantes, notamment dans le domaine de la chanson. En France, la plupart des radios sont des radios musicales. Leur convention leur impose un quota minimum de chansons françaises à inclure dans leur programmation musicale. Quelques radios spécifiques telles que Radio Classique ou Jazz Radio ne sont pas concernées par cette disposition. Une telle contrainte vise à défendre la langue française par le truchement de la chanson française dans les médias.

D'autre part, le secteur public des médias audiovisuels comprend les 6 chaînes de France Télévision, les 7 chaînes de Radio France et France Média Monde. Ces chaînes sont placées sous la tutelle du ministère de la Culture et de la Communication. Le CSA est également chargé de veiller au respect des cahiers des charges de ces différentes sociétés publiques. Le cahier des charges de France Télévision précise par exemple que « cette société doit veiller à l'usage et au respect de la langue française et proscrit les termes étrangers lorsqu'ils possèdent un équivalent en français ». Lorsque ces conventions ne sont pas respectées par les opérateurs, le CSA peut intervenir, y compris par des sanctions. Il est toutefois rare qu'il intervienne dans le domaine de la langue. La langue de l'audiovisuel est une langue orale, qui peut donc tolérer des fautes de français. Par ailleurs, la plupart des émissions sont en direct, ce qui impose une tolérance dont le CSA ne ferait pas preuve à l'écrit.

Dans ce domaine comme dans d'autres, le CSA préfère convaincre que contraindre. Il est en effet préférable de promouvoir et d'illustrer le bon usage de la langue plutôt que de sanctionner ceux qui la maltraitent, ce qui serait d'ailleurs contre-productif. Il faut savoir admettre que le français peut aussi s'enrichir de termes étrangers. En outre, des termes qui peuvent paraître vulgaires à un moment donné sont parfois susceptibles d'être progressivement intégrés à la langue pour faire finalement partie du vocabulaire courant.

La langue française est-elle très mal traitée dans les médias ?

En dépit du nombre de plaintes venues de personnes déplorant le mauvais traitement infligé à la langue dans les médias, je crois qu'il faut être nuancé. Lors de mon arrivée au CSA, l'une de mes toutes premières démarches a été de consulter les institutions en charge de la langue. Au premier rang de celles-ci se trouvent évidemment l'Académie française, mais également la délégation générale à la langue française et aux langues de France du ministère de la Culture ou encore l'Organisation internationale de la Francophonie. Qu'il s'agisse du secrétaire perpétuel de l'Académie française, Madame Carrère d'Encausse, de Monsieur Xavier North ou de l'OIF, tous considèrent que dans l'ensemble, la langue n'est pas si mal traitée qu'on le dit par les médias.

Toutefois, un certain nombre de points sont à déplorer. En premier lieu, les anglicismes sont l'objet d'un usage abusif et de plus en plus répandu. Or celui-ci est véritablement superflu quand existe un équivalent français. Pourquoi dire « *live* » quand on peut dire « en direct » ou « en public » ? Pourquoi dire « *low cost* » et non pas « à bas coût » ? Pourquoi dire « *challenge* » plutôt que « défi », « *mail* » plutôt que « courriel », « *prime time* » plutôt que « première partie de soirée », « *best of* » plutôt que « florilège », etc. ? La multiplication de ces anglicismes est un phénomène inquiétant. Or une fois qu'un mot anglais est passé dans le langage courant, il est vain de proposer le néologisme français qui permettrait de le traduire.

L'usage des anglicismes envahit de plus en plus la publicité, qui doit obligatoirement être sous-titrée quand elle utilise l'anglais. Les titres d'émissions ou de séries doivent également être traduits. Par exemple, le titre de l'émission « *The Voice* » de TF1 est très facilement traduisible.

Les responsables de radio et de télévision sont très sensibles à ce discours et font le même constat. Le 9 décembre 2013, ils étaient réunis à l'occasion d'un colloque organisé par le CSA au Collège de France. À l'issue de cette rencontre, nous avons envisagé une initiative tout à fait originale qui mobilisera la quasi-totalité des radios et télévisions de France. Le 16 mars 2015, à l'ouverture de la *Semaine de la langue française*, elles consacreront une partie de leurs programmes à la langue française.

Toutes les chaînes de radio et de télévision sont volontaires pour participer à cette initiative de promotion et d'illustration de la langue. Cette opération devra se dérouler dans un esprit d'ouverture, avec une volonté de défendre notre langue commune tout en acceptant son évolution.

La langue que nous parlons aujourd'hui n'est pas la même que celle qui était parlée du temps de Ronsard. Le français est aujourd'hui parlé par plus de 220 millions de personnes dans le monde parce qu'il a su s'adapter à l'évolution du monde, aux transformations de la société ainsi qu'aux progrès des sciences et des techniques. L'épanouissement de la langue française est dû à l'invention de mots nouveaux et aucunement à un repli frileux sur une langue figée, sclérosée, qui serait inéluctablement condamnée à mourir, ce que personne ne souhaite.

法国语言在媒体领域的规范与发展

帕特里斯·杰立内

法国最高视听委员会委员、法语和法语区特派团主席

调查显示,法国日均人均收看电视约四小时,收听广播约三小时。从调查结果可知,视听媒体影响力巨大,这不仅体现在资讯、娱乐和教育领域,而且对语言应用同样影响深刻。因此,法国最高视听委员会的职能之一,正是维护法国语言的规范与发展。

法国最高视听委员会肩负多项使命,但有时也会被人误解。视听委员会常被当作节目审查方,这是误解之一。节目的审查方是在节目播出前进行审查,禁播违规节目;而视听委员会的职责是制裁已经播出的违规电视或电台节目。

法国最高视听委员会的具体工作包括:分配广播电视频谱,任免公共广播电视机构负责人,维护节目多样性与多元化,维持节目的男女性别均衡,制裁违规的广播电视节目,等等。除此之外,根据《通讯自由法》相关要求,视听委员会负有监督视听媒体履行"保卫和发扬法兰西语言与文化"义务的责任。

"保卫和发扬法兰西语言与文化"这一说法由来已久,早

在广播与电视发明之前就存在。1539年,法国国王弗朗索瓦一世签署"维莱尔—科特雷敕令",明确规定撰写各类司法文件必须使用法语,并正式宣告法语为国语。1549年,与龙萨同为"七星诗社"创始人的著名诗人杜·贝莱发表题为"保卫和发扬法兰西语言"的宣言,主张法兰西民族语言完全可以与希腊语和拉丁语相媲美。自此保卫法兰西语言成为全体法国人民500年来一直关注的话题。在仅有10%国人使用法语的时代,保卫与发扬法语能成为共识实非易事。何以让保卫法兰西语言能成为全民共识?杜·贝莱认为,法语为国人提供了拉丁语以外的共同语言,并"以优雅精练的语言代替了庸俗粗鄙的语言"。诗人殷切希望法兰西语言得到保护与推广。法国最高视听委员会正是继承先贤意志,践行保卫与发扬法语的使命。

现代社会媒体渗透到日常生活的方方面面,影响力不言而喻。电视观众与广播听众,特别是年轻群体多受媒体语言影响,模仿电视广播语言成为趋势。媒体在语言领域的影响力不亚于学校,是语言存在、传播与发展的重要舞台。法语语言规范由法兰西学院及其他国家教育机构制定,而在维护法语语言规范上,新闻工作者与节目主持人作用不容忽视。因此,法国最高视听委员会依法对视听媒体进行监督管理,以保卫和发扬法兰西语言。

法国最高视听委员会如何监管视听媒体?广播电视领域法语生态环境如何?法语是否受到威胁?法语是否要发展?

法语能否规避沦为濒危语言的风险？我们将从两个方面加以阐述。

一、法国最高视听委员会如何保卫和发扬法兰西语言

法国最高视听委员会依宪法与其他相关法律履行保卫和发扬法兰西语言的使命。

法语是29个国家的官方语言，全球使用人数超过2.2亿。法国宪法规定，法语是法兰西共和国的官方语言。此外，1994年8月4日颁布的《杜蓬法》规定，外语节目除外的广播电视播送的节目必须使用法语。但强制使用法语不等于排斥其他语言。根据1994年7月29日宪法议会的决议，强制使用法语的规定不影响个人选择使用"能够恰当表达自己思想的方言、流行语或外来词汇"的权利。

法国最高视听委员会根据宪法、《杜蓬法》及宪法议会相关决议对视听媒体进行监督管理。法国视听媒体分为两大类，其中之一为私营电台和电视台。私营电台和电视台免费使用公共频谱资源，亦受到相应限制，其中就有服从使用法语的规定。例如，法国电视一台明文规定"公司在制作节目、改编外国节目、为外国节目配加字幕、为节目命名时，应确保规范使用法语"。此外，类似的协议对私营传媒公司具有相当的

限制作用,例如在音乐领域。法国大部分电台为音乐电台,相关协议规定,音乐电台应保障法语音乐节目不少于最低比例,部分专业电台如古典音乐电台、爵士电台等除外。这种规定旨在在音乐领域捍卫法语的地位。

法国视听媒体的另一大类为国营电台和电视台,包括六个电视频道、七个电台频道及法国世界媒体集团。国营电台和电视台受法国文化通讯部监督,其运营规范同时受法国最高视听委员会管理。法国电视台运营规范用于限制公司行为,例如:规定"公司(员工)必须使用并尊重法语,禁止在存在对应法语词的情况下使用外来词"。当媒体运营商违反规定时,视听委员会将采取相应措施,包括制裁手段。然而视听委员会介入媒体语言领域较为少见:一方面,因为视听媒体主要使用口语,对语言一般性错误容忍度较高;另一方面,大部分电视电台节目为直播,视听委员会无法以书面语标准严格要求。

在媒体语言管理策略方面,视听委员会倾向于说服而非以制裁手段使之屈服。对语言违规行为的制裁绝非上策,有时甚至影响语言的发展。一方面,外来词汇的引入一直是法语自我丰富的重要途径;另一方面,某些略显低俗的语言随着时代的发展,或将渐渐成为通用语。因此,视听委员会致力于维护并推广法语的规范性用法,而非着力于制裁违反语言规范的行为。

二、媒体领域法语生态环境恶劣？

很多人哀叹媒体领域法语生态环境恶劣,我们认为问题确实存在,但程度未必如此严重。我们赴各语言机构进行实地调研,其中首要访问了法兰西学院、法国文化与传媒部法语及法国境内语言总司和法语国家组织。综合法兰西学院常任秘书埃莱娜·卡莱尔·当戈斯女士、法语及法国境内语言总司总司长格萨维耶·诺尔特先生及法语国家组织相关工作人员的看法:整体而言,媒体领域的法语生态环境并非如部分舆论所形容的那么恶劣。

当然,媒体领域法语问题的存在不可否认。首要威胁来自日趋严重的英语词汇滥用。如果有对应法语译文,为何还要选用外来语？为何使用 line 而弃用 en ligne(译者注:直播)？使用 low cost 而弃用 à bas coût(译者注:低成本)？使用 challenge 而弃用 défi(译者注:挑战)？当英语外来词最终成为通用语时,对应法语词语的存在意义何在？外来语滥用现象着实堪忧。

目前英语词汇侵入广告的现象愈演愈烈,使用英语的广告应强制加配字幕。此外,改编或引入的节目及电视剧,应提供翻译名称。例如,法国电视一台播出的 The Voice(译者注:法国好声音),为其添加合适的节目译名并无困难。

法国电视广播机构负责人在保卫与发扬法语的问题上与我们态度一致。2013年12月9日,法国最高视听委员会在法兰西学院举办题为"法兰西语言在视听媒体领域的未来"的专题研讨会。此次研讨会正式提出在"国际法语周"期间设立"视听媒体法语日",该倡议获得几乎所有法国视听媒体的支持。根据该倡议,第一届"视听媒体法语日"于2015年3月16日,即第20届"国际法语周"期间(译者注:2015年3月14日至22日)举行。届时,所有法国电视与广播频道将积极响应倡议,推出法语专题节目,以示保卫与发扬法兰西语言的决心。"视听媒体法语日"活动将秉承开放的精神,在捍卫民族语言的同时,推动并顺应语言的发展。

今日之法语已不再是龙萨时代之法语。几个世纪以来,法语因适应时代与社会之进步、紧跟科学与技术之发展成为全球2.2亿人的共同语言。我们有理由相信,法语将以兼容并包的气度,不断实现自我丰富,保持蓬勃生命力。

(陈海钊译　郭子荣校)

Le rôle de l'Institut français dans les échanges culturels et linguistiques entre la France et la Chine

Christophe MUSITELLI
Directeur du département Langue française, livre et savoirs à l'Institut français

Il y a cinquante ans le général de Gaulle établissait des relations diplomatiques avec la République populaire de Chine. La France a été le premier grand pays du monde occidental à procéder à un échange d'ambassadeurs avec la Chine. Il s'agit d'un moment fondateur qui influence depuis cinquante ans les relations entre nos deux pays. 2014 marque l'année de ce cinquantième anniversaire et de nombreux événements ont illustré le dynamisme des échanges entre nos deux pays. Des visites de hauts responsables politiques ont renforcé cette collaboration proche, ce que fera aussi le « dialogue de haut niveau ».

Ce séminaire est l'illustration de ce que ce cinquantenaire, porté par l'Institut français, veut célébrer. Il s'agit à la fois de célébrer l'héritage des relations fraternelles entre nos deux pays et également de mener une réflexion sur la manière dont nos deux pays abordent l'avenir de cette relation.

Dans le domaine de la création artistique, que je n'évoquerai pas aujourd'hui, je souhaite tout de même rappeler l'existence en Chine du festival Croisements. Ce grand événement, porté par l'Ambassade de France et l'Institut français, propose chaque année depuis 2011 un très grand nombre de manifestations culturelles françaises à un public très nombreux. L'engouement pour ce festival constitue la preuve de la vitalité et de la curiosité qui animent nos échanges. Cette année, plus de 70 événements sont programmés dans plus de 20 villes différentes en Chine.

L'Institut français est l'opérateur du ministère des Affaires étrangères et du développement international pour l'action culturelle extérieure de la France. Le terme « culturel » doit être ici entendu au sens large, incluant toutes les questions éducatives et linguistiques. La Chine est évidemment une priorité de l'action culturelle extérieure de la France. Notre relation est avant tout construite sur l'importance de nos échanges culturels et littéraires ancrés dans cette grande tradition d'études réciproques.

L'Institut français de Chine, dépendant de l'Ambassade de France à Pékin, dispose d'un Bureau du livre et de l'écrit qui est essentiel pour les échanges intellectuels entre les deux pays. La Chine est l'un des trois seuls pays au monde à posséder un Bureau du livre avec les États-Unis et l'Inde. Depuis Paris, l'Institut français complète et enrichit la réflexion et les actions menées sur place, notamment pour la circulation des jeunes chercheurs français et leurs relations avec les chercheurs chinois.

En poste depuis seulement un an, j'ai déjà le sentiment que la coopération intellectuelle et scientifique entre la France et la Chine s'est intensifiée. La vigueur de ces échanges s'illustre notamment à travers l'intensification constante des échanges entre éditeurs chinois et français. La Chine est depuis 2012 le premier pays traducteur d'ouvrages français.

L'intensification des échanges entre éditeurs et traducteurs chinois et français

Toutes ces actions s'inscrivent dans une logique de dialogue et non de projection de nos valeurs dans un autre pays. Alors qu'elle a, par le passé, cherché à exporter sa culture, la France est aujourd'hui à l'écoute et suit une logique partenariale.

Dans le domaine du livre et de la traduction l'action de l'Institut français s'inscrit dans une double logique articulant des questions intellectuelles et linguistiques et des questions économiques. L'Institut français considère que l'écrit demeure le pivot de la logique d'influence de la France, le français restant effectivement une langue d'influence mondiale. L'industrie du livre est la première industrie culturelle française à l'exportation. Son activité internationale représente un quart de son chiffre d'affaires.

Dans ce cadre, notre mission est de promouvoir la littérature de langue française dans une acception très vaste. Il s'agit également de soutenir la traduction des sciences humaines et sociales françaises afin qu'elles puissent être lues à travers le monde. La traduction constitue l'un des principaux vecteurs d'influence de la France. Le français étant la deuxième langue la plus traduite après l'anglais, la traduction constitue le premier maillon de la chaîne. En dehors des pays francophones au sens strict, la promotion de nos écrits et de nos écrivains ne serait pas possible sans la traduction.

Par conséquent, le soutien à la traduction irrigue l'ensemble de nos actions que sont la promotion de la production éditoriale et des auteurs ainsi que la diffusion de la recherche en sciences humaines et sociales. Or la traduction implique des traducteurs. Un autre pan du travail effectué en coopération avec la Chine a été cette année de travailler sur la formation des traducteurs. Plusieurs programmes de l'Institut français visent à mettre en relation les traducteurs français et les traducteurs chinois, afin qu'ils établissent un dialogue et apprennent les uns des autres.

L'Institut français a également mis en place un programme d'aide à la cession de droits grâce auquel les éditeurs chinois n'ont pas à s'acquitter de droits. Par ailleurs, un plan d'aide à la publication offre une aide à la traduction et soutient chaque année 70 titres français pour leur traduction en chinois. Ce plan constitue un élément central du dispositif.

Par ailleurs, en 2009 a été créé le prix Fu Lei. Ce prix littéraire récompense une œuvre en langue chinoise et rend hommage au travail effectué par les éditeurs et les traducteurs pour la promotion du livre français en Chine. Inauguré par le prix Nobel de littérature français, Jean-Marie Gustave Le Clézio, il continue de récompenser chaque année les meilleurs ouvrages traduits du français au chinois. Cette année, le prix sera dédoublé et un prix Fu Lei sera également décerné à un jeune traducteur.

Entre 2012 et 2013, les cessions de droits des éditeurs français vers la Chine ont augmenté de 20% en un an. Les éditions pour la jeunesse représentent 65% de ces cessions de droits. Il y a donc en Chine un désir très fort de découvrir la production de littérature de jeunesse française.

Cette politique de traduction a débouché sur un moment très important pour nous, à savoir la présence de Shanghai comme ville invitée au Salon du livre de Paris. Ce fut l'occasion d'échanges extrêmement fructueux entre nos deux pays.

L'intensification des échanges intellectuels entre la France et la Chine

Depuis 2011, l'Institut français a mis en place un programme de sciences humaines et sociales ayant pour objectif de développer des collaborations pour intensifier les échanges intellectuels. Ces trois dernières années, ce programme a donné lieu à un certain nombre de cycles, de dialogues et de conférences qui constituent une sorte de cartographie de la recherche franco-chinoise. En 2011, un grand cycle de dialogues asiatiques a permis à des philosophes français et chinois de dialoguer. En 2012, un cycle de réflexions philosophiques sur les Lumières s'est tenu dans trois villes chinoises (Shanghai, Pékin et Wuhan). Il a donné lieu à un partenariat très fort entre le département de philosophie de l'université de Wuhan et le Collège international de philosophie.

En 2013 s'est tenue à Hong Kong la grande conférence d'enseignants de littérature française et francophone en Asie. Elle a également débouché sur de nombreuses collaborations fructueuses.

En outre, le nouveau dynamisme de la bibliothèque chinoise des Belles Lettres illustre lui aussi la vigueur des échanges intellectuels entre la France et la Chine. Cette bibliothèque a pour ambition de proposer en France les classiques de la littérature chinoise dans tous les domaines (lettres, sciences, philosophie, histoire, poésie, médecine, astronomie, etc.). À l'occasion de la naissance de cette collection, une grande tournée en Chine a donné lieu à des échanges très intenses sur la façon dont on peut aborder et apprécier la littérature chinoise en France aujourd'hui.

Enfin, la question francophone et la question de la circulation des étudiants constituent également un enjeu fondamental pour nous. L'Institut français et l'Institut français de Chine sont particulièrement soucieux des étudiants et des universités. Plusieurs programmes existent avec pour objectif de faire venir des étudiants en France et de leur faire découvrir la culture française. Ces programmes sont en développement permanent. L'Institut français s'efforce également de mettre à disposition des enseignants de français des outils et des programmes innovants pour soutenir un enseignement de qualité. Le site internet de l'Institut français fournit de plus amples informations à ce sujet.

Les missions de l'Institut français à Paris sont bien celles d'accompagner le développement des relations franco-chinoises et de continuer à les enrichir. Ce séminaire participe pleinement de cet enrichissement.

法国文化中心在中法语言文化交流中的作用

克里斯多夫·米西特里

法国文化中心(巴黎)法语、图书和知识部主任

五十年前,戴高乐将军决定与中华人民共和国建交,法国由此成为第一个与中国建立大使级外交关系的西方大国。1964年这一历史性时刻为中法五十年来的友好合作关系奠定了坚实基础。

2014年是中法建交五十周年,两国就此展开广泛而深入的交流活动,其中政府高层互访对发展两国关系、推动双边交流具有重大意义,中法高级别人文交流机制应运而生。

由法国文化中心(巴黎)[①]承办的第二届"中法语言政策与规划国际研讨会"是两国建交五十周年系列纪念活动之一,一方面为庆祝中法两国兄弟般友好情谊,另一方面通过活动开展对中法两国关系的未来进行深入思考与探索。

---

① 本文中法国文化中心指 Institut Français,总部位于法国巴黎;北京法国文化中心指 Institut Français de Chine;为了避免读者混淆,本文用"法国文化中心(巴黎)"和"北京法国文化中心"分别指称。

在艺术创作领域,由法国驻中国大使馆和法国文化中心(巴黎)共同推出的"中法文化之春"是不得不提的文化交流盛事。"中法文化之春"活动始于2006年[①],通过精彩纷呈的视听艺术以及丰富多样的文化活动,吸引了大量观众,大力推进了中法文化交流与互动。"中法文化之春"的成功充分体现了双边交流的活力与潜力。2014年的"中法文化之春"在中国40余[②]座城市举行,为中国观众呈献了一场场文化盛宴,盛况空前。

法国文化中心(巴黎)隶属法国外交与国际发展部,致力于推广法国的对外文化活动。此处的"文化"应从广义角度去理解,它涵盖所有教育与语言相关的事务。中国是法国对外文化活动的重要推广对象。一直以来,中法两国在文化与文学上相互学习,相互借鉴,合作交流从未间断。正是植根于这种深层次、宽领域的文化交流与互动,中法两国友好关系得以健康发展。

北京法国文化中心是法国驻中国大使馆的官方机构,内设多媒体图书馆,是两国文化交流的重要窗口。法国文化中心仅在三个国家设立多媒体图书馆,分别为中国、美国和印度。法国文化中心高度重视对华文化活动,其巴黎总部就致力于规划对华文化推广活动,尤其注重两国青年学者间的交

---

① 法文原文为2011年,译者根据相关信息更正为2006年。
② 法文原文为20余座城市,译者根据相关报道更正为40余座城市。

流与互动。

自任法国文化中心(巴黎)法语、图书和知识部主任短短一年以来,我已深刻体会到中法两国文化与科技交流的逐步深化。2012年以来,中国在法语书籍的翻译方面居世界第一。中法两国出版商之间的合作稳步扩大,这正是两国文化交流不断深化的具体体现。

一、两国出版商、译者之间的交流日渐频繁、密切

中法双方的交流活动通过友好对话展开,价值观上求同存异、互相尊重、互相理解,实现了共同发展、共同进步。法国转变了文化输出思路,以倾听者的角度寻求建立合作共赢的伙伴关系。

在图书出版与翻译领域,法国文化中心注重双重效益的统一:

一是语言与文化效益。法语是世界性语言,法国文化中心始终认为法语书籍是法国影响力的主要载体,图书行业是法国文化输出的排头兵;

二是经济效益。国际业务占法国图书行业总营业额的四分之一。

基于以上认识,法国文化中心(巴黎)以传播法语语言文

化为使命,积极支持包括人文社科作品在内的法语书籍的翻译工作。目前法语书籍被大量翻译出版,数量上仅次于英语书籍。翻译是法语作品全球推广的第一环节,是法国影响力的重要实现手段。除严格意义的法语国家外,法语作品及法国作家的推广均离不开翻译。

因此,法国文化中心(巴黎)在践行自身使命的过程中,始终将翻译工作列为重点。译者是文化交流的媒介,是翻译工作的主体。法国文化中心(巴黎)本年度的重点工作之一即是与中方密切合作,强化译者培训。目前中心已推出多项计划,旨在加强中法两国译者的交流与互动,为双方相互学习、相互借鉴创造条件。此外,出版支持计划是法国文化中心(巴黎)工作的重中之重:版权转让支持计划帮助中国出版商免交相关税费;出版支持计划每年为70部法国作品的汉语翻译提供资助。

2009年,法国驻华大使馆出资设立傅雷翻译出版奖,由2008年诺贝尔文学奖得主勒克莱齐奥揭幕。傅雷翻译出版奖旨在奖励法语书籍的汉语译作,表彰在华推广法语作品的出版商与译者。今年傅雷翻译出版奖评委会将继续评选出文学类与人文社科类汉语译著各一部,表彰其出版社与译者,同时设新人奖以鼓励青年译者。

2012年至2013年,法国出版商对华版权转让增幅高达20%。青年读物占著作权转让作品总数的65%。该数字表明,法国青年文学在中国有很大的阅读需求。2014年巴黎图书沙龙亮相书展主宾城市上海,这是中法文化交流深化的又一枚硕果。

翻译工作受到认可与重视是中法文化交流的重要催化剂。

二、两国学术交流的日益深化

2011年以来,法国文化中心(巴黎)推行人文社科交流计划,旨在强化学术合作、推进学术交流。近三年来,该计划已促成多轮对话,见证了中法学术交流的发展。2011年,"对话亚洲,北京—首尔—台北—东京"活动为中法哲学家的交流提供了契机。2012年,"中法哲学家对话"系列活动在北京、上海和武汉三个城市举行,中法哲学家对启蒙哲学进行了探讨与交流。"中法哲学家对话"系列活动也深化了武汉大学哲学学院与法国国际哲学学院之间的合作伙伴关系。2013年,"亚太地区法语教学研讨大会"在香港举行,促成了多项合作。此外,法国美文出版社"汉文书库"丛书的成功发行也是中法学术交流深化的硕果。"汉文书库"丛书为中国传统典籍法译本,内容涵盖文学、科技、哲学、历史、诗歌、医学、天文等诸多领域,为中国传统文化在法传播发挥了重要作用。同时,以该丛书在华推广活动为契机,中法双方展开了众多交流,进一步提升了法国人民对中国传统典籍的认识与鉴赏水平。

中法学术交流的另一重要领域是语言教学及学生交流。

法国文化中心(巴黎)与北京法国文化中心高度重视高校法语教学及学生交流活动,推出多项常态化交流计划,方便中国学生赴法深入了解法国语言文化。另一方面,法国文化中心(巴黎)还致力于为法语教学者提供创新型教学手段与计划,以提高中国的法语教学质量。由于时间原因,具体细节不再赘述,详情可查询法国文化中心(巴黎)官方网站。

法国文化中心(巴黎)将一如既往致力于两国文化交流,积极为本届研讨会建言献策,为中法两国友好关系做贡献。

(陈海钊译　李飞校)

Introduction : la promotion du français à l'international et de la diplomatie culturelle française

Anne GRILLO
Directrice de la coopération culturelle, universitaire et de la recherche, ministère des Affaires étrangères et du Développement international

Je remercie Xavier North qui m'a fait l'honneur d'animer cette seconde partie de notre réunion, consacrée à la diffusion internationale des langues.

Je salue et remercie nos amis chinois, et en particulier Monsieur le Directeur général, d'être venus si nombreux. Nous sommes heureux de compter dans cette assemblée des interlocuteurs occupant des fonctions prestigieuses. Avec la qualité de votre délégation, nous avons des interlocuteurs précieux.

J'ai toujours plaisir à rencontrer des amis chinois. La Chine est un pays qui a toujours compté pour moi, tant personnellement que professionnellement. J'ai commencé ma carrière de diplomate à Pékin, le 1er mars 1997. La veille, la Chine était plongée dans un deuil national, suite au décès de Deng Xiaoping. J'en suis partie le 15 juillet 2001, au lendemain de la décision du Comité International Olympique d'attribuer les Jeux Olympiques à Pékin. Pendant ces années, j'ai pu mesurer combien nos pays étaient fiers de leur langue respective, sans pour autant verser dans l'arrogance. Au-delà de nos différences culturelles évidentes, nombreuses sont nos préoccupations communes s'agissant de nos langues respectives. Elles portent notamment sur leur diffusion, au sein même de nos pays, comme à l'extérieur, en termes de rayonnement. Aussi la coopération linguistique entre nos deux pays est-elle apparue évidente.

Nous nous consacrerons aujourd'hui à la dimension internationale de ces langues. Ce séminaire intervient à un moment particulier, puisqu'il constitue l'un des temps forts du cinquantenaire des relations diplomatiques entre la France et la Chine – moment que nos deux chefs d'État ont choisi pour lancer ce dialogue sur les échanges humains. Demain, nous rendrons compte des travaux de ce séminaire, qui constituent une contribution majeure.

La langue française est le trait d'union de toutes nos actions diplomatiques. Nous ne concevons pas une diplomatie sans notre langue. En effet, la nation française s'est construite autour du français, qui a toujours été considéré comme un atout. En 1883, le diplomate Paul Cambon et le géographe Pierre Foncin fondent l'Alliance française, qui a eu dès son origine une vocation universelle et la mission de faire rayonner la langue et la culture françaises.

Aujourd'hui, à l'heure de la mondialisation, nous sommes plus que jamais convaincus que le français est une chance. En premier lieu, il s'agit d'une langue qui fédère, et qui possède les caractéristiques d'une langue mondiale. Avec 220 millions de locuteurs, elle est la sixième langue la plus parlée dans le monde, derrière le chinois, l'hindi, l'anglais, l'espagnol et l'arabe. C'est aussi la langue officielle de 32 États et gouvernements, une langue qui fédère 400 millions d'habitants. Elle est partagée par 77 États et membres de l'Organisation internationale de la Francophonie. Cette langue est reconnue et dispose d'un statut de langue officielle : aux Nations Unies et dans ses nombreuses instances, au sein de l'Union européenne ou de l'Union africaine, ou encore aux Jeux Olympiques. À cette occasion, je salue la Chine pour la place qu'elle a su réserver à la langue française et à la Francophonie, en prenant l'initiative de signer une convention, avec l'Organisation internationale de la Francophonie, pour la promotion du français aux Jeux Olympiques de Beijing. Cette démarche fut renouvelée lors des Jeux Olympiques de la Jeunesse de Nankin, cet été.

Le français est aussi une langue étrangère dans beaucoup de systèmes éducatifs. Il s'agit de la langue la plus apprise après l'anglais. Cette langue est aussi une opportunité dans le domaine économique. En effet, l'espace francophone représente 15% de la richesse mondiale, et 12% du commerce international. Il existe aujourd'hui un consensus au sein des experts pour considérer que l'appartenance à l'espace francophone permet un gain moyen de PIB par habitant de 6%.

Le français est une langue qui permet de porter la défense du multilinguisme, un enjeu qui nous est cher. L'anglais est la langue de communication internationale, et ce fait n'est plus un sujet. Pour autant, le multilinguisme n'en demeure pas moins une richesse, comme le savent parfaitement nos deux pays. Ainsi, nous constatons que le français progresse dans des zones où cette évolution n'apparaissait pas comme la plus probable, comme c'est par exemple le cas dans votre pays, mais aussi en Inde, dans les pays du Golfe, en Afrique du Sud ou encore au Nigéria. À l'initiative de la France, le Conseil exécutif de l'UNESCO a adopté au printemps dernier une décision pour promouvoir le multilinguisme et l'enseignement des langues au sein des systèmes éducatifs. Cette initiative avait d'ailleurs été fortement soutenue par la Chine, ce que nous n'avons pas oublié. Votre pays a aussi accueilli la Conférence mondiale sur les langues en juin dernier, à l'occasion de laquelle la Vice-Premier ministre avait rappelé que la maîtrise des langues sert la compréhension mutuelle.

La France a progressivement construit une gamme d'outils et de vecteurs de promotion de notre langue à l'étranger. Cette langue se diffuse à travers un réseau culturel particulièrement dense de par le monde, ce dont peu de pays peuvent se prévaloir. Je parle des Instituts français, des Alliances Françaises et de nos écoles françaises. Ce réseau est l'un des atouts de la promotion de la langue française, car il accueille les publics et les apprenants. Cette caractéristique nous singularise d'autres pays. Nous coopérons aussi avec les systèmes éducatifs locaux, à travers l'appui à des filières bilingues ou des sections internationales, *via* notamment l'utilisation de labels. C'est ce que nous souhaiterions faire avec la Chine, à travers un projet exceptionnel de sections pilotes de langue française.

La langue française irrigue tous nos outils de diplomatie culturelle. L'Institut français est l'opérateur culturel du ministère des Affaires étrangères et du Développement international. Nous nous appuyons aussi sur un audiovisuel extérieur, autour de France Médias Monde, qui regroupe France 24, Radio France International et Monte-Carlo Doualiya, mais aussi TV5 Monde. Nos universités contribuent également à ce rayonnement.

Ainsi, la promotion de la langue française est au cœur de nos outils et de tous nos projets de coopération. Il est impossible de dissocier la langue française du rayonnement de la culture française. Le français est une langue, mais aussi une culture. Le musée des Arts Décoratifs qui nous accueille a réalisé une très belle exposition à l'occasion du cinquantenaire des relations diplomatiques entre la Chine et la France, qui a permis aux Français de redécouvrir la richesse et la diversité des collections présentées en hommage à votre pays. Je mentionnerais également l'extraordinaire exposition sur la dynastie Han qui va s'ouvrir au Musée Guimet en octobre, une exposition sans précédent grâce au prêt exceptionnel de pièces provenant de votre pays. Ainsi, nos cultures font écho à nos langues respectives. Faire entendre nos artistes et écrivains français est une chose, mais nous l'entendons dans un souci de réciprocité, et c'est bien l'esprit qui nous anime aujourd'hui. D'ailleurs, l'appétence pour les auteurs et poètes chinois est frappante en France.

Les étudiants chinois sont de plus en plus nombreux à venir étudier en France. Ils y sont bienvenus, et doivent être accueillis dans les meilleures conditions. Ils sont au nombre de 35 000 aujourd'hui, et nous souhaitons en accueillir davantage. Le ministre des Affaires étrangères en a fait une priorité. À cet égard, la non-maitrise de la langue ne doit pas être un obstacle. Des dispositifs permettent aujourd'hui d'apprendre le français en France, mais nous avons aussi travaillé à des offres de formation en anglais, en cherchant à donner le goût du français.

Ainsi, le projet de section pilote de langue française dans les écoles secondaires en Chine revêt à nos yeux une grande importance, car il s'agit d'un marchepied vers la poursuite des études en France.

La promotion du français est un objet en soi de notre diplomatie culturelle, et irrigue plus largement l'ensemble de notre action étrangère. Nous avons beaucoup à apprendre les uns et les autres, afin de trouver des façons de mieux travailler conjointement. C'est l'objet de notre matinée.

法语国际推广与法国文化外交

安娜·格里洛

法国外交与国际发展部文化、高校合作和研究司司长

法语是法兰西民族形成的基础,是法兰西民族的瑰宝。法国的外交规划离不开法语,法语是联结法国所有外交活动的重要环节。1883年外交官保罗·康朋和地理学家皮埃尔·冯森创建法语联盟。法语联盟自诞生以来,以法语全球推广为使命,致力于法国语言文化的国际传播。

法语在全球化背景下获得了前所未有的认可与重视。首先,法语具有全球通用性。法语使用人数多达2.2亿,仅次于汉语、印地语、英语、西班牙语和阿拉伯语,是世界上第六大被广泛使用的语言。其次,法语是32个国家的官方语言,涉及4亿人口。法语国家组织目前拥有55个成员国。[①] 此外,法语是众多国际组织与活动的工作用语,例如:联合国及其相关机构、欧盟、非盟和奥林匹克运动会等。北京奥运会安排法国志

[①] 2014年11月29日召开第14届法语国家峰会时,法语国家组织已拥有57个成员国家或地区。

愿者参与接待服务，2014年夏天举办的南京青年奥林匹克运动会延续了这样的安排。

法语是各国教育系统中的重要外语科目，是继英语之后学习人数最多的语种；法语的社会经济价值极高，法语世界占全球财富的15％，占国际贸易的12％。融入法语世界可促进人均国内生产总值的提高，这一点已成为专家的共识。

另一方面，法语在捍卫语言多样性上意义重大。英语是公认的国际通用语言，但语言多样性至关重要，这也是世界的共识。法语国际传播整体形势向好，在某些"弱势"地区也在渐获重视，例如：印度、海湾国家、中国、南非和尼日利亚等。在法国的倡议下，联合国教科文组织执行局于2014年春天通过相关决议[①]，旨在进一步促进语言多样化发展，在教育系统中力推语言教学。该倡议获得中国的大力支持，法国学界谨记于心。2014年6月中国教育部与联合国教科文组织通力合作在苏州举办"世界语言大会"，刘延东副总理出席会议并强调语言在增信释疑中的重要作用。

法国为法语国际传播营造了诸多有利条件。法国文化中心、法语联盟、法国学校等语言文化机构为全世界法语学习者提供有力支持，成为法国语言文化传播的重要依托。法语通过强大的文化网络传播至世界各地，这是大多国家难以比拟

[①] 经译者查阅相关材料，此处应为联合国教科文组织执行局于2014年4月第194次会议上通过的194 EX/29项决议——"教育系统中的语言教学"。

的优势。此外，法国还通过双语课程、国际语言班和品牌利用等方式与各地教育机构紧密合作，推广法国语言，例如：法国与中国合作实施的法文国际班项目。

法语贯穿了法国所有文化外交活动。法国语言文化中心是法国外交部文化外交的重要推手；法国对外视听媒体同样发挥着重要作用，例如：法国世界媒体集团旗下的法国24个电视台、法国国际广播电台、蒙特卡洛中东电台以及法国电视国际五台等；高校间的语言文化交流合作也是法国文化外交的重要组成部分。脱离语言的文化传播无从谈起，法语是法国各类文化合作项目取得成果的核心因素。法语是语言，其实质更是文化。

本届研讨会的东道主——法国装饰艺术博物馆在中法建交五十周年之际推出与中国相关的大型展览；一方面借此机会向中国表示敬意，另一方面向法国人民展示中国的文化艺术珍品。此外，法国国立吉美亚洲艺术博物馆将于10月举办前所未有的"汉风——中国汉代文物展"，展品均为中国精心挑选的艺术文化瑰宝。寓文化交流于语言之中。文化交流，一方面应为艺术家与作家提供展示自我的平台，另一方面观众与读者应能读懂艺术文化作品，形成互动。中国的作家与诗人在法国大受欢迎正是中法两国语言交流合作深入的成果。

赴法留学的中国学生逐年增多。法国欢迎中国留学生，并力求为中国学生营造最佳学习和生活环境。迄今为止，在法中国留学生已达3.5万人。法国期待更多的中国学生赴法深造。语言不应成为两国青年学生交流的障碍。法国为此成立了诸多法语语言培训机构,并通过以英语为教学语言的相关培训,适时推广法语学习。此外,法国高度重视中国初高中学校的法语国际班项目,力求为中国学生赴法深造奠定良好的语言基础。

法语传播是法国文化外交的重要组成部分,贯穿法国各项文化外交活动。中法两国在语言文化领域应互相学习、互相借鉴,力求扩大合作的深度与广度,这正是本届研讨会的主要目标之一。

(陈海钊译　李飞校)

语言的意义：全球化背景下的中国外语教育

曹德明

上海外国语大学校长

摘　要： 随着全球化的深入发展，语言正在成为世界各国文化深入交往的途径，语言本身正在发挥越来越大的经济价值、社会价值和文化价值。在此背景下，外语教育成为获取语言资源的重要方式，中国外语教育也因此获得前所未有的迅速发展。但是，当前中国外语教育还存在着外语教学资源不够充沛、语种不够全面、教学方法和效率有待提升、外语教学与文化习得相脱节、外语人才知识结构单一等诸多问题。为此，有必要对中国外语教育方式进行深入试验和探索：创新外语专业人才培养模式，培养复合型人才；将外语学习从语言习得转向对象国研究，提升外语学习效率；注重外语资源的全球化配给，促进世界各国研究者来华交流；鼓励注重教学法改革研究，为中国培育、引介世界先进外语师资。

关键词： 语言价值；全球化；中国外语教育

一、中国外语教育发展的背景

我们身处一个从未有过的全球化交流时代，只要人们能接入互联网,就能迅速了解世界,并传播自己的声音。

今天,中国的互联网用户数已经达到 6.17 亿人,移动互联网用户数达到 8.38 亿人。互联网让中国人与世界紧密连接,他们通过各种社交软件与世界各地人们进行商务、文化和思想交流。这种交流程度远超我们想象:巴西世界杯的比赛足球,在中国江西一个叫作星子的小县城里制造。这座小城的许多中国人都未必知道巴西在哪儿,但往地心打个洞横穿地球,它对面的位置正好是巴西,两端的人们正通过英语和葡萄牙语做生意;在中国最偏远的乡镇,也能听到六七岁的孩童在朗读英语。当前,中国社会各界在热烈讨论一个话题:中国的大学入学考试到底该怎么进行外语考试。当有意见表示中国教育不应那么注重英语学习时,将教育视为最大要务的中国家长一片哗然,虽然他们的孩子依旧会以中国这一蓬勃发展的市场作为职业立足点,他们还是认为如果自己的孩子不具备良好的外语能力,将无法在未来的几十年内获得上升机会。因为他们无法取得中国未来高端人才发展的基础:那就是良好的跨文化交流能力。

中国的崛起是本世纪重要的历史事实,并开始影响普通老百姓的生活。2013 年,中国有 9730 万人次出境旅游,消费了 1290 亿美元,其中到法国旅游人数超过 150 万人次。2013 年中国的出国留学人数首次突破 40 万人,同年赴法国留学的中国学生达到 3.5 万人,中国已成为法国最大的留学生生源国,预计到 2015 年这一数字将超过 5 万,随着两国人文交流机制的建立,这一规模还将不断发展。法国前总统希拉克喜爱中国青铜器,并多次到访青铜器收藏重地——上海博物馆,这个故事至今仍然被作为中法间知己友谊的案例在这座城市传颂。与此同时,汉语热也开始升温。2014年举行的中国南京第二届世界青年奥林匹克运动会上,当各国歌手用发音标准的普通话引吭高歌时,中国人似乎已习以为常,不再因外国人能够讲标准中文而惊诧或欣喜。而仅仅在中国的国际汉语普及机构——孔子学院中,2013年全世界学员人数已经达到85万。

二、语言的价值

上述种种事例说明,深入发展的全球化,已经从英语作为工具连接世界的时代,进入多元文明、多种文化互相紧密联系、互相影响的新层次,语言不单成为连接世界的重要载体,同时也正在成为世界各国、各种文化深入交往的途径,语言本身正在具备越来越大的价值。

(一)语言正在创造更大的经济价值

在英语成为商业通用语言的同时,我们必须清醒地认识到,大众化外语教育仍然存在一定边界,同时出于人们的生活习惯、对于母语的熟悉感和各国不同的语言政策,商业竞争中对于市场本土语言的了解掌握,仍然使多语种习得者具备更大优势。据麻省理工学院的经济学家阿尔伯特·塞兹对美国社会英语母语者的计算得出,外语除可以使一个大学生起始年薪增长1.5万美元外,还可以带给人们工作报酬2%的额外收益,且不同语言的额外收益还不同,例如西班牙语为1.5%,法语为2.3%,德语为3.5%。目前中国外语专业毕业生的起始年薪也明显高于其他专业的学生。另一项研究表明,英国每年因缺少外语专业人才而多花费480亿英镑,占GDP的3.5%。中国至今还未曾做过类似研究,但数据统计表明,2013年仅英语培训在中国市场就有近3亿的消费人群,培训市值超过37.5亿欧元。其他语种培训的商业价值也正在被重视。

(二)语言正越来越多地发挥其社会价值

对于语言多样性的尊重,往往是一个国家、社会尊重人权与开放程度的标志。同纽约、伦敦、巴黎一样,上海也在追求对城市外语种数的跟踪调查和保护。上海外国语大学设有中国外语战略研究中心,探讨并参与制定中国的外语政策,其中的一个重要任务就是如何使国际大都市对各种外语具备更好的适用性和服务水平。现在上海的旅游业、服务业和主要出口产业,都已经习惯应用英语以外的世界主要语种和来华主要外籍人士母语语种,并十分强调外语的正确、规范使用,以此作为城市多元文化共同发展的重要指标,而这既是中国承办奥运会、世博会之后带来的外语政策变化,也是语言发挥社会价值、体现观念变化的重要表现。

(三)语言将极大发挥促进共识与合作的文化价值

语言是文化的载体。我们知道,文学作品虽然能够翻译,但语言之后的文化现象及其构成的深层含义,却往往需要通过掌握作品原文才能更好地体会。所以"翻译本身即是一种创作"的观点,虽仍有争议,但也说明语言与其所承载之文化的重要关系。语言是历史产物,反映了一国历史变迁和民族价值观;语言是身份的代表,也是情感的表达媒介。而外语学习的过程中所接触到的文化现象和思维方式,也构成了解民族对外表达观点的核心。因而外语学习者所拥有的多元文化观念,将使学习者和母语者更好地理解彼此,熟悉各自文化所蕴含的深层次含义。这种理解有助于我们熟知各自的民族文化与立场,从而寻求共识,促进合作,乃至增进知识共享与世界和平。

三、中国的外语教育

(一)现状

语言已经成为世界各国深度进入全球化、同时也保护自身文化特色的一种核心资源。语言交际功能的向前发展将有助于为人类思想库提供更多角度认知,并丰富国际通用语言的内涵与外延;语言核心义项的本土化保护将保留本族文化的核心价值观,让我们的星球更加多元。在人类更深刻认识彼此的过程中,外语教育将成为获得语言这一核心资源的重要方式和途径。当前,中国外语教育发展迅速,除全国从小学起开设 12 年英语教学外,中国大学开设英语专业近 1000 个,日语专业近 500 个,俄语专业 130 多个,法语专业 130 多个,西班牙语专业 70 多个,还有各种其他语言,此外不计其数的社会培训机构也开设外语教学。但是,中国外语教育也存在着不少问题。

1. 外语教学的资源还不够充沛,语种还不够全面。目前,在中国大学开设的外语语种只有 60 多种,一些非通用语种教学,仍然集中在区区几所大学内,许多知名大学都无法提供多语种外语课程,不少语种全中国也仅有几名教师,没有形成学科,甚至还停留在语言基础教授的水平上,这不利于中国更全面地了解世界。

2. 教学方法和效率还有待提升。除专门的语言类大学外,不少学校,尤其是英语外的外语语种,其教学效率有待提高,有些外语专业学生花费 4 年时间只能达到欧盟语言标准 A2 水平,也不能畅达地进行跨文化交流。这种教学结果的不平衡,与教学法有密切关系:轻视大量阅读和语言运用能力,过分依赖知识传授而缺乏实际练习,过分强调工具习惯思维和技术训练,忽视创造性思维练习,等等,都是中国外语教学工作者亟须加以改进的缺陷。

3.外语教学与文化教学脱节。由于教学资料、师资水平和对外直接交流的限制,许多大学的外语教学仍然停留在语言习得上,而缺乏教学内容与人文素养培育的有效连接,缺乏对学生关注对象国语言变迁的指导,缺乏对对象国历史、文化、社会现实的系统教学与分析,缺乏有先期引入式指导的对象国游学计划,缺乏对对象国国情的深入研究,等等。

4.外语人才的知识结构单一。中国多数大学至今为止仍然只将外语视作一国语言文学进行教学。事实上分析一国文学现象的专门研究者人数永远是有限的。缺乏应用层面的专业支撑,使外语人才无法在商业活动、文化交流、信息传播过程中通过专业角度、辅之语言工具能力和跨文化交流特长,获得与对象国最直接的联系,因而无法从专业角度切入而增进同对象国的联系。

(二)思考

面向正在增值的语言需求和不断扩大的中国对外交流需要,我们认为有必要对中国的外语教育方式进行试验和深入探索。

1.创新外语专业人才培养模式,培养复合型人才。鼓励学生在掌握英语和另一门外语的基础上,再学习一门社会科学专业,掌握分析世界多样文化的工具和视角,并具备在中国和外语对象国学习的经历,从而形成"两门外语+一门专业+两种文化背景"的高端复合型人才。

2.将外语学习从语言习得转向对象国研究,提升外语学习效率。改革外语教学方式,发挥多媒体教学优势,增加基础教学阶段的阅读量,激发学生自主学习的潜力和资源获取能力,全力提升外语学习者的学习效率,并引导他们进入对象国研究分析。优化学制,采用本科阶段掌握语言文化基础、硕士博士阶段开展对象国研究的方式,促进中国对世界各国的了解。现在上海外国语大学对中东、欧洲等各国文化的研究取得了长足进步,从一个世界文学研究的重镇,发展成为具备区域和国别研究实力的智库。

3.注重外语资源的全球化配给,促进世界各国研究者的来华交流。鼓励世界各国愿意了解中国的人士来华交流,设立"中国学"研究平台,聚焦外语学习与交流的问题,进而促进不同语言的交流;积极扩大孔子学院数量,引入海外优质外语教学机构,形成母语式外语教学体系;增加外语语种,鼓励世界各国优秀语言学家、国际问题专家来华开展多样式教学;积极推动开放式的外语政策研究与决策制定机制,推动更多外语语种在中国服务领域的供给。

4.注重教学法改革研究,为中国培育、引介世界先进外语师资。作为中国外语教育的引领者和标杆,上海外国语大学率先提出外语人才培养从小学初学到博士阶段的"一条龙"纵贯式培养模式,为不同年龄段的外语学习者提供高效率学习策略和方法。上海外国语大学所培养的外语人才也在世界各地获得认可。这一培养模式,不单为中国培养出了当前的主要外交官员，也为中国的对外合作企业培养了众多CEO和管理者，更在为中国的不少大学、中学培育优秀外语师资；我们积极探索文化背景下的语言学习方法，发展了结构—功能语言教学方法，丰富了中国外语教学教材体系，并形成了中国文化背景下的外语测试理论。

四、结语

综上所述，全球化应是文化多样性的共存与统一，而非英语一种语言条件下的单调一致。在历史性的全球深度交流环境下，语言正发挥越来越大的价值。为此应通过注重语言能力和交际能力的外语教育，使语言成为不同族群理解对方的媒介。语言能力将成为一个国家、社会全球化行动能力的一种前提条件。因此，在中国更全面进入世界体系之时，培养卓越的外语人才，让他们熟练运用对象国母语进行交际，将成为外语教育的重要目标。而这一背景下的中国外语教育，正从简单的技能型教学转为对对象国的综合研究和多能力人才的培养，这一转型涉及中国外语教育的方式、内容乃至体系。为此我们正在进行实践与探索，也欢迎各国同人为我们提供指导和帮助，共同促进语言价值的最大化。

La valeur des langues : l'enseignement des langues étrangères en Chine dans le contexte de la mondialisation

CAO Deming
Président de l'université des Langues étrangères de Shanghai

Dans un contexte de mondialisation, il est possible à n'importe quel moment de diffuser sa voix. La Chine compte aujourd'hui 617 millions d'internautes. Internet permet au peuple chinois d'être en contact avec le monde. La population chinoise peut ainsi entretenir des échanges commerciaux et culturels, avec parfois des conséquences inattendues. Le ballon de la Coupe du monde au Brésil a ainsi été produit dans un petit village de la province du Jiangxi, aux antipodes du Brésil. Ces deux peuples ont communiqué ensemble, grâce à la technologie numérique, mais aussi grâce à l'anglais et au portugais. Ainsi, même dans les provinces les plus reculées de Chine, les enfants apprennent leurs leçons d'anglais.

Cet état de fait a suscité un débat en Chine sur l'enseignement des langues étrangères, notamment au niveau du baccalauréat. Certains spécialistes ont déploré la trop grande importance accordée à l'anglais, ce qui a suscité une levée de boucliers de la part des parents d'élèves, qui voient le multilinguisme et le multiculturalisme comme autant d'atouts professionnels.

L'émergence de la Chine est un fait remarquable de ces dernières années qui a de vastes répercussions pour les Chinois eux-mêmes. Ainsi, 97 millions de Chinois se sont cette année rendus dans des pays étrangers, où ils ont dépensé plus de 129 milliards de dollars. 1,5 million de Chinois ont visité la France. En 2013, on comptait plus de 400 000 étudiants chinois de par le monde – dont 35 000 en France. La Chine est devenue le premier vivier d'étudiants étrangers en France, où elle dépassera prochainement le cap des 50 000 étudiants.

Le Président Chirac avait une fascination pour les bronzes de l'époque Qing. Dans les musées de Shanghai, cette fascination continue d'être évoquée, et est perçue comme l'un des préludes à l'amitié entre nos deux pays. L'engouement des étrangers pour le chinois a été croissant et se poursuit encore aujourd'hui, comme en témoigne l'organisation des Jeux Olympiques des Jeunes. Aujourd'hui, les Chinois ne sont plus étonnés d'entendre des étrangers maîtriser le mandarin. À cet égard, saluons l'action des instituts Confucius, qui accueillait en 2013 plus de 850 000 étudiants.

La mondialisation a érigé l'anglais en tant que langue de communication internationale. Or la langue ne sert pas uniquement à communiquer, mais doit être perçue comme un outil de compréhension de cultures différentes. La langue crée également de la valeur économique. Il faut reconnaître l'existence d'un certain nombre de barrières en matière d'éducation, car la maîtrise d'une langue maternelle ne permet pas toujours de bien appréhender une langue étrangère et sa culture. Certaines études ont démontré que la maîtrise d'une langue étrangère permet d'espérer un surplus de revenus de l'ordre de 15 000 dollars en moyenne. Selon la langue considérée, cet apport financier diffère : il serait ainsi de 1,5% pour l'espagnol, et de 2,3% pour le français.

Aujourd'hui, la maîtrise des langues étrangères permet en Chine de jouir d'un statut qui dépasse celui obtenu par la maîtrise d'une autre spécialité. Au Royaume-Uni, on estime que les effets de la faible maîtrise des langues étrangères contribuent négativement à hauteur de 3,5% du PIB. Nous consacrons donc d'importants moyens à la formation des compétences en langues étrangères, puisque cet effort se monte à 3,75 milliards d'euros.

Shanghai, à l'instar de Paris, Londres ou New York, s'investit dans l'enseignement des langues étrangères. Le Centre de Recherche et de Stratégie des Langues Etrangères de Shanghai promeut cette politique, qui ne concerne pas uniquement l'anglais. Shanghai a le statut de ville internationale. Elle jouit à ce titre d'une certaine flexibilité, et est en mesure de fournir un certain nombre de services dans une langue étrangère. Nous mettons l'accent sur la maîtrise de ces langues, et leur usage normalisé, afin que ce capital linguistique profite effectivement à la société.

Les langues permettent une meilleure coopération culturelle. Elles sont un vecteur de culture. La traduction à elle seule n'est pas toujours en mesure de restituer cette dimension culturelle. La traduction est, en quelque sorte, une « création », même si cette assertion peut être contestée. La langue est un produit de l'histoire, et reflète le mode de pensée d'un pays, d'une identité, ou d'une ethnie. En tant que vecteur des sentiments, elle permet de comprendre le point de vue et l'expression d'un peuple. Le multiculturalisme permet donc de mieux appréhender la signification et la profondeur de la culture de l'autre, qui favorisera l'émergence de compromis et contribuera à la paix mondiale.

La langue est un vecteur permettant à tout pays de s'insérer dans la mondialisation. Elle a donc une valeur cruciale, essentielle à toute culture. En Chine, l'apprentissage d'une langue étrangère commence dès l'école élémentaire, et s'effectue sur les douze années suivantes. Au niveau universitaire, nous avons créé plus de 1 000 spécialités en anglais, 500 en japonais, 130 en russe et en français, et 70 en espagnol. De nombreux instituts de langue étrangère ont également vu le jour en Chine.

Toutefois, il nous reste un certain nombre de problèmes à résoudre, à commencer par la pénurie des ressources d'enseignement, ou encore la représentation insuffisante des langues étrangères en Chine. Dans l'enseignement supérieur, environ soixante langues sont enseignées, ce qui n'est pas suffisant. En outre, un certain nombre d'universités ne disposent pas des moyens nécessaires pour proposer des cursus en langue étrangère. Cette situation ne favorise pas la compréhension par le peuple chinois du reste du monde.

Par ailleurs, l'efficacité de la pédagogie demande encore à être améliorée. Un certain nombre d'écoles proposent des cursus en langue étrangère, mais il leur faut gagner en qualité. Leur niveau ne dépasse pas le niveau A2 du Cadre européen. Ces inégalités en termes de capacités et de pratiques se traduisent notamment par un accent excessif mis sur la lecture, ou encore par une pratique portée sur des modèles trop familiers.

De surcroît, nous avons dissocié l'enseignement de la langue et de la civilisation à laquelle elle appartient, ce qui se traduit par une pénurie de connaissances du pays étudié, et une vision par trop simpliste de sa culture. Les étudiants ainsi formés n'ont pas la capacité de s'investir facilement dans des échanges multiculturels. Aussi la réforme de l'enseignement en Chine apparaît-elle comme une nécessité.

L'accroissement des échanges avec l'extérieur impose de mener une profonde réflexion sur l'enseignement en Chine, comme nous le faisons à l'université des Langues étrangères de Shanghai. Nous mettons en place des modèles d'enseignement innovants, afin de permettre l'acquisition de compétences plurielles. Ainsi, nous recommandons à nos étudiants de se former sur au moins deux langues, et de s'investir dans une spécialisation. Nous souhaitons que cet enseignement des langues étrangères s'intéresse en profondeur aux différentes facettes du pays concerné, et encourageons nos étudiants à lire un maximum à son sujet. Cet investissement permettra la création d'un certain nombre de masters et doctorats traduisant une meilleure connaissance du monde extérieur. Déjà, un certain nombre de recherches menées en Chine et concernant les pays du Moyen-Orient, la Russie ou les pays européens ont connu de très beaux succès.

Nous encourageons la venue d'enseignants étrangers en Chine, afin d'y créer une véritable plate-forme d'études, et de favoriser les échanges. À cet égard, l'action de l'Institut Confucius est d'une utilité inestimable. Nous encourageons les enseignants étrangers à venir donner des conférences dans nos universités, afin d'élargir l'horizon de nos étudiants. La réforme pédagogique doit être le fer de lance de l'enseignement des langues étrangères. Tel qu'il est pratiqué à Shanghai, celui-ci a permis de former des diplomates, des chefs d'entreprise ou enseignants aux compétences reconnues dans le monde entier. Nous avons aussi contribué à l'enrichissement des manuels en langue étrangère.

Nous vivons dans un contexte mondialisé, où coexistent différentes langues et cultures. Le monde n'est plus dominé par l'anglais. Les langues étrangères ont gagné en valeur. Le multiculturalisme est donc devenu une compétence précieuse, et un moyen de mieux communiquer. Il doit permettre à la Chine de mieux s'intégrer dans l'échiquier mondial, et de mieux communiquer grâce à une réforme qui améliorera notre capacité à échanger avec les autres pays dans leur langue maternelle.

La rénovation de l'enseignement des langues en France : le cas du chinois

Joël BELLASSEN
Inspecteur général de chinois, ministère de l'Éducation nationale, de l'Enseignement supérieur et de la Recherche

Mon exposé présentera un événement majeur : l'émergence de la langue chinoise en tant que discipline en France. Une discipline est un corps vivant, et s'apparente à un cours d'eau, avec sa ou ses sources, son relief, ses microclimats, ses obstacles. L'enseignement du chinois n'a pas été un long fleuve tranquille, mais il suit un cours favorable depuis un certain nombre d'années, tout particulièrement en France.

À travers leurs *Lettres édifiantes et curieuses*, les missionnaires jésuites français ont joué un rôle majeur dans la construction et la diffusion d'une représentation de la Chine, et de la langue chinoise écrite et parlée. La première appréhension rationnelle et cohérente de la langue chinoise est due à un jésuite français, le père Prémare (1666-1736), qui tente pour la première fois de ne pas analyser le chinois à travers le prisme du latin, mais d'en appréhender la singularité. C'est en France que pour la première fois se construit une représentation rudimentaire et immédiate, lorsque le jeune converti Shen Fuzong (1658-1691), Michel-Alphonse de ses prénoms chrétiens, suit le jésuite flamand Philippe Couplet en direction de la Grande-Bretagne. S'arrêtant à Paris, il y rencontre le Roi Soleil durant l'été 1684. Quelques semaines plus tard, la revue du *Mercure Galant*, d'une grande influence auprès de la société lettrée européenne, publie un article qui relate cette rencontre. Louis XIV s'y montre curieux des façons dont le jeune « Mikelh Xin » use de baguettes pour manger, ainsi que de la façon d'écrire des Chinois, attirant l'attention sur « *leur Encre et leur Plume bien différentes des nôtres* » et sur une écriture « *mille fois encore davantage* ».

Le rôle de cette médiation sino-jésuite dans la diffusion du chinois en France se précise et prend un nouveau cours avec Arcade Hoang (1679-1715), également converti. Celui-ci est à l'origine de la sinologie laïque française, et fut dit interprète du roi Soleil. Deux de ses disciples, Fourmont et Fréret, deviendront les premières sources laïques de la sinologie française.

Dans le « microclimat » français et l'appétit particulier de la France pour la langue chinoise, il convient de faire état de la médiation de la littérature et de la poésie, et notamment de l'apport de Judith Gautier, fille du poète Théophile Gauthier. Celle-ci avait appris le chinois, et publié *Le Livre de Jade*, premier recueil rassemblant un certain nombre de poèmes Tang de la meilleure tradition chinoise. Plusieurs hommes de lettres français, presque toujours poètes (Pierre Loti, Paul Claudel, Victor Segalen, Saint-John Perse, Henri Michaux, etc.) portent une attention à la langue, et plus particulièrement à l'écriture chinoise. Les contours de la diffusion du chinois en France et, au-delà, de la sinologie française, sont ainsi jetés, et perdurent jusqu'à aujourd'hui.

Par ailleurs, il y a exactement deux siècles, Abel-Remusat devenait le premier titulaire au monde d'une chaire de langue et littérature chinoises, dans laquelle il s'était investi « *sans guide, sans secours et sans instruments* ». Ainsi titulaire de sa chaire au Collège de France, il est à l'origine du premier enseignement institutionnel du chinois, qui attirera des étudiants provenant de l'Europe entière.

Par la suite, le chinois est introduit à l'Institut des Langues Orientales dans le cadre d'une vision particulièrement moderne, c'est-à-dire dans le but de former des médiateurs, diplomates et commerçants. Lyon accueille la deuxième chaire de chinois au début du XXe siècle, grâce au soutien de sa puissante Chambre de commerce. Maurice Courant en assura la chaire, avec une visée tout aussi moderne et pratique.

L'évolution du chinois et son enseignement en France ont connu une succession de situations contradictoires. En quelque sorte, le chinois s'est situé, au cours de son histoire « *entre la lance et le bouclier* ». Comme le raconte l'ancien apologue chinois, la lance et le bouclier étaient présentés par leur vendeur respectivement comme la plus acérée et le plus solide du monde ; il lui fut répondu qu'une telle lance et un tel bouclier ne pouvaient pas exister dans un même monde. Le chinois est ainsi en proie à certains paradoxes. En France, pendant très longtemps, le chinois a été la « voie royale » conduisant aux études savantes sinologiques de la chaire du Collège de France, alors qu'il est également vu dès la création des premières formations d'apprentissage du chinois comme une langue de communication. Initiative pionnière et fondatrice dès 1966, soit deux ans après l'instauration des relations diplomatiques franco-chinoises, est créé pour la première fois dans un pays occidental un concours de recrutement de professeurs qualifiés dans le domaine du chinois. Le CAPES de chinois contribue à instituer très tôt les rudiments de la discipline. Dès l'automne 1964, 21 étudiants français partent en Chine y étudier la langue, qui se caractérise alors par une valeur d'insertion particulièrement faible, et deux ans plus tard, en 1966, le CAPES de chinois jettera les bases de la discipline moderne, dont le réseau des lycées hôteliers franco-chinois constitue aujourd'hui une forme d'aboutissement institutionnel démontrant la valeur d'insertion professionnelle du chinois.

Le chinois marque sa différence, son paradoxe, entre lance et bouclier... Son écriture est opaque : un caractère chinois est tel un visage inconnu, sur lequel on ne peut mettre de nom s'il n'a pas été rencontré. En revanche, les mots composés à l'aide de ces caractères-unités de sens sont, aux plans sémantique et étymologique, totalement transparents : le terme « stomatite » est par exemple plus facilement compréhensible qu'en français, de par sa transparence sémantique (« inflammation de la bouche »).

Depuis que le Cadre européen commun de référence pour les langues est devenu l'horizon et la boussole de la discipline générale des langues vivantes, le nouveau défi auquel a été confronté le chinois a été le rapprochement entre les attendus du Cadre européen commun de référence pour les langues, conçu de fait dans un espace éducatif et didactique où évoluent des langues à écriture alphabétique, et le chinois, langue à écriture seconde, et de surcroît non alphabétique. Cette tension didactique contradictoire s'est trouvée au cœur d'une initiative européenne de recherche appliquée, avec le projet EBCL (European Benchmarking Chinese Language) lancé en 2011, réunissant quatre équipes européennes (allemande, anglaise, française et italienne) et visant à rendre « eurocompatible le chinois ». La voie qui s'est dessinée a pris appui sur l'approche des seuils de caractères initiée en France dès les années 1980 et faisant reposer l'accomplissement des activités langagières écrites en chinois sur des conditions de seuils de caractères. Un tel travail faisait suite à un travail de transposition didactique entrepris au sein de l'éducation nationale en France visant à intégrer une langue à écriture non alphabétique au sein du système éducatif, et notamment à travers les modalités d'évaluation au baccalauréat ou à travers la définition d'objectifs pédagogiques et de programmes.

Lance ici, là bouclier, le chinois est la langue qui compte le plus grand nombre de locuteurs natifs, alors qu'il est paradoxalement désigné çà et là comme « langue rare ». Nous y verrons, bien entendu, le poids de certaines représentations. Le chinois en France a pourtant une dimension considérable par rapport à l'ensemble des pays occidentaux, puisque le taux de progression des étudiants y est de 400% en dix ans. 630 collèges et lycées diffusent à ce jour un enseignement réglementaire de chinois, au sein de la totalité des académies – y compris, depuis peu, en Corse. On peut y trouver, sans aucun doute, la trace d'une certaine politique linguistique en faveur de la diversification des langues. Sur les vingt dernières années, le chinois est la langue dont l'enseignement, bien que de dimension modeste, fait l'objet de la plus forte médiatisation. En septembre 2013, dans le cadre de la rentrée scolaire, *Le Monde* consacrait par exemple une page entière sur l'enseignement de la langue chinoise et son essor.

Contradiction patente, le chinois en France est à la fois le fruit d'une longue histoire, mais reste une discipline jeune, en cours de construction. Il s'est bâti en tant que discipline à partir des années 1980 et 1990, et surtout 2000, à contre-courant de l'approche qui prévaut en Chine. En effet, l'approche française de la langue chinoise dans l'enseignement scolaire reconnaît l'existence d'une double unité à gérer dans l'apprentissage du chinois : le caractère, unité de sens et autonome comme tel à l'écrit aux yeux de l'apprenant, et le mot, en tant qu'unité autonome dans la communication. Cette approche n'est pas celle de la Chine, qui reconnaît uniquement l'existence de l'unité du mot. À partir de 2002, l'approche du chinois sous l'angle de seuils de caractères a été généralisée.

Le chinois en France a pris la mesure de la révolution numérique. La plus grande révolution informatique dans le domaine des langues a concerné le chinois, puisqu'elle conduit à écrire à l'aide d'un clavier alphabétique une écriture qui n'est pas alphabétique. Il s'est donc agi pour les programmes scolaires de l'Éducation nationale d'en prendre la mesure et d'en tirer les conclusions au niveau pédagogique et didactique.

Le chinois a intégré des orientations programmatiques à partir des années 1980. Fait unique dans le monde occidental, un corps statutaire d'inspection a été formé à partir de 2006, portant la voix de sa discipline. À cette même date, un espace de formation continue des professeurs de chinois a également été mis en place.

L'enseignement du chinois en France et du français en Chine a connu des évolutions « en miroir », comme en témoigne la récente création en 2014 de sections pilote de français en Chine sur le modèle des sections de chinois créées en France en 2008.

Le chinois ayant intégré le cours de la discipline langue vivante, il a bénéficié de l'ensemble des rénovations profondes de ces apprentissages, et notamment au baccalauréat. Il a également bénéficié du travail par compétences langagières, et en a tiré le plus grand profit. Au collège et au lycée, l'apprentissage du chinois s'effectue aussi de façon intégrée à une autre matière (histoire-géographie, mathématiques, éducation physique, etc.). Le ministère de l'Éducation nationale apporte une attention particulière aux certifications de niveau en chinois, et a ouvert au chinois le DCL (Diplôme de compétence en langue).

En ces temps de commémoration du cinquantenaire de l'établissement des relations diplomatiques franco-chinoises, il convient de mentionner que quelques mois avant l'établissement des relations diplomatiques avec la Chine, Charles de Gaulle affirmait « *J'observe que davantage de Français devraient apprendre le chinois, et réciproquement, davantage de Chinois devraient apprendre le français, pas tous bien sûr...* ».

法国语言教学的革新:汉语教学

白乐桑

法国教育部汉语总督学、法国东方语言文化学院教授

法国的汉语教学可谓异军突起。学科是鲜活的生命体,犹如奔腾不息的河流,自源头而下,有独特的微环境,在曲折中前行。汉语教学亦是如此,其发展并非一帆风顺,但多年来在全球特别是在法国形势总体向好。

早年的法国耶稣会传教士在塑造和传播中国形象、推广中国语言文字上发挥了重要作用。早在十八世纪,根据欧洲旅居中国和东印度的传教士们的书信和报告辑录成册的《耶稣会士书简集》[1]在巴黎出版,引起巨大反响。这一时期的法国旅华耶稣会士马若瑟神父[2]是第一个尝试摆脱西方语言影响,用汉语思维分析汉语的欧洲人,由此成为对汉语具有逻辑而理性认识的西方第一人。

---

[1] 法文原标题为 *Lettres édifiantes et curieuses*,直译为《奇异而有趣的信》,首版刊于 1702 年至 1776 年间。

[2] 马若瑟神父(Joseph-Henri Marie de Prémare,1666—1736),法国旅华传教士,著名汉学家。

1684年，基督教皈依者沈福宗[①]（教名 Michel-Alphonse）在追随弗拉芒耶稣会士柏应理[②]前往大不列颠的途中访问了法国。在巴黎，沈福宗受到"太阳王"路易十四的接见。几周后，在欧洲文学领域有巨大影响力的《文雅信使》杂志上发表了关于此次接见的专题文章。"太阳王"对沈福宗在殿前展示的书写方式极感兴趣，他很好奇用一把"刷子"如何书写出奇特的中国文字。沈福宗之旅首次为法国描绘了简单而直接的中国形象。同为基督教皈依者的黄加略[③]（法文名 Arcade Hoangh）是路易十四的御用翻译，对法国汉学的诞生起到了决定性作用，其门生傅尔蒙与弗雷烈都是法国汉学界的先驱。

鉴于法国的文艺"微气候"及对汉语的偏好，法国汉学当首推文学与诗歌。这一领域必须提及的是著名诗人泰奥菲尔[④]之女朱迪特·戈蒂耶。朱迪特熟识汉语，其译著《玉书》是西方首部中国优秀古体诗法译集[⑤]。此外，法国多位文学大

[①] 沈福宗(1657—1692)，生于南京，是早期到达欧洲的中国人之一。
[②] 原文未涉及具体人物，为方便阅读，译者根据相关资料，确定为比利时传教士柏应理(Philippe Couplet)。
[③] 黄加略(1679—1716)，福建莆田人，近代中国译坛的先驱，对中国文化的传播起了重要的作用。
[④] 泰奥菲尔·戈蒂耶(1811—1872)，法国十九世纪唯美主义诗人、散文家和小说家。
[⑤] 原文为首本优秀唐诗法译集，经译者查阅相关材料，首本唐诗法译集为法国著名汉学家德理文侯爵于1862发行的《唐诗》(*Poésies de l'époque des Thang*)。

家,尤其是诗人,如皮埃尔·洛蒂、保罗·克洛岱尔、维克多·谢阁兰、圣琼·佩斯、亨利·米修等,对语言特别是中国文字怀有极高热忱。法国汉学的深厚根基自此奠定,并绵延至今。

另外,在两个世纪之前,雷慕沙正式成为世界上首位中国语言文学教授。在法兰西学院任职期间,雷慕沙在"无指导、无援助、无器材"①的条件下,全身心投入汉语教学,吸引了全欧洲的汉语学子,成为西方汉语教学的先驱。随后,法国国立东方语言文化学院以现代化视野将汉语纳入教学大纲,致力于培养符合时代需要的文化传播者、外交人员、商人等。二十世纪初,里昂在实力雄厚的工商会支持下,设立法国第二个教授职衔,授予汉学家莫里斯·古恒②。

然而,汉语与汉语教学在法国的传承和发展并非一帆风顺,而是在"矛与盾之间"书写历史。一直以来,支持与限制汉语教学在法国各有拥趸,双方立场之坚定、矛盾之尖锐几为西方之最。法国汉语的发展受此影响颇深,很长一段时间内被限制,只能走"皇家路线",汉学研究只能被局限在法兰西学院③内。直至中法建交两年以后,即 1966 年,法国作为西方大国首设汉语教师任职考试。汉语言中等教育教师资格证书由此诞生,有力地推动了汉语基础知识的传播。实际上,1964 年

---

① 出自兰德雷斯《雷慕沙之生平与著作》(Landresse *Notice sur la vie et les travaux de M. Abel-Rémusat*,Journal asiatique, XIV (ze série),1834)。
② 莫里斯·古恒(1865—1935),法国汉学家,里昂大学汉学教授。
③ 法兰西学院前身为法兰西皇家学院。

秋天有21位法国学生赴华学习汉语,但这在当时对其职业生涯发展意义并不大。然而,汉语言中等教育教师资格证书的推出确为汉语学科的现代化发展奠定了坚实基础,汉语职业价值日渐提升,例如:法中酒店业校际合作已发展为制度化成果,汉语体现出极高的职业价值。

汉语与欧洲语言差别较大,特点鲜明。一方面,陌生的汉字犹如陌生人,让人无从叫起;而另一方面,由汉字构成的词汇在语义与词源上却极为清晰,易于解读。例如:stomatite(口腔炎)一词,汉语学生理解"口腔炎"要比法语学生理解stomatite更为容易。要掌握汉语学科的特点,就应逐步使汉语融入"欧洲语言共同参考框架"。

以汉语为母语的人数全球第一,无论从哪个角度而言,汉语都不应归为"小语种"。汉语在全球多个地区有重要影响,而法国汉语的发展与欧洲其他国家相比,在规模与质量上首屈一指。十年间,法国学汉语的学生人数增幅达到400％。目前共有630所初、高中正式开设汉语课,含最近刚刚设课的科西嘉省相关学校。政府坚决维护语言多样性的政策可见一斑。在过去的二十年里,汉语在法国媒体中出现的频率高于西班牙语,甚至高于英语。2013年9月,作为开学专题报道,《世界报》以整版篇幅介绍了汉语语言教学及其发展。

汉语在法国具有悠久的发展历史,然而在教学领域,汉语仍属发展中的年轻学科。汉语作为一门学科在法国成形于二十世纪八九十年代或二十一世纪初期。法国学校的汉语教学从两个层面着手：一是以汉字为单位，注重汉字的含义；另一个则是以词汇为单位，注重词汇作为交流基本单位的功用。新时代背景下，法国汉语教育的发展迎来数字化革命。以字母键盘输入而非字母书写的汉语正是语言领域最大的数字化革命对象。与此相关的国家教学项目推陈出新，促进了汉语教学与教育的新发展。

从二十世纪八十年代起，法国汉语教学渐具系统性与规范性。2006年法国首设专职汉语教学督学，为学科建设发声建言，此举在西欧尚属首次。同年汉语教师继续教育机构成立。法国的汉语教育与中国的法语教育在相互借鉴中发展。

目前，汉语已发展为法国最活跃的语言学科之一，是法国教育领域改革特别是中学毕业会考改革的受益者。汉语作为一种语言技能，是择业、就业的重要砝码。此外，汉语学习还涉及历史、地理、数学、体育教学等其他诸多学科研究。因此，法国国民教育部十分注重汉语教育，高度重视汉语水平的认证工作。

回顾历史，戴高乐将军在中法建交的几个月前就指出："我认为，应该有更多法国人去中国学习汉语，同时也应有更多的中国人来法国学习法语。"

（陈海钊译　都艾睿校）

建设语言人才资源库，提升国家语言能力

文秋芳

北京外国语大学教授

摘　要： 本文在回顾文献的基础上，按照构成要素、存在形式和转换机制三个维度，对国家语言能力进行了解读。构成要素包括一个国家拥有语言人才资源的语种类别和质量；存在形式包括潜在语言能力、现实语言能力和未来语言能力；转换机制指的是三种能力之间相互转换的因素，将潜在能力转换为现实能力的机制是国家对语言人才资源现状的了解和调用能力，将现实能力转换为未来能力的机制是国家对语言资源的规划及其对规划的实施能力。建设语言人才资源库是政府掌控和调用语言人才资源最有效的措施。有鉴于此，中国政府于2012年和2013年分别资助北京外国语大学建设"国家外语人才资源动态数据库"和"国家语言志愿者人才库"。

关键词： 国家语言能力；外语人才资源库；语言志愿者人才库

一、什么是国家语言能力？

国家语言能力（National language capacity）由美国学者

布莱希特提出。他将其定义为"国家应对特定语言需求的能力"。后又和里弗斯从战术和战略两个层面分析了国家对语言人才的需求(见图1),进一步指出国家语言能力的本质与特点。在战术层面上,"当下需求"指的是眼前需要用语言完成的任务;"市场供给"指的是当下能够提供完成这些任务的语言人才以及寻找与储存这些人才资源的模式。在战略层面上,"现在或未来需求"指的是将现在和未来相结合的需求综合体,具有前瞻性和全局性。①

战术层面 (techinical level)	当下需求 (demand)	市场供给 (supply)
战略层面 (strategic level)	现在或未来需求 (needs)	能力 (capacity)

图1 评估国家语言能力与需求关系的框架

很显然,战术层面上的供需模式存在严重问题,因为市场有着很强的不确定性,当下的需求不一定是未来的需求。如果仅仅局限于当下需求的分析,政府很可能被市场牵着鼻子走,"头疼医头,脚疼医脚",缺乏长远规划。作为国家来说,政府更需要分析与预测未来的需求。因此,国家语言能力应该是政府在战略层面上应对现在和未来语言需求的能力。

---

① Brecht, R. D. & Rivers, W. P. 1997. *National Language Needs and Federal Support of National Language Capacity*. Research report. http://files.eric.ed.gov/fulltext/ED413786.pdf.

借鉴文秋芳等对国家外语能力的定义[①],国家语言能力也可以从构成要素、存在形式和转换机制三个维度来进行定义(见图2)。构成要素包括一个国家拥有语言人才资源的语种类别和每类语种人才资源的质量;存在形式包括潜在语言能力、现实语言能力和未来语言能力;转换机制指的是三种语言能力之间相互转换的决定因素。将潜在语言能力转化为现实语言能力的机制是国家对语言人才资源现状的了解和调用能力,将现实能力转换为未来能力的机制是国家对语言资源的规划及其对规划的实施能力。

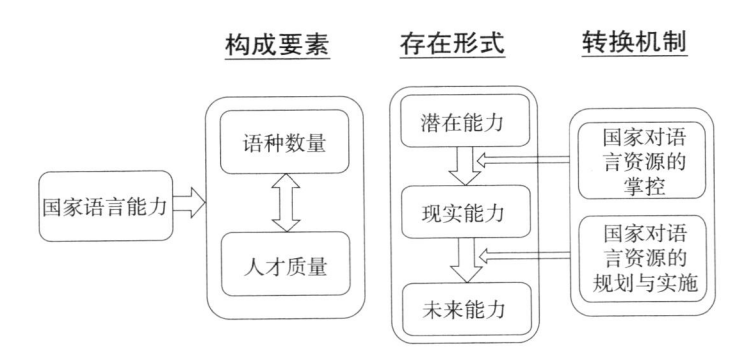

图2 国家语言能力描述框架

需要特别指出的是,国家语言能力有别于全民语言能力和国民语言能力。全民语言能力指的是当下全体国民的语言状况,它既包括国民的普通话能力、方言能力,也包括外语能

---

① 文秋芳、苏静、监艳红《国家外语能力的理论构建与应用尝试》,《中国外语》2011年第3期。

力,反映的是一个国家国民的语言素质和综合文化素养。国民语言能力指的是国民个体语言水平,代表语言水平的指标通常是他们参加各种权威的语言测试的成绩。全民语言能力取决于每个国民的语言能力。从这个角度上说,国民语言能力是全民语言能力的构成要素,或者说国民语言能力与全民语言能力是部分与整体的关系。而全民语言能力与国家语言能力之间的关系不是部分与整体的关系,因为这两者之间既有重叠的部分,又有不重叠的部分(见图3)。

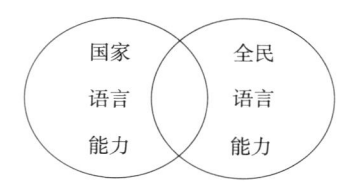

图3　国家语言能力与全民语言能力的关系

我们以全民外语能力为例。进入新世纪后,中国所有在校学生都在学习外语。与改革开放政策实行以前相比,中国全民外语能力有了大幅度提高。然而其中真正能够代表国家开展政治、外交、军事、文化、商务等交流的人才只有很少一部分,这些能解决国家需求的高端人才可以为提高国家语言能力做出贡献,这就是图3中国家语言能力和全民语言能力的重叠部分。而目前我国外语语种数量严重不足,愿意学习非通用语种的人数比较少,特别是那些不发达国家的语言。在中国企业、文化、旅游走出去的背景下,国家急需一大批非通用语人才。从这个意义上说,我国的国家语言能力还比较低下,亟待政府采取有效措施,改变目前现状。

二、国家语言人才资源库建设

前面已经提到,政府要将潜在语言能力转化为现实能力,就需要具有充分利用现有语言人才资源的手段和方法。这就是说,如果政府对国家拥有的语言人才现状不了解,也不知道他们分布在何处,即便社会拥有这些人才,一旦需要时,也无法及时调用。换句话说,这些散落在全国各处的语言人才即使有再高的语言水平,也无法为政府效力。

在信息技术普及的时代,建设国家语言人才资源库是政府掌控和调用语言人才资源最有效的措施。有鉴于此,2012年国家哲学规划办资助北京外国语大学中国外语教育研究中心建设"国家外语人才资源动态数据库",2013年国家语言文字工作委员会又资助我中心建设"国家语言志愿者人才库"。这两个大型数据库的建成,将有效提高国家充分调用国家语言人才资源的能力。下文将分别介绍这两个国家语言人才资源库的结构及其内容。

(一)国家外语人才资源动态数据库

国家外语人才资源动态数据库包括3个库:高校人才库、

现职人才库、人才供需信息库(见表1)。每个库又包括若干子库。由于该数据库的建设是个巨大工程,耗时费力,同时质量要求非常高,整个项目分为两期完成。目前正在全力以赴完成一期工程(2012—2016),其主要任务是建设高校人才库和人才供需信息库。具体地说,高校人才库包括两个子库:高校外语专业师生库、高校高端外语人才库。其中第一个子库属于普查库,包括学生和教师的基本信息,目的在于向社会公布中国每年外语专业招生的语种数量,各语种的学生数、性别与地区分布等;现有外语专业教师语种数量,各语种的教师数、性别、职称、学历、年龄与地区分布等。

表1 国家外语人才资源动态数据库结构

子库名称	说明	服务对象
高校人才库	高校外语专业师生库	社会公众、政府机关
	高校高端外语人才库	政府机关
现职人才库	企业(国企)、政府部门、事业单位的高端外语人才	政府机关
人才供需信息库	政府/社会需求信息平台	社会各界
	国内外求职信息库	

高校高端外语人才库涵盖全国排名前100的高校和14所外国语大学中拥有外语特长同时具有专业水平的高端人才。这些被选中的人才来自高校文科、理科和工科的各个专业。他们中有的是在海外大学获得博士学位,有的拥有海外学习或工作经验,有的在国际组织中任职,有的翻译了外国学术著作,或在国外权威期刊上发表论文,或在高级别的国际学

术会议上宣读论文等。外国语大学中稀有语种教师也被看作高端人才,例如冰岛语、斯瓦希里语等。

人才供需信息库实际上是个开放平台。凡是需要外语人才的单位都可以到平台上发布信息,凡是需要求职的国内外学子,也可以到这个平台上提供简历并说明择业要求。对于政府机关临时特殊要求的,数据库管理人员可以从高端人才库中选择合适人才,并帮助牵线搭桥。

(二)国家语言志愿者人才库

国家语言文字工作委员会决定建设"国家语言志愿者人才库"是借鉴了美国的经验。美国政府建设国家语言服务团是应对"9·11事件"后国家外语人才资源严重不足的困难的重要举措之一。从服务团可行性研究到获得法律地位的确认,经历了10年时间。2003年《情报授权法案》要求国防部组织专家开展可行性研究,2006年开展试点。2007年国防部正式启动项目,美国通用动力信息技术局获得负责试点工作的合同,款项总额为1900万美元。试点工作进展顺利,成效超出预期。2013年奥巴马总统签署《国防授权法案》,开始确立了国家语言服务团的法律地位。截止到2013年,该服务团已经吸收了4600多名成员,涵盖300种以上的语言,协助国防部和政府其他部门完成了多项涉及多种语言的紧急任务。

成立国家语言志愿者人才库是解决国家语言人力资源不足的一个战略性决策,能够为政府和社会提供应急服务和紧急援助机制。该项目的一期工程已经于2013年年底启动,估计到2016年年底完成。除了建设网站和平台外,还需要根据我国国情创设行政架构和运行机制,并在实践中不断完善。

综上所述,"国家外语人才资源动态数据库"和"国家语言志愿者人才库"的建设是一项长期工程,需要政府持续的关心和支持。两大语言人才库一旦运行,就能够有效提高国家掌握和调用语言人才资源的能力。

Construire une base de ressources humaines dans le domaine des langues pour améliorer la capacité nationale en langue étrangère

WEN Qiufang
Professeure de l'université des Langues étrangères de Pékin

Par compétences linguistiques, nous retenons la définition du professeur Brecht, qui les appréhende comme la capacité d'un État à maîtriser sa langue nationale et répondre aux besoins en matière d'apprentissage des langues étrangères. S'inspirant des théories économiques, cette analyse des besoins peut s'effectuer sur plusieurs niveaux. La capacité d'un État à satisfaire le besoin en langue répond à une loi de l'offre et de la demande, où l'offre désigne les ressources humaines susceptibles d'accomplir l'enseignement des langues, et la demande les besoins actuels et anticipés. La capacité nationale en langue étrangère ainsi déterminée dépend de critères techniques et stratégiques. Au niveau technique, la demande actuelle ne correspond pas forcément à la demande future, et il convient donc de tenter de l'anticiper. En outre, afin de convertir de façon optimale le potentiel en langue étrangère d'un pays, ses capacités linguistiques doivent être correctement exploitées, ce qui suppose une bonne planification des ressources et des besoins.

La capacité linguistique d'un pays équivaut au niveau moyen de la capacité linguistique de l'ensemble de ses ressortissants. Cette capacité linguistique nationale ne correspond pas au niveau constaté au sein de la population.

Le Gouvernement chinois a mis en place une gigantesque banque de données recensant l'ensemble des ressources humaines en langues étrangères. Certains pays ont déjà mis en place une base de données similaire. Les États-Unis établissent par exemple une cartographie de leurs ressources linguistiques sur la base d'un recensement effectué tous les dix ans. Chaque année, l'administration américaine procède également via des questionnaires remplis par des échantillons représentatifs des différentes communautés vivant sur le sol étasunien. De plus, tous les deux ans, elle réalise des enquêtes sur les ressources en langues étrangères au sein des établissements d'enseignement supérieur. L'administration sait ainsi que 47 millions de personnes vivant sur le sol américain parlent une autre langue que l'anglais, et est en mesure de les localiser précisément au sein de chaque état, région ou ville – ce qui offre de larges possibilités de comparaisons. Ces données très précises sont également exploitées par l'armée américaine.

La Russie a également entamé une démarche cartographique similaire, dans laquelle la Chine souhaite également investir. Cette cartographie jouerait un rôle essentiel et stratégique afin de répondre aux besoins de notre pays en langues étrangères. Un recensement au niveau national a été engagé afin de compléter nos capacités en langues, et affecter les compétences là où les besoins auront été identifiés. Cette politique de planification à partir de la banque de données en ressources humaines est largement appuyée par le ministère de l'Éducation.

Notre université travaille également à l'élaboration d'une base de données en ressources humaines compétentes en langues étrangères. Cette banque de données est organisée en plusieurs rubriques. Les enseignants et étudiants des établissements d'enseignement supérieur y sont recensés, et ces données seront accessibles pour le Gouvernement ou certaines entreprises privées. L'objectif est de diffuser ces compétences, et les placer au plus près des besoins. Dans cette optique, nous entendons collecter et construire différentes sous-rubriques, afin de préciser le contenu de ces compétences. À ce stade, elle a déjà collecté les données relatives aux 1970 enseignants et étudiants recensés dans la base de données. À l'horizon 2017, nous aurons complété les compétences linguistiques générales par d'autres spécialités et compétences professionnelles particulières. En 2020, cette base de données deviendra un outil de gestion en ressources humaines des services et entreprises d'État.

Pour établir la base de données recensant les volontaires, nous nous sommes inspirés d'autres pays, et notamment des États-Unis. En 2013, le Président américain promulguait un acte de Défense nationale encadrant le statut juridique des volontaires. À cette occasion, 4 600 volontaires linguistiques ont été recensés. La Chine s'est inspirée du modèle américain pour établir un plan à moyen long terme et constituer une banque de volontaires linguistiques. Ces personnes peuvent être des ressortissants chinois, ou des étrangers. Le ministère de l'Éducation souhaite construire une banque de données relative à ces volontaires dans les trois ans à venir (2013-2016).

Une fois construites, ces deux bases de données pourraient être correctement exploitées. Il s'agira donc d'adapter le contenu pédagogique dispensé par les établissements d'enseignement supérieur aux pénuries de compétences constatées.

Le français, une langue en partage

Imma TOR FAUS

Directrice de la langue française et de la diversité linguistique, Organisation internationale de la Francophonie

Je remercie les organisateurs de ce séminaire d'avoir invité l'Organisation internationale de la Francophonie (OIF) à participer à cette rencontre bilatérale, qui s'ouvre à la diversité de l'espace francophone institutionnel. Un préjugé enraciné assimile le mouvement francophone à une prétendue volonté d'hégémonie de la nation française sur le reste du monde. Colporter cette idée revient à méconnaître les origines de ce mouvement et de ce projet initial, porté par des hommes de culture issus des anciennes colonies françaises. Durant la période coloniale, des intellectuels d'horizons très divers se sont sentis unis par la langue française, que Léopold Sédar Senghor qualifiait de « *merveilleux outil trouvé dans les décombres du régime colonial* ». Paris, dans les années 1920-1930, était devenu le rendez-vous de ces hommes de culture, qui créèrent par la suite différentes revues comme *L'étudiant noir* ou, plus tard, *Présence africaine*.

Avant la décolonisation, certaines années sont très fertiles en évènements mettant au premier plan ces hommes de culture issus de pays colonisés, qui réfléchissent et créent en français, qualifié par Senghor de « *soleil qui brille hors de l'Hexagone* ». Ce mouvement se développe en parallèle du processus d'émancipation politique des peuples colonisés. C'est dans le cadre de ce processus que les hommes d'État, notamment africains, comprennent qu'ils ont tout intérêt à mettre à profit ce partage de la langue française pour se regrouper, débattre de questions culturelles, mais aussi économiques, financières ou politiques. C'est ainsi que naîtra la volonté de mettre en place un Commonwealth « à la française ». Cette proposition sera soutenue par plusieurs chefs d'État, dont Habib Bourguiba en Tunisie, Diori Hamani au Niger, ou encore Norodom Sihanouk au Cambodge.

La première conférence des pays ayant partiellement ou entièrement la langue française en partage sera convoquée en 1969 à Niamey au Niger. Au cours de cette conférence, un consensus se dégagera autour de la nécessité de créer une organisation de coopération multilatérale dans les domaines culturel et technique entre pays francophones. Il s'agira de l'Agence de Coopération Culturelle et Technique (ACCT), mise en place le 20 mars 1970 à Niamey, qui marque la création officielle de la Francophonie institutionnelle. Depuis, le 20 mars est fêté partout dans le monde comme la Journée internationale de la francophonie. L'objet de cette organisation est d'agir pour que les pays du Sud acquièrent les moyens de maîtriser leur développement. Les premiers thèmes de coopération vont porter sur l'éducation, sur la formation et sur la culture.

Abdou Diouf affirmait que la langue française a dès lors cessé d'être la langue de la colonisation, pour devenir au contraire la langue de l'émancipation et de la coopération. Il est le Secrétaire général de l'OIF, issue de l'ACCT, organisation multilatérale qui rassemble 57 États membres et 20 États observateurs. Ses domaines d'action dépassent le cadre linguistique, et couvrent l'éducation, la diversité culturelle, la paix, la démocratie, les Droits de l'Homme ou encore le développement durable – auxquels s'ajoutent des thèmes transversaux comme l'égalité entre hommes et femmes ou encore la jeunesse.

L'OIF travaille en étroite collaboration avec différents opérateurs comme TV5 Monde, l'Association internationale des maires francophones, l'université Senghor d'Alexandrie ou l'Agence universitaire de la Francophonie, qui fédère 800 universités de tous les continents possédant un département de français.

La Francophonie est aussi un vaste réseau d'associations, réunies dans le cadre de la Conférence des OING francophones. Cette Conférence permet de profiter de l'expérience de terrain de ces associations dans les divers domaines d'intervention de la Francophonie. En particulier, le Réseau des Associations Professionnelles Francophones, créé en 2011, regroupe des représentants de professions aussi diverses que la comptabilité, le notariat, la maintenance industrielle, etc. Ces associations sont réunies autour de la promotion de l'utilisation du français, et ont recours à une culture professionnelle d'inspiration francophone dans des univers de plus en plus dominés par la culture anglo-saxonne.

Au cours des années, la Francophonie s'est transformée en un vaste espace politique de solidarité, qui prétend mettre en œuvre une mondialisation plus humaine, attentive à la diversité et qui résiste à la diffusion d'une culture standardisée.

La langue française est le symbole de cette résistance, et le pivot de cette ambition. Pour la plupart des États membres, le français est une langue choisie. Les pays membres dont les habitants ont majoritairement le français comme langue maternelle sont en nombre très réduit (Québec, Fédération Wallonie-Bruxelles, Suisse francophone ou Monaco). Dans de nombreux pays, notamment d'Afrique francophone, les populations font un usage quotidien de la langue française dans des contextes très variés. Elle est souvent la langue de la scolarisation, la langue officielle et administrative, ou la langue sociale permettant à des concitoyens de langue maternelle différente de communiquer. Elle est aussi la langue de communication et de culture, utilisée dans les médias ou la littérature.

Dans beaucoup d'autres pays membres comme la Grèce, la Roumanie ou le Vietnam, et dans les 20 pays ayant le statut d'observateur, la plupart des francophones ont appris la langue dans le cadre de leur scolarité. Comme l'anglais, le français a le privilège d'être enseigné sur les cinq continents, pratiquement dans tous les pays du monde. Il est la cinquième langue la plus enseignée sur la planète, derrière le mandarin, l'anglais, l'espagnol, et l'arabe ou l'hindi, selon les estimations.

La géographie de la francophonie dépasse de loin les frontières des États membres de la Francophonie institutionnelle. En témoigne le récent engouement des jeunes Chinois pour la langue française, preuve de l'attraction qu'exercent la France et sa civilisation, et de l'utilité du français pour s'ouvrir les portes d'une Afrique francophone à la croissance économique soutenue.

Une étude sur la langue française en Chine sera publiée dans le prochain rapport de l'Observatoire de la langue française de l'OIF. Ce rapport paraîtra en novembre, et fait état d'une fourchette de 110 000 à 125 000 apprenants du français en Chine — les données des centres d'enseignement privé étant difficiles à recueillir. La Chine figure, avec les États-Unis, le Brésil, le Nigéria ou l'Inde, parmi les plus importants réservoirs d'apprenants du français.

Il existe de nombreuses variétés de français. Cette langue se renouvelle, se réinvente, se transforme, transgresse les règles, et n'hésite pas à évoluer pour s'adapter au monde moderne et à ses réalités culturelles. Le français parlé d'un bout à l'autre de l'espace francophone exprime la variété des rapports que les populations entretiennent avec cet héritage qu'elles partagent. Ainsi, on parle par exemple de « français ivoirien ». Cette langue fait donc l'objet d'une totale appropriation de la part de ses locuteurs, comme en atteste la richesse du vocabulaire du français local.

La promotion de la langue française a toujours été respectueuse des autres langues en présence. Pour la première fois, au Sommet de Kinshasa en 2012, la Francophonie s'est dotée d'une politique intégrée de promotion de la langue française, dont le sous-titre pose le français comme « une langue d'aujourd'hui et de demain ». Ce document guide l'élaboration du nouveau cadre stratégique de la Francophonie et de sa programmation 2015-2018. Ce document définit six priorités pour l'action de l'OIF, correspondant à autant d'enjeux pour l'avenir du français :

- **Renforcer la place et le rayonnement du français sur la scène internationale**
  Le français doit conserver sa place sur la scène internationale, et maintenir l'influence politique de ses membres sur la scène internationale en s'appuyant sur des principes d'équité, d'égalité des chances et d'efficacité de ces organisations. Notre programmation vise à renforcer les capacités en langue française des diplomates et fonctionnaires des pays membres ou observateurs. Ainsi, nous avons formé en moyenne 7 000 fonctionnaires internationaux par an depuis 2002, avec le précieux concours des Instituts français et Alliances françaises.

- **Relever le défi politique du multilinguisme**
  Toute action de la Francophonie doit prendre en compte le nouveau rapport entre les langues internationales, et doit concourir au dialogue de haut niveau avec les autres espaces linguistiques. Ce dialogue est déployé depuis plusieurs années. Dans le cadre de notre prochaine programmation, nous souhaitons développer le soutien à la traduction et à l'interprétation de conférences, via la mise en place d'un réseau francophone de traducteurs et d'interprètes.

- **Adapter l'action multilatérale aux contextes linguistiques régionaux et nationaux**
  Le français doit se consolider afin que l'offre linguistique en langue française se maintienne au niveau international. Nous avons donc

souhaité mettre l'accent sur le français en tant que langue étrangère, et notamment sur son enseignement en tant que deuxième langue étrangère après l'anglais.

- **Consolider le français comme langue d'accès au savoir pour tous**
  Il faut garantir une éducation de qualité en langue française aux populations de la francophonie, en particulier en Afrique, principal foyer de la jeunesse francophone. Or le français n'est pas la langue maternelle de la majorité de ces enfants. Les études ont montré que les enfants apprenaient mieux dans leur langue maternelle. Nous avons donc développé avec l'Agence Française de Développement, le ministère des Affaires étrangères et le Partenariat Mondial pour l'Éducation l'initiative ELAN, Écoles et Langues Nationales, qui se déploie dans huit pays africains où nous favorisons l'introduction du bilinguisme dans les systèmes éducatifs.

- **Mettre en valeur l'apport de la langue française au développement économique**
  Une stratégie économique est en préparation à cet égard.

- **Valoriser l'usage de la langue française**
  Il faut faire évoluer les représentations liées au français, et pour ce faire, il nous faut particulièrement nous adresser à la jeunesse. Le premier forum mondial de la langue française a ainsi été organisé à Québec en 2012, et le prochain aura lieu à Liège en 2015, avec pour thème la francophonie créative, qui cible principalement les 18-35 ans.

Comme vous avez pu le constater, l'OIF dispose d'une offre diversifiée, qui s'adapte aux différents contextes. Une organisation multilatérale ne peut rien sans la volonté politique des différents États qui la composent, et sans le soutien de la société civile, et du monde de l'entreprise et des médias en particulier.

法语:分享的语言

伊马·托尔·福斯

法语国家组织法语和语言多样性处处长

目前,一些人对法语推广的成见可谓根深蒂固,他们认为法语推广活动是法国对世界其他地区的一种所谓霸权意识的体现。这一活动最初是由法国殖民地的知识分子发起的,尔后的过度宣传与其初衷背道而驰。在法国殖民时期,很多有远见的知识分子通过法语而聚集在一起,法语被列奥波尔德·塞达·桑戈尔称为"殖民制度的绝妙手段"。二十世纪二十年代巴黎曾是这些知识分子的聚集地,他们后来还创办了很多刊物,例如《黑人学子》及更晚一点的《非洲存在》。

在法国非殖民化之前,大量事件将这些殖民地知识分子推到了重要位置。他们用法语思考和创作,法语被桑戈尔称为"法国外的太阳"。法语推广运动与殖民解放运动同期进行,也正是在此过程中,政治家,尤其是非洲的政治家们意识到推广法语有利于团结民众,解决文化、经济、金融、政治等方面的问题,于是创建法语共同体的想法应运而生,该想法得到了诸多国家元首的支持,如突尼斯总统哈比卜·布尔吉巴、尼日尔总统哈马尼·迪奥里和柬埔寨国王诺罗敦·西哈努克。

第一届法语国家会议于1969年在尼日尔首都尼亚美召开,这些国家全境或部分地区的母语为法语。会议期间,与会人员达成共识,一致认为有必要在法语国家文化和技术领域建立一个多边合作组织。1970年3月20日,文化技术合作局(ACCT)在尼亚美成立,这标志着法语国家组织正式成立。自此,3月20日被定为"国际法语日"。这个组织成立的目的就是帮助发展中国家实现自身发展,最初的合作领域为教育、培训和文化。

法语国家组织(前身是文化技术合作局)秘书长阿卜杜·迪乌夫曾表示,法语已不再是殖民语言,而是推动解放和合作的语言。目前该组织拥有57个成员国,20个观察员国,合作领域不再局限于语言领域,而是涵盖了教育、文化多样性、和平、民主、人权、可持续发展以及覆盖面更广的男女平等和青年平等领域。

法语国家组织与其他几个组织机构紧密合作,例如:法国TV5 Monde电视台、国际法语国家市长协会、亚历山大桑格尔大学和法语国家大学协会等,其中法语国家大学协会包括分布在法国一个省和世界各大洲的800所高校。

法语国家组织也是一个庞大的协会集合体,各协会通过国际法语非政府组织会议聚集起来,分享自己在法语国家组织内和在不同领域中的成功做法与经验。特别需要提到的是于2011年建立的法语国家职业协会组织,该协会集合了会计、公证和工业维护等领域的职业代表。虽然英语是全球性语言，其影响无处不在，但是法语国家职业协会组织希望借助该组织推广法语。

法语国家组织经过几年的努力已经成为一个庞大的、团结的政策合作平台，其宗旨是秉承以人为本和多元化的全球化精神，共同抵御单一语言文化的传播。

法语是抵御单一语言文化的象征和关键，它是大多数成员国选择的语言。实际上，大部分居民以法语为母语的成员国数量在不断减少，目前只剩魁北克、瓦隆-布鲁塞尔大区联盟、瑞士法语区和摩纳哥。在很多国家，尤其是非洲法语国家，法语在很多情况下只是日常用语。此外，法语作为教学语言、官方行政语言，或充当不同母语之间同胞们社交沟通的媒介语言，以及在媒体和文学作品中使用的交流语言和文化语言。

在希腊、罗马尼亚、越南等其他很多成员国及20个观察员国中，大部分习得法语的地方是学校教育。法语与英语一样，在世界所有国家外语教育中被置于优先地位。据评估，它是全球继汉语普通话、英语、西班牙语、阿拉伯语或印地语之后的第五大学习语言。

法语区的范围远远超过了法语国家组织成员国的国界，例如近些年在中国年轻人中产生的法语热，一方面显示了法国及其文化的吸引力，另一方面也说明使用法语是打开经济稳步增长的非洲法语国家大门的钥匙。

法语国家组织法语观察站在2014年11月公布的报告中发表一份关于中国法语学习情况的研究结果，该研究显示，中国有11万到12.5万法语学习者（因私立教学机构的数据不易收集，该数据不包括私立教学机构法语学习者人数）。中国与美国、巴西、尼日利亚、印度均成为法语学习者最多的国家。

法语本身就是多样性的体现之一。它是一门处于不断更新、创造和改变中的语言，它为适应现代社会及其文化现实而不断发展，走出禁锢，打破常规。法语区各地人民使用的法语恰恰印证了他们与法国法语关系的多样性，科特迪瓦的法语就是很好的实例。法语为完全适应讲话人习惯而做着相应改变，各地法语方言词汇的丰富性也是例证。

法语推广工作始终以尊重其他语言为前提。2012年在刚果民主共和国首都金沙萨举行的法语国家峰会上，法语国家组织首次制定了法语全面推广策略，文件副标题为："法语：今日之语，明日之言。"该文件指导法语国家组织制定了新的推广策略和2015—2018年的推广规划。该文件也明确了法语国家组织行动的六大首要任务，即决定法语未来发展的六大关键性工作。

第一，增强法语在国际舞台上的地位和影响。

在秉承各组织公平、机会和效力均等的原则下，保持法语在国际舞台上的地位和法语国家在国际舞台上的政治影响。我们计划增加成员国和观察员国法语外交官和公务员的数量。我们与法语文化中心、法语联盟精诚合作，自2002年起，每年培养约 7000 名国际公务员。

第二,应对多语现象带来的政治挑战。

法语国家组织的任何行动均须考虑新型国际语言关系,促进不同语言社区之间的高级别对话。截止到今天,这一对话已开展多年。在新规划中,我们希望通过建设法语口、笔译人才网络加强对会议译者和译员的支持。

第三,使多边行动适应国家及地区语言环境。

加强法语的影响力,使法语教学始终维持在国际水平。我们希望各方重视法语作为外语、尤其是继英语后第二大外语的教学工作。

第四,巩固法语作为所有人获取知识的手段这一职能。

保证对法语国家(尤其在非洲这样的法语青年聚集地)人民进行以法语为教学语言的高质量教育,因为那里大多数孩子已不再以法语为母语。研究表明,孩子用母语学习效果更好。我们与法国开发署、外交部、全球教育合作组织共同创立了学校和国家语言项目(ELAN)[①],在非洲八个国家的教育系统中引入双语教学机制(非洲国家语言和法语)。

第五,开发法语语言资源,促进经济发展带。

相关经济战略正在酝酿中。

第六,提升法语使用价值。

支持法语的相关团体(特别是面向青年人)的发展。首届

---

① 根据官网(http://www.elan-afrique.org/)定义。

世界法语论坛于2012年在加拿大魁北克市举行,第二届于2015年在比利时列日市举行,主题为"有创造力的法语国家",主要面向18—35岁的青年人。

总之,法语国家组织将采取多样化的手段以应对不同的发展情况。一个多边组织若缺少其成员国的政治意愿,没有公民社会特别是企业和媒体的支持,将一事无成。

(李钰译 都艾睿校)

Les variétés du français dans le monde

André THIBAULT
Professeur, titulaire de la chaire « Francophonie et variétés des français », université de Paris-Sorbonne, Paris IV

En préambule, je signalerais que mes étudiants chinois en phonologie à la Sorbonne obtiennent en moyenne de meilleurs résultats que mes étudiants français. J'en profite pour les en féliciter.

Les variétés du français dans le monde constituent un vaste sujet, que je me propose d'aborder par le biais des ressources lexicographiques régionales, qui permettent de définir et comprendre les nouveaux mots apparaissant en francophonie. Ces mots sont utilisés dans la littérature, la presse, ou encore à l'école. Ces ouvrages constituent donc des ouvrages de référence essentiels pour y accéder. Depuis quelques dizaines d'années, nous avons la chance de pouvoir nous appuyer sur de nombreux dictionnaires nouveaux décrivant les différents régionalismes et particularismes de la francophonie ; je me propose d'en présenter quelques-uns.

Les dictionnaires de langue générale contiennent eux-mêmes de nombreux exemples de régionalismes. Par exemple, la plate-forme en ligne de l'ATILF (*Analyse et traitement informatique de la langue française*) héberge le plus grand dictionnaire de langue française contemporaine, le TLF (*Trésor de la langue française*, http://atilf.atilf.fr) qui comprend 16 volumes sous format papier. Il est accessible sans abonnement, sans mot de passe, et gratuitement. Il s'agit du plus grand dictionnaire français, qui recèle de nombreux régionalismes comme « marigot », mot du français d'Afrique. D'autres dictionnaires consacrés à la langue générale incluent des régionalismes de différentes zones du monde francophone, comme le *Dictionnaire universel*, qui incorpore de nombreux mots du français d'Afrique, ou le *Dictionnaire universel francophone*, incluant plus de pays francophones.

Le Canada, et plus précisément le Québec, produit des dictionnaires de français général qui lui sont propres, et incluent de nombreux mots du français québécois comme « séraphin », dont les sens diffèrent en français général et en français québécois. Le *Dictionnaire québécois d'aujourd'hui* insère également des mots québécois venant compléter les mots du français général. Ces dictionnaires sont, sans aucun doute, peu diffusés en Chine. En revanche, *Usito*, dictionnaire de français général comportant de nombreux québécismes, est accessible en ligne (http://www.usito.com). Enfin, *Le Grand dictionnaire terminologique*, ou « GDT » (http://www.granddictionnaire.com), est également bien connu des traducteurs français-anglais. On y trouve des centaines de milliers de mots, dont un certain nombre de canadianismes comme « courriel ».

D'autres dictionnaires s'attachent à référencer uniquement les régionalismes. En France, ces régionalismes sont bien représentés chez de grands auteurs comme Marcel Pagnol par exemple. Le Dictionnaire des régionalismes de Pierre Rézeau apparaît comme une référence pour les régionalismes de France. On y trouve par exemple des cartes renseignant sur la répartition du mot en question. Il existe également des ouvrages consacrés à des régions en particulier. Pierre Rézeau a ainsi également publié un excellent dictionnaire sur les régionalismes du français en Alsace, par exemple. Hors de France, le *Dictionnaire suisse romand* dont je suis l'auteur est paru en 1997. De nombreux produits similaires existent en Belgique, et outre-Atlantique, au Québec, comme avec le *Dictionnaire du français acadien* d'Yves Cormier.

Dans la francophonie du Sud, il existe deux grandes familles éditoriales : les publications de l'Agence universitaire Francophone, et celles de l'institut de Linguistique de l'université de Nice à travers sa fameuse revue *Le français en Afrique*. Il existe des inventaires et dictionnaires de régionalismes pour pratiquement tous les pays du Maghreb, d'Afrique subsaharienne ou des zones francophones de l'océan Indien. Par exemple, dans le cadre de la revue du *Français en Afrique,* un dictionnaire a été consacré aux gabonismes, et un autre aux mots de Côte d'Ivoire, où les termes « ancien », « ancêtre » ou « aïeux » prennent un sens tout particulier. Pour un même mot, nous avons ici l'illustration des réalités culturelles et locales propres à chaque zone géographique.

Enfin, la *Banque de Données Lexicographiques Panfrancophones*, ou *BDLP*, réunit les données informatisées d'un très grand nombre de recueils lexicographiques régionaux, dont ceux qui viennent de vous être présentés (http://www.tlfq.ulaval.ca). Cette base informatisée permet différents types d'interrogation.

La description de ces régionalismes a beaucoup progressé depuis quelques décennies, et leur accès est facilité par leur numérisation. Il n'existe donc plus d'obstacles s'opposant à l'emploi de ces régionalismes dans une optique de communication supra locale. En effet, l'essentiel est de disposer des outils pour décoder ces mots ; ils sont désormais à la portée de tous. Je ne peux que vous inviter à les découvrir.

全球法语的多样性

安德烈·蒂博
巴黎索邦第四大学教授

法语多样性是一个涵盖面很宽的研究课题。地方辞书资源为法语区出现的新词提供定义与概念,研究法语的多样性可由此入手。法语区新词常出现于文学、媒体与院校等领域。辞书资源正是研究此类法语新词的基本材料。几十年来,我们通过众多法语新辞书了解到不同法语区的地方特色语言。略引几例加以介绍:

首先,通用语词典本身已收录一个地方大量的特有表达方式,例如:法语信息化分析研究室(ATILF)在线平台,该平台无须预定、无需密码、无须付费,汇聚了相当于16卷纸质词典的辞书资源,是目前最大的当代法语在线词典,其中也辑录了众多方言词汇,如非洲法语词汇 marigot(译者注:热带地区多涝洼地)。此外,《通用词典》和《法语区通用词典》等虽均为通用语词典,但同时也收录诸多地方特有的表达方式,如非洲法语词汇等。

加拿大,更确切而言是魁北克地区,同样提供了丰富的法语通用语辞书资源,其中亦包括了大量魁北克法语词汇,例如:séraphin 一词,在魁北克地区词典中已有异于通用法语的拓展含义①。《当代魁北克词典》中大量的魁北克法语词汇丰富了现代通用法语词汇库;已实现数字化的 Usito 词典包括诸多魁北克法语特有的表达方式;术语大词典(GDT)在英法译者中应用广泛,在其上百万术语中,还收录了大量如 courriel②等类似的加拿大法语特有表达方式。

除通用语词典外,亦有专门收录法语地域变体的法语词典。法国的地方特有表达常常体现在文学大家的作品中,例如:马瑟·巴纽③。另外,在皮埃尔·雷佐④编纂的《法国地方法语词典》中可查阅到法国不同地区特有表达的分布图。同时,还有针对某一地区特有的词典,例如:皮埃尔·雷佐主编的《阿尔萨斯法语词典》。法国本土以外的区域(例如:比利时、大西洋彼岸、魁北克等地区)亦出版了诸多地方法语辞书,例如:本人于 1997 年主编的《瑞士-罗曼德法语词典》和伊夫·科米尔⑤于 1999 年主编的《阿卡迪亚法语词典》等。

---

① séraphin 是宗教领域词汇,意为上品天神、六翼天使;在加拿大法语中,因魁北克作家克劳德·亨利·格里尼翁在其小说《一个人和他的罪孽》及系列剧《高原地区的美丽传说》中塑造的人物形象 Séraphin Poudrier 家喻户晓,Séraphin 有了拓展词义:吝啬的人。
② courriel 意为信件。
③ 马瑟·巴纽(1895—1974),法国剧作家、小说家、电影导演。
④ 皮埃尔·雷佐(1938—),法国语言学家,词典编纂专家。
⑤ 伊夫·科米尔(1962—),加拿大作家,阿卡迪亚地方语言学家。

南法语地区的相关出版物主要由两大机构出版：一为法语国家大学协会；一为尼斯—索菲亚·昂蒂波利斯大学法语语言学院，他们的出版物是家喻户晓的《法语在非洲》。两大机构为马格里布、撒哈拉以南非洲和印度洋相关地区的几乎所有法语国家都出版了相关的地方法语辞书，例如：在《法语在非洲》杂志框架内出版的《加蓬法语词典》和《科特迪瓦法语词典》。通过地方法语辞书，读者可了解同一个词汇在不同文化背景下的词义异同，例如：科特迪瓦法语词典中，ancien、ancêtre 和 aïeux 涵义非常特别。

此外，泛法语区辞书数据库（BDLP）汇集了海量地方辞书数据资源，可满足不同类型的查询需要。

近几十年来，对法语多样性的研究已取得长足进步，研究成果的数字化更为查阅者提供了极大便利。地方辞书资源已大为丰富，为我们解码词义提供不同角度。在跨地域交流中，地方特有表达将不再是难以逾越的障碍。实际上，最重要的是拥有解码和查询工具，可供任何人使用。

（陈海钊译　都艾睿校）

交易成本节约与民族语言多样化需求的矛盾及其化解

黄少安

山东大学教授

摘　要： 语言具有信息工具与文化符号两大基本功能。作为信息载体的语言，其演化路径表现为趋同趋简，内在机制为交易成本的节约。作为文化符号的语言，其演化路径存在着两重矛盾：主观追求民族语言多样化与客观趋势的趋同相矛盾；求异的主动性与演变规律的被动接受性相矛盾。本文认为在接受语言演化客观规律的前提下，保护语言文化的多样性要在交易成本节约与民族语言多样化需求之间寻求均衡。

关键词： 交易成本；语言多样性；均衡

一、引言

伴随着现代科技进步、互联网络普及、人口流动频繁及信息交流加快，许多语言种类濒危甚至消亡。根据联合国教科文组织统计，世界上约有七千种语言，96%的人口使用占4%的语言。[①]

[①] Lewis, M. P., "Ethnologue: Languages of the World", 2009, http://www.ethnologue.com/, 2014年2月20日。

到二十一世纪末,约有90%的语言将消亡,其消亡速度远远快于物种消亡的速度。[1] 从这些数据可以初步得出,趋同趋简是语言演变的一种趋势,其内在的经济学机理是交易成本的节约。语言濒危,人们基于民族独特性要求对语言的多样性的需求就要受到挑战。能否在交易成本节约和传承语言文化的多样性之间寻找均衡? 许多学者也关注了相关的问题:Andrew John认为语言演变的总体趋势呈现倒"U"形,并剖析了原因。[2] Lazear构建一个模型,认为通用语言的高收益将吸引许多少数民族的人使用,最后少数民族语言趋于濒危甚至消亡。[3] Lang、Church and King等也给出了经济与语言相关的证据。[4] Grin认为对少数民族语言保护既是可能的,也是必要的。[5] 黄少安、苏剑认为:不同功能的语言有不同的演化路径,作为信息工具的语言趋同趋简,作为文化符号的语言呈现多元化。[6] 以上学者或是研究语言演化规律,研究语言趋

---

[1] Andrew, John., "Linguistic Diversity in the Very Long Run", 2012年6月7日, http://works.bepress.com/andrew_john/1, 2014年2月20日。

[2] 同上。

[3] Lazear, E., "Culture and Language", *Journal of Political Economy*, vol. 107, no. S6, (1999), pp. S95—S126.

[4] Lang, K., "A Language Theory of Discrimination", *Quarterly Journal of Economics*, vol. 101, no. 2(1986), pp. 363—382; Church, J., I. King, "Bilingualism and Network Externalities," *Canadian Journal of Economics*, vol. 26, no. 2(1993), pp. 337—345.

[5] Grin, F., "Towards a Threshold Theory of Minority Language Survival", *Kyklos*, vol. 45, no. 1(1992), pp. 69—97.

[6] 黄少安、苏剑《语言经济学的几个基本命题》,《学术月刊》2011年第9期。

同对节约交易成本的重要性;或是研究语言多样化的意义,研究少数民族语言保护的方略,鲜有揭示语言演化规律的内在矛盾,也没有在承认语言演化规律的前提下,寻求降低交易成本与实现少数民族语言保护的均衡路径,这些问题正是本文研究的切入点。本文定位了语言功能,探究语言功能的区别与联系,揭示语言演化的内在机制与矛盾,主要意义在于实现交易成本节约与少数民族语言保护的平衡,针对少数民族语言保护,提出符合规律的、可行的思路。

二、语言的功能:信息载体与文化符号

在语言学的研究文献里,语言功能理论已经较为系统与完善。从布勒的语言工具模式到雅各布森语言功能理论,再到韩礼德的系统功能语言学理论,都对语言功能做了全面而又深入的研究。以上理论对本文研究具有借鉴意义。从经济学的视角,可以把语言的基本功能归纳为两个方面:一种是作为信息载体或者传播工具的语言,另一种是作为文化符号的语言。任何语言基本上都具有这两种功能。语言的信息载体功能主要是指信息传递、交换与处理,在编码与解码的过程中实现信息交换。经济学是追求效用最大化与成本最小化的,因此,那些"听说读写"的信息含量大、指意准确、又较为简便的语言,可以准确而高效率地实现信息交换,是信息功能强的

语言。而一些难学难懂的语言,容易在编码与解码的过程中造成信息失真,是信息载体功能弱的语言。实际上,在信息功能上,语言可以与货币的功能相类比:语言是信息交换的工具,货币则是商品流通的媒介。甚至两者的演变规律都是如出一辙,经济发展需要容易携带且便于分割的货币,从实物货币到金属货币,再发展到电子货币,可以清晰地看到这一点。语言亦是如此。有了语言这种信息工具,人们才能更好地交流互动,交易才能顺利完成,社会经济才能得到发展。

语言的文化符号功能具有两层含义:第一层是指不同语言都表征民族的独特文化,是不同文明的象征。比如,汉语的"龙"和英语中的 dragon 都是指同一种动物,但是含义不同。中国人对龙有一种特殊的崇拜感情,"龙"是吉祥与权威的象征。而在西方文化中,"龙"则被视为邪恶的象征、罪恶的化身。再如英国学者、诗人理查德·卡鲁在《论英语的优点》中把荷兰语说成像个男子,詹姆斯·豪厄尔称德语和英语都属于阳刚气质的语言,蒙恬认为思科涅语是一种有男子和军人气的语言,葡萄牙历史学家若昂把法语和意大利语描述成"似乎更像女性的谈话,不是男人严肃的语言"。[①] 这些文学性的笔法形象地说明了作为不同文化符号的不同语言,不仅一定意义上标志着不同的民族特征,而且蕴含着不同的语言魅力,能够满足不同人的文化需要。因此,文化符号意义的语言的

[①] 彼得·伯克《语言的文化史:近代早期欧洲的语言和共同体》,李霄翔、李鲁、杨豫译,北京大学出版社,2007年版。

多样性是符合经济学效用原理的。第二层含义,是指同一种语言会刻上不同民族和地域的烙印,形成不同的表达方式。比如英语就有英式英语和美式英语的区别,美式英语深受北美多元文化与地理环境的影响。汉语存在多种方言,说明汉语在与区域文化的融合中创新。所谓"乡音不改",不一定是同乡人之间不能使用普通话沟通,但是使用"乡音",多了一份彼此之间的区域文化的认同和亲近感。

目前,语言的两大基本功能有着分野的趋势,这不仅与人口流动、地理环境以及社会经济发展有关,而且与语言本身的特点相联系。那些容易掌握且使用方便的语言,其信息功能越来越强。与之相反,学习成本较高的语言,将主要行使文化传承的功能。对两大功能的区分并不是把语言的两大功能对立起来。信息功能强的语言,在很大程度上也传播了本民族的文化,强化了该语言的文化意义。例如英语作为全球的通用语言,其文化也在世界范围内流行传播。相反,通用度低的濒危语言,信息功能弱,也很难传播相应民族的文化。

三、语言演化路径及其内在矛盾

(一)作为信息载体及传播工具的语言:主观需求与客观趋势一致性——趋同趋简

纵观语言文字发展史,可以发现:作为信息载体和传播工具的语言,总体演变方向是趋同和趋简。所谓"趋同"是:世界上被使用的语言种类越来越少,尤其是作为信息载体和传播工具的语言,减少的速度更快,数量更少,越来越多的人倾向于使用少数甚至一种通用语言。联合国教科文组织的统计数据以及所描绘的语言地图指出:96%的语言只为4%的人使用;世界80%的网页是英语网页;平均14天消失1种语言。[①] Zipf 的语言省力原理也揭示了这一客观规律。所谓语言"趋简"是指准确的、能指拓展前提下的趋简,即语言文字越来越能清晰而准确地表达相对更多的意思或承载更多的信息,而同时又越来越便于学习和使用以及进行信息化处理——即越来越便于读好、写好、用好、存好。美式英语较英式英语有一定程度的简化,汉字也经历了由繁到简的变迁。趋简并不意味着语言的词汇量越来越少、越来越简单。如果一种语言语法简单、词汇量少,所指不准确,那么,该语言的信息功能就弱。

作为信息载体的语言趋同趋简是语言演变的客观规律,是不以人的意志为转移的。经济发展要求交易成本节约,客观上就需要相对简便、容易沟通的语言作为沟通的工具和信息载体。

语言这一演变规律也符合人们的主观需求:首先,从微观个体来说,理性人为地追求效用最大化,往往去学习那些通用

[①] Lewis, M. P., "Ethnologue: Languages of the World", 2009, http://www.ethnologue.com/, 2014年2月20日。

语言。选择该种语言，可以增加人力资本量，提高就业水平，获得较高预期收益。英语作为世界最流行的语言，是三十多个国家的通用语言，为十亿人所使用，正是因为如此。相反，一些人不愿意去学习少数民族语言，也是基于收益与成本的考量。比如，澳大利亚土著查尔里·孟克达是目前唯一会说当地土著语"阿莫瑞达格语"的人。在当地基金会赞助下，他招了两名学徒，其中一人就由于该种文字复杂难懂、学习成本较高而选择退学。其次，就整个国家的语言规划而言，为了经济繁荣、多民族融合，以求实现社会福利最大化，都需要信息量大且容易学习的语言作为官方语言，这一主观需求符合语言演变的客观规律。历史上每一次语言文字改革都是由繁易简。秦始皇的"书同文"实现了多民族的统一，提高了国家管理的效率。建国初期实行的"简化字"政策，降低了文盲率，也助推了社会经济发展。

（二）作为文化符号的语言：主观需求与客观趋势的矛盾

作为文化符号的语言，与信息载体意义的语言的演变方向有很大差异，甚至相反，呈现多元化，是求异的。但是，很多少数民族语言濒危或者逐渐消亡，客观上也是趋同的，这是语言的客观趋势，其内在的机制仍然是交易成本的节约。因此，作为文化符号的语言，其演变路径就存在着矛盾：第一，主观需求与客观趋势的不一致。从人的主观动机来讲，不同族群的人追求族群的独特性及同一民族内的归属感,力求保持语言的多样化。比如,讲普通话带有本民族语特点,少数民族既希望使用汉语,又希望懂得本民族语言,都是保持本民族或区域独特文化的主观需求。从国家的语言政策来看,一般的语言法律都是在强调使用官方语言的前提下,尊重少数民族语言使用的权利,目的在于传承本国丰富多彩的文化。显然,这些主观动机与少数民族语言种类减少甚至消亡的趋势是矛盾的。第二,主观需求的主动性与客观趋势的被动接受性。追求语言多样性,是个人与国家的主动行为,是不同民族保留其民族语言的一种愿望,然而,这种愿望的实现可能遇到困难,必须看到和承认少数民族语言不断消亡、越来越多的年青一代使用通用语言这一基本事实。

四、保护少数民族语言:在积极、有意识保护与不抗拒语言演变规律之间寻求平衡

(一)整个人类语言演化总体规律的不可抗拒性

前文的论述和相关的统计数据表明,语言演化的规律是客观的、不可改变的。只有在承认与接受这个规律的前提下,才可能制定正确的语言政策。过度强调少数民族学习和使用民族语言,可能不利于少数民族的发展。但是,对少数民族语

言消亡也不能无动于衷,消极的语言政策同样不利于多元文化的发展。从经济学的角度来看,有可能构建关于语言信息价值和文化价值的效用总函数,并在行使这两种功能的时间以及其他语言学习成本的约束下,寻找降低交易成本与文化传承的均衡点,为化解少数民族语言保护与语言演变规律之间的矛盾提供理论基础。

(二)语言多样化和人类文明多样性的意义与适度保护的重要性

语言演变规律是客观的,然而保持语言多样化与人类文明多样性具有重要的意义。首先,语言与文化密切相连,任何语言都有相应的文化根基,没有"超文化"的语言。世界人工语言没有得到普及,可能源于缺乏文化根基。[1] 保持语言的多样性,本质上就是传承不同的文化。一旦濒危语言消亡,那么用该种语言所撰写的具有特色文化气质的诗词歌赋、传奇故事等也随之消亡。其次,保持语言多样化,就保持了文化的多样性。文化多样性是人类文明最本质的特征,[2] 而文明的多样性又是人类历史进步的动力,因此保持语言多样化是保持文明多样性的有效途径,虽然不是唯一。第三,语言多样性是维持语言生态平衡的重要因素。生态学普遍认为,物种越多,结

---

[1] 田有兰《论保护语言多样性的意义》,《思想战线》2012年第5期。
[2] 温家宝于2010年10月6日参加首届中欧文化高峰论坛并致辞,其中就强调了文化的多样性推动了人类文明的进步,也丰富了人类的生活。

构越稳定。保持语言多样性也有保护语言生态的意义。生物学家爱德华·威尔逊在巴塞罗那一次颁奖典礼中说:"我常常说,我们应该把生物多样性当作一个无价的物品,并对其方方面面进行维护。我们应该同样重视文化多样性与语言多样性,正如每一个物种都是技艺高超的大自然精心创造的不朽作品,每一种文化与语言也是人类与自然的互动过程中所缔造出的杰作,拥有着无法破译的美。"①此外,不同语言词汇相互交叉借用,已经成为世界各国语言的普遍现象。例如英语就有80%的词汇属于外来词。② 这一"外来语"显然能够提高该语言的表达力,保持更强的生命力,使之健康发展。

(三)交易成本节约与语言多样化需求矛盾的化解

在降低交易成本与维持语言生态平衡及传承文化之间寻找平衡点,应该做以下工作:

第一,政府引导、支持与民族自愿选择结合起来。作为语言政策的制定者与实施者,政府应该在尊重语言演变规律的前提下,考虑语言政策社会福利最大化。应该支持与引导各民族学习通用语言,这样有利于各民族的信息与文化交流,从而促进各民族的经济发展。中国推行普通话政策是符合语言演变规律的,这项工程促进了多民族的信息交流,增强了中华

---

① 安东尼·米尔·富利亚纳《语言之家:世界活语言博物馆》,《国际博物馆》(全球中文版)2008年第3期。
② 丁建庭《开放包容的语言,才有生命力》,《南方日报》2012年8月30日。

民族的自豪感和凝聚力,更有利国家的统一。鼓励学习通用语言也要与民族自愿选择结合起来。针对少数民族学校,尊重少数民族语言使用的权利。中国实行双语教育是较好的制度安排,这不仅节约了交易成本,而且也传承了文化。那种认为要过度保护少数民族语言的政策违背了语言的演变规律,是没有效率的,实际上也实现不了。此外,中国推行简化字的政策,并没有取消繁体字的使用。《中华人民共和国国家通用语言文字法》规定,文物古迹、姓氏中的异体字以及书法绘画展览等可以使用繁体字。[①] 这一举措也是降低交易成本与传承文化相结合的体现。

第二,有些少数民族语言可以与当地的旅游产业开发结合起来。积极开发那些用少数民族语言来表征的剧种文化以及具有少数民族语言特色的"山歌对唱",使之与当地的旅游产业结合起来。这样不仅获得了经济效益,而且传承了民族的文化,获得生态效益。

第三,利用现代技术构建有形、有色、有声的语言博物馆。

用现代技术构建有形、有色、有声的语言博物馆,把濒危语言的"听说读写"全部收录到该博物馆,形成语言档案,一方面可以服务学术研究,另一方面也保存了各种文明。不仅对濒危语言存档,还应该把通用语言的"听说读写"存档,以便学

[①] 《中华人民共和国国家通用语言文字法》,2000年10月31日,http://www.gov.cn/ziliao/flfg/2005-08/31/content_27920.htm,2014年2月20日。

者们更好地比较两种语言的语音、词汇、语法的区别,研究濒危语言消亡的原因,也能使人们更好地参观语言世界,享受不同文化的魅力。不少学者倡议构建语言博物馆,①在构建语言博物馆实践上也有许多有益的尝试。2009年正式开馆的中国文字博物馆,是世界第一家以文字为主题的国家级博物馆。国际上,戴维·克里斯特尔正主张筹建伦敦语言博物馆,不遗余力地推广语言世界的概念。② 目前,真正意义的语言博物馆还没有完全建立,这需要政府的支持、业界与学界的努力,更需要各国的相互协作。

---

① 袁国女、李春艳《专家呼吁尽快筹建语言博物馆》,《中国社会科学院报》2008年10月28日。

② 戴维·克里斯特尔《伦敦语言博物馆》,《国际博物馆》(全球中文版)2008年第3期。

Résoudre la contradiction entre la demande pour une diversité des langues nationales et la demande pour une économie des coûts de transaction

HUANG Shao'an
Professeur de l'université de Shandong

En tant qu'économiste, j'espère avoir ma place au sein d'un panel de linguistes d'une telle qualité. Nos méthodes ne sont pas toujours appréciées par les autres disciplines, car nous sommes enclins à appréhender les sujets à l'aune des concepts de dépense ou de rendement. Je comparerais l'économie au pain, là où la linguistique, les mathématiques ou la littérature s'apparentent à autant de belles fleurs. Fort heureusement, nous avons besoin des deux.

Mon intervention porte sur les contradictions entre recherche de diminution des coûts de transaction d'une part, et demande croissante d'une diversité des langues nationales d'autre part. Les économistes identifient deux types de coût pour toute activité humaine : ceux qu'implique le capital, et ceux inhérents au facteur travail – autrement dit à la main d'œuvre. L'appréciation du coût d'usage d'une langue revient à évaluer son coût de transaction. Cette réflexion se situe donc à l'intersection des champs linguistique et économique. Elle revient à étudier un phénomène linguistique en adoptant des outils économiques. Par exemple, nous avons étudié la relation causale existant entre apprentissage de la langue et emploi. De même, la contribution de la langue à la croissance économique a été également étudiée.

Comment préserver la diversité linguistique sans s'opposer à l'évolution naturelle des langues ? Tous les pays cherchent à préserver la diversité linguistique, mais la tendance de fond est bien celle de la disparition des langues régionales. Les langues évoluent selon une certaine trajectoire. Elles tendent à se simplifier, et à aller vers une forme de convergence. Cette tendance concorde avec le souhait subjectif des hommes, qui peuvent ainsi utiliser un outil de communication simple, facile à acquérir, et peu coûteux. Moins un individu investit, et plus la langue apprise sera utile, et plus l'intérêt des individus s'en trouvera maximisé. L'État a donc intérêt à promouvoir une langue à usage courant, en tenant compte de son coût d'apprentissage et de la largeur de sa diffusion. L'anglais et le français présentent des coûts d'apprentissage élevés. Le chinois est une langue difficile à apprendre, mais évolue selon une trajectoire particulière. Cette évolution est en contradiction avec les comportements individuels, qui sont conditionnés par un dilemme entre usage de leur langue maternelle minoritaire, et volonté d'acquérir une langue d'usage courant à l'utilité économique démontrée. Toutefois, l'accélération de l'extinction des langues minoritaires prouve que ce dilemme est en passe de devenir caduc.

Il convient de parvenir à l'atteinte d'un certain équilibre entre préservation des langues minoritaires d'une part, et promotion de la langue utilitariste et d'usage courant d'autre part. Sans être défavorable à la préservation des langues minoritaires, je qualifierais cette volonté d'irréaliste, outre son caractère économiquement pénalisant. La politique publique mise en œuvre doit donc laisser le choix aux apprenants, qui décideront en connaissance de cause.

Que notre rêve commun devienne réalité
discours de clôture du représentant français

Anne-Marie DESCÔTES
Secrétaire générale du « dialogue de haut niveau sur les échanges humains » entre la France et la Chine, Directrice générale de la mondialisation, du développement et des partenariats, ministère des Affaires étrangères et du Développement international de France

Monsieur le Ministre, je suis très heureuse de vous accueillir ce soir en ce lieu exceptionnel qu'est le musée des Arts décoratifs, au cœur du Louvre, à l'occasion de la clôture du second séminaire franco-chinois sur les politiques linguistiques, qui constitue un temps fort du Dialogue franco-chinois de haut niveau sur les échanges humains que nous sommes chargés, tous les deux, de conduire.

Je remercie nos hôtes du musée des Arts décoratifs, et tout particulièrement son directeur général David Caméo, de l'opportunité qu'ils nous donnent de découvrir ou de redécouvrir une collection d'art décoratif unique au monde. L'exposition proposée ici même est consacrée aux collections d'objets d'art chinois du musée des Arts décoratifs, révélatrice de l'ancienneté et de la profondeur des échanges culturels entre la Chine et la France. Dans la seconde partie du XIXe siècle et au début du XXe, l'engouement pour l'art chinois a eu en effet une grande influence sur la création française. Cette fascination pour la culture et la création artistique chinoises perdure, et je crois pouvoir affirmer qu'elle est réciproque. Cette merveilleuse exposition témoigne de ce que nos deux pays souhaitent renforcer à travers ce processus politique qu'est le Dialogue franco-chinois de haut niveau sur les échanges humains :

une meilleure connaissance et une meilleure compréhension entre nos deux peuples.

Je veux aussi remercier l'Institut de France et son chancelier, Gabriel de Broglie, qui nous a fait l'honneur de sa présence hier dans ce séminaire, ainsi que Xavier North, délégué général à la langue française et aux langues de France, pour son engagement. Mes remerciements vont également à l'Institut français, à notre ambassade à Pékin, et à la direction de la Coopération culturelle universitaire et de la recherche, dont je salue la directrice, Anne Grillo. Enfin, je tiens à remercier les responsables administratifs, inspecteurs, professeurs et experts qui ont participé à ces journées de réflexion et prolongent les échanges initiés il y a deux ans en Chine. Le premier séminaire franco-chinois sur les politiques linguistiques s'était en effet tenu en 2012 à l'université des Langues et des cultures de Pékin, à l'occasion de l'année linguistique croisée entre la France et la Chine. Je souhaite que vos discussions puissent se poursuivre activement à l'avenir, tant pour nos systèmes d'éducation respectifs que pour la vitalité de nos langues et l'amitié de nos deux pays.

Ce second séminaire intervient à l'occasion des célébrations du 50e anniversaire de l'établissement des relations diplomatiques entre la France et la Chine. J'y vois le signe de l'attention particulière que nos deux pays portent à leurs langues respectives, à leur maîtrise, à leur rayonnement, mais aussi au dialogue entre elles et au multilinguisme.

Vos réflexions et vos échanges ont servi de prélude à la première session du Dialogue franco-chinois de haut niveau sur les échanges humains qui aura lieu demain au ministère des Affaires étrangères et du Développement international. L'établissement de ce dialogue a été décidé par les deux chefs d'État, à l'occasion de la visite en France en mars dernier de XI Jinping, Président de la République Populaire de Chine. Les échanges culturels, linguistiques, universitaires et scientifiques entre la France et la Chine sont d'ores et déjà très nourris, mais les commémorations du cinquantenaire nous permettent de franchir une nouvelle étape. Non seulement elles illustrent la vitalité et l'intérêt réciproque que nous portons à la culture et à la langue du pays partenaire, mais elles contribuent aussi à donner une formidable impulsion à nos échanges et à tous nos projets communs. La 9e édition du festival culturel Croisements, bien connu de nos amis chinois, a été l'édition de tous les records : 110 programmes, 600 événements dans 41 villes, et 1,2 million de spectateurs ! Dans le domaine éducatif, plus de 15 000 lycéens français et chinois ont participé au concours de mathématiques « Compter pour l'autre ».

La première session du dialogue de haut niveau s'ouvrira demain, sous la présidence du ministre des Affaires étrangères et du Développement international, Monsieur Laurent Fabius, et de la Vice-Premier ministre de la République Populaire de Chine, Madame Liu Yandong. Ce dialogue constitue un appui politique à la dynamique des échanges entre nos deux pays, dont vous êtes des acteurs essentiels. Nous avons souhaité aborder cette année huit thématiques : l'éducation et l'enseignement supérieur ; la science et la technologie ; la culture ; le sport ; la santé ; les médias ; le tourisme ; la coopération décentralisée.

Les ministères concernés, français et chinois, ont travaillé ensemble de manière remarquable, avec résolution mais aussi dans le respect de l'autre, et avec le souci du dialogue. Cela nous a permis d'aboutir à des orientations conjointes et de concevoir des projets concrets communs qui seront présentés demain.

Le secteur de l'enseignement des langues est naturellement majeur pour notre coopération. Il est facteur de connaissances, d'échanges, tant dans une perspective culturelle qu'économique. Nous avons besoin de francophones en Chine et de sinisants en France. Car le chinois et le français sont des passerelles vers d'autres horizons, d'autres pays et je pense notamment aux mégapoles de l'Asie du Sud-Est mais aussi au Maghreb et à l'Afrique de l'Ouest.

En 2008, les ministres de l'Éducation français et chinois ont signé à Pékin un arrangement administratif relatif à l'ouverture des premières sections internationales de langue chinoise en France. Six ans plus tard, nous ne pouvons que constater le succès de ces sections, qui scolarisent plus de 1 500 élèves sur tout le territoire. En mai dernier, à l'occasion de la visite à Pékin du ministre des Affaires étrangères et du Développement international, nous avons signé un nouvel arrangement administratif sur les sections françaises en Chine. D'ores et déjà, huit sections pilotes de langue française ouvrent leurs portes en Chine à l'occasion de cette rentrée scolaire. Nous accordons une grande attention au développement de ces sections. En France, les élèves des sections internationales de chinois passent, à la fin de leur scolarité, le baccalauréat avec une option de chinois. Aussi, je souhaite que notre dialogue puisse aboutir à un accès plus large en Chine aux diplômes de fin d'études avec une option de français. Cela constituerait un formidable atout pour la mobilité des jeunes entre nos deux pays !

D'autres projets contribuent à dynamiser l'apprentissage de la langue du pays partenaire. Un certain nombre d'entre eux seront confortés par les résultats de cette première session de notre dialogue bilatéral. Le ministre et la Vice-Premier ministre auront l'occasion de revenir demain sur ces développements. Au-delà de l'apprentissage, il est important que nous puissions nous entretenir ensemble de la place de notre langue dans la société, dans les médias, dans l'économie, de son rôle dans la formation de citoyens, et dans l'épanouissement d'identités culturelles respectueuses de l'autre. Les langues sont en effet le matériau de notre pensée et de notre culture. Elles sont chargées de nos représentations du monde. En la matière, nous avons beaucoup à apprendre les uns des autres. Nous devons échanger nos expériences et nos bonnes pratiques.

En juin 2014, à l'occasion de la Conférence mondiale sur les langues organisée par la Chine en partenariat avec l'UNESCO, la Vice-Premier ministre chinoise, Madame Liu Yandong, nous rappelait que l'apprentissage des langues étrangères était « *le moyen de renforcer le destin commun entre le rêve chinois et les rêves du monde* ». On songe alors à Antoine de Saint-Exupéry, dont l'œuvre est si appréciée en Chine, qui nous invite à « *faire de nos vies un rêve, et d'un rêve, une réalité* ». Il nous appartient aujourd'hui de faire ensemble de ce rêve chinois, un rêve partagé, un destin commun.

Je vous remercie une nouvelle fois pour votre travail et votre engagement au service de l'amitié franco-chinoise.

让共同的梦想成为现实

——闭幕式法方致辞

安娜-玛丽·德斯科特
中法高级别人文交流机制法方协调人、
法国外交部全球化总司总司长

我们现在位于卢浮宫博物馆的装饰艺术馆，这是为本次研讨会闭幕精心挑选的地点。在此感谢本次活动的协办方装饰艺术博物馆，特别是馆长大卫·卡梅欧先生，感谢他给我们这次机会，让我们得以欣赏到世上独一无二的装饰艺术藏品。此处展出的是装饰艺术馆中的中国艺术藏品，揭示了中国和法国之间文化交流的悠久历史与深入程度。十九世纪下半叶和二十世纪初，对中国艺术的迷恋对法国艺术创作产生了重大影响。这份对于中华文化与艺术创作的迷恋绵延至今，并且我认为这种迷恋是相互的。这次精美绝伦的展览体现了我们两国希望通过高级别人文交流对话这一政治进程而强化的目标：增进两国人民的认识与相互理解。

我还想感谢法兰西学院及院长加伯里埃勒·德·伯豪格利先生，我们非常荣幸能够邀请他莅临本次研讨会。以及法语及法国语言代表格萨维耶·诺尔特先生,感谢他的出席。我还要感谢文化教育合作处、驻北京大使馆、高校合作和研究司以及其司长安娜·格里洛女士。最后,我要感谢各位行政人员、督学、老师以及专家,感谢他们参与了这几天的研讨,并感谢他们延续了两年前在中国发起的交流。

第一届"中法语言政策与规划国际研讨会"于2012年在北京语言大学举行,那一年适逢中法同时举办语言年。我希望诸位的讨论在未来可以积极延展,无论是对于教育体系、语言活力抑或是对于我们两国的友谊。

本次第二届研讨会适逢中法建交五十周年。我从中发现我们两国不仅格外重视各自语言、语言的掌握及传播,还都很重视语言间的对话、语言的多样性和多语现象。

各位的思考与交流都将为明日于外交事务与国际发展部举行的中法高级别人文对话开幕式做准备。2014年3月,在中国国家主席习近平访法期间,两国元首就建立中法高级别人文交流机制达成了共识。中法之间文化、语言、学术与科学领域的交流成果丰硕,并已经得到了充分支持,但五十周年的一系列纪念活动使得我们能够实现新的跨越。它们不仅表明了我们对彼此文化和语言方面的兴趣,也极为有效地推动了我们之间的交流和合作项目。作为中国朋友非常熟悉的活动,第九届中法文化之春已经再创新高:110个项目、41座城市、600项活动、120万观众。在教育方面,有15000多名中法高中生参加了名为"为对方算数"的数学竞赛。

中法高级别人文交流机制第一次会议将于明天召开。会议将由法国外交部部长洛朗·法比尤斯先生和中华人民共和国国务院副总理刘延东女士共同主持。本次对话是对双方持续交流的政治支持,各位都是不可或缺的推动者。今年我们将涉及八个主题:教学与高等教育;科学与技术;文化;体育;卫生;媒体;旅游;地方合作。

中法各相关部委精诚合作,坚定不移且相互尊重,展现了双方对此次对话的关切。我们由此得以实现共同的方针以及具体的合作项目。这些项目将在明日公布。

语言教学方面自然是我们双方的合作要点。无论是从文化还是从经济角度,它都是认识与交流的构成部分。在中国,我们需要讲法语的人;在法国,我们也需要讲汉语的人。不仅如此,汉语和法语也是沟通其他领域及国家的纽带,特别是对于马格里布、西非,以及东南亚的大城市而言。

2008年,中法教育部部长在北京联合签署了行政协议,在法国开办第一期中文国际班。六年来,这个项目取得了巨大成功,在法国全境共招收了超过1500名学生。2014年5月,在法国外交事务与国际发展部部长访问北京期间,我们签署了一项新的行政协议,在中国开办法语学习班。截至目前,在本学期,共有八个法语项目向中国学生敞开大门。我们对于这些项目给予了充分重视,选择了中文国际班的法国学生将在毕业时参加带有中文选考的中学毕业会考。我希望本次对话可以促进更多的中国学生在毕业考试时选择法语,这将为我们两国年青一代的民间交流互动提供巨大的动力。

此外,将会有其他项目来推动双方语言教育。其中一部分项目将通过此次双边对话第一次会议的成果得到加强,部长与副总理将在明日进一步详述这一部分内容。

除了学习之外,我们双方也应当就两国语言的国际地位进行讨论,无论是在社会、媒体、经济、公民教育,还是在双方文化认同方面,语言都是我们思想与文化的载体,是我们面对世界的窗口。在这个问题上,我们有很多值得互相学习的地方,也应当分享我们的相关经验与成功实践。

2014年6月,在中国与联合国教科文组织共同举办的世界语言大会期间,中国国务院副总理刘延东女士提到,外语习得是"加强中国梦和世界梦之间的共同命运的方式"。我们由此联想到在中国很受欢迎的作家安东尼·德·圣-埃克苏佩里,他鼓励我们"让生活成为梦想,让梦想成为现实"。我们如今的责任就是通力合作,让中国梦成为我们共同的梦想,共同的命运。

再次由衷感谢各位对中法友谊所做出的努力与贡献。

(李钰译　都艾睿校)